學術委員會（以姓氏筆畫排序）：

土屋昌明	日本國專修大學
王小盾	溫州大學
朴永焕	韓國東國大學
朱慶之	北京大學
周裕鍇	四川大學
柯若樸（Philip Clart）	德國萊比錫大學
施耐德（Axel Schneider）	德國哥廷根大學
項　楚	四川大學
普　慧	四川大學
陳偉强	中國香港浸會大學
張湧泉	浙江大學
康保成	中山大學
鄭阿財	中國臺灣南華大學
鄭炳林	蘭州大學
羅柏松（James Robson）	美國哈佛大學
羅　然（Olga Lomová）	捷克查理大學

主　編：項　楚

執行主編：何劍平

編輯委員會（以姓氏筆畫排序）：

伍曉蔓　李祥林　李　瑄　孫尚勇　張朝富
黄　勇　曾玉潔　羅　鷺　譚　偉　顧滿林

教育部人文社會科學重點研究基地 四川大學中國俗文化研究所主辦

中國俗文化研究

第二十輯

主編◎項楚

四川大學出版社

項目策劃：毛張琳
責任編輯：毛張琳
責任校對：張宇琛
封面設計：嚴春艷
責任印製：王　煒

圖書在版編目（CIP）數據

中國俗文化研究．第二十輯／項楚主編．－－成都：四川大學出版社，2021.12
ISBN 978-7-5690-5153-7

Ⅰ．①中… Ⅱ．①項… Ⅲ．①俗文化－中國－文集 Ⅳ．①G122-53

中國版本圖書館CIP數據核字（2021）第231249號

書名　中國俗文化研究（第二十輯）
　　　　Zhongguo Suwenhua Yanjiu(Di-er shi Ji)

主　編	項　楚
出　版	四川大學出版社
地　址	成都市一環路南一段24號（610065）
發　行	四川大學出版社
書　號	ISBN 978-7-5690-5153-7
印前製作	四川勝翔數碼印務設計有限公司
印　刷	郫縣犀浦印刷廠
成品尺寸	185mm×260mm
插　頁	2
印　張	11.25
字　數	265千字
版　次	2021年12月第1版
印　次	2021年12月第1次印刷
定　價	58.00圓

版權所有◆侵權必究

◆ 讀者郵購本書，請與本社發行科聯繫。
　電話：(028)85408408/(028)85401670/
　(028)85408023　郵政編碼：610065
◆ 本社圖書如有印裝質量問題，請寄回出版社調換。
◆ 網址：http://press.scu.edu.cn

四川大學出版社
微信公衆號

目　録

俗文學研究

| 敦煌變文與河西寶卷淵源探論　　　　　　　　　　　　黄志杰　3
　　——兼述地方非經典文學作品的價值重估
| 《上大人》與民間歌謡　　　　　　　　　　　　　　　張新朋　14

俗信仰研究

| 安徽九華山地藏廟會與江西西山萬壽宫廟會　　　　　　徐慧茗　27
　比較研究
| 道教"白石"考論　　　　　　　　　　　　　　　　　　辜天平　41
| 講師與講問論義　　［日］高山有紀著　趙林燕譯　王培釗審校　55

俗文獻研究

| 唐五代習字法"順朱"的具體形式　　　　　　　　　　　任占鵬　71
　　——以敦煌寫本《千字文》爲中心
| "饅頭"一詞爲外來語　　　　　　　　　　　　　　　　高啓安　89
　　——"饅頭"名物再申
| 1980年以來國内排印本寶卷整理出版的　　　　尚麗新　王書麗　107
　現狀和展望

學人治學

| 潘重規先生敦煌學研究及其與四川的因緣　　　　　　鄭阿財　119

| 從《辨思錄》到《溯論稿》
　　——佛教文學座談分享
　　　　　　　薄王逸整理　張煜、彭華校訂　陳允吉審定　152

新書評介

| 《中土早期觀音造像研究》書評　　　　　　　　畢秀芹　165
| 平淡底超越：讀陳允吉先生《佛教中國　　　　　馮國棟　169
　　文學溯論稿》

CONTENTS

Studies on Folk Literature

Huang Zhijie

On the Connections Between Dunhuang Bianwen and Hexi Baojuan as Well as the Revaluation of Local Non-classical Works of Literature ……………………………………………………………………… (13)

Zhang Xinpeng

Shang Da Ren and Folk Song ………………………………… (23)

Studies on Folk Beliefs

Xu Huiming

A Comparative Study on the Temple Fairs in Jiuhua Mountain, Anhui Province and Wanshougong Temple Fairs in Xishan, Jiangxi Province ………………………………………………… (40)

Gu Tianping

The "White Stone" of Daoism ………………………………… (54)

Takayama Yuki, Translated by Zhao Linyan and Edited by Wang Peizhao

Kōji and Buddhist upadeśa …………………………………… (67)

Studies on Folk Documents

Ren Zhanpeng

The Form of Calligraphy Practice Method Shun Zhu in the Tang and Five Dynasties

—Focusing on the Qian Zi Wen from Dunhuang Manuscripts …… (88)

Qian Gao

"Mantou" is a Foreign Word
——Discussion on the Naming of "Mantou" ·················· (106)

Shang Lixin　Wang Shuli

Discussion about some Issues of Sorting and Publishing the Printed Baojuan from the 1980s in China ·················· (116)

Pursuing Scholars' Studies

Zheng Acai

Mr. Pan Chonggui's Dunhuang Studies and His Predestined Relationship with Sichuan ·················· (119)

Bo Wangyi，Zhang Yu，Peng Hua，Chen Yunji

Forum on Buddhist Literature
——From Thoughts on Chinese Literature about Buddhism in the Tang Dynasty：*A Collection to Exploring Chinese Literature about Buddhism*
·················· (152)

Book Reviews

Bi Xiuqin

A Study of Guanyin Statues in Early China ·················· (165)

Feng Guodong

Transcendence in an Unassuming Way：Reading Mr. Chen Yunji's *A Collection to Exploring Chinese Literature about Buddhism* ·········· (169)

Studies on Folk Literature

俗文學研究

敦煌變文與河西寶卷淵源探論
——兼述地方非經典文學作品的價值重估

黄志杰

摘要：在中國俗文學研究中，變文與寶卷爲歷代學者所重點關注的樣式，兩者在文本内容、演出儀式、傳播流變上有許多相似之處，淵源頗深。探索兩者之淵源有助於進一步研究中國俗文學傳承與發展的脉絡。與此同時，敦煌變文、河西寶卷爲西北地方俗文學産物，此類地方非經典文學作品雖然在創作層面存在一定的公式化、儀式化現象，藝術水準未及臻至，但作品背後所凸顯的濃厚的地方性、時代性或是經典文學作品所不及的。因此，各地俗文學中大量的"平庸之作"的真實價值或值得重新思考、審視、估量。

關鍵詞：敦煌變文　河西寶卷　淵源　地方文學

中國俗文學研究史中，變文與寶卷是較爲特殊的樣式。變文爲敦煌俗文學作品中份量最重、影響最巨者，爲宋元話本之先導，治小説史者不可不特予關注；其爲六朝、唐、宋俗語之淵藪。① 寶卷在中國古代被稱作善書，與其他民間説唱文學一樣，有娱樂教化作用，受衆廣泛。兩者受歷代學者重視的共同原因有二：一方面它們都是廣泛流傳於民間的説唱藝術，另一方面是皆具有濃重的宗教色彩。近年來隨着俗文學、敦煌學研究的不斷深入，河西寶卷與敦煌變文的研究取得了豐碩的成果，但對它們的淵源關係至今尚無定論。

現代學者中，對於變文和寶卷的關係研究具有開拓性意義的當屬鄭振鐸先生。1934 年他在《三十年來中國文學新資料的發現史略》一文中論及，寶卷是變文的嫡系兒孫，變文之名易爲寶卷的年代在宋初，"惟宋初嘗嚴禁諸宗教，並禁及和尚

---

① 黄征、張涌泉《敦煌變文校注》，北京：中華書局，1997 年，第 1 頁。

們講唱變文，則易名改轍，當在其時"①。當時有不少學者受到鄭振鐸的啓示，都將目光投到寶卷上，向達先生在《明清之際的寶卷文學與白蓮教》中指出："這種寶卷文學大都仿照佛經的形式……這些作品總自其宗教上的目的，並不能視爲文學作品……倒是研究明清之際白蓮教一類秘密教門的一宗好材料。"②孫楷第先生《唐代俗講規範與其本之體裁》一文在論及唐代講經時，以《金瓶梅詞話》中講唱《五祖黄梅寶卷》和《黄氏女卷》的情形作爲印證，闡述了後世寶卷與唐代俗講之淵源關係。③回望當時的研究成果，這一時間段的變文、寶卷研究主要沿襲鄭振鐸先生的論述，如今看來當時的結論或尚有可商榷之處，但諸位前輩學者爲日後進一步深入研究寶卷奠定了豐厚的文獻基礎。直至20世紀五六十年代，李世瑜先生發表《寶卷新研——兼與鄭振鐸先生商榷》一文，日本學者澤田瑞穗（Sawadamizuho）先生出版《寶卷研究》一書，二人皆認爲寶卷當爲宗教儀式之産物，"寶卷通過秘密宗教在明末社會幫助統治者愚化了人民……寶卷在農民起義中起到了號召和組織作用"④，"直接繼承了唐宋以來的佛教科儀和懺法……變文也是作爲俗講用於法事的科儀書，而寶卷是第二次的變文"⑤。李世瑜和澤田瑞穗作爲研究中國民間文學的著名學者，在掌握了大量的原始文獻後對寶卷進行了系統的研究，不僅修正了前人的一些謬誤，更推進了中國寶卷的研究。直到21世紀初，寶卷研究專家車錫倫先生在《中國寶卷淵源》一文中再次明確："寶卷的淵源可以追溯到唐代佛教的俗講……宋代佛教悟俗化衆的活動孕育和産生了寶卷。"⑥車先生認爲最初的寶卷在形式和内容上與佛教俗講有繼承關係。綜上所言，由於在古代文獻中難以尋覓到寶卷産生與敦煌變文淵源關係的直接記録，學界對二者的關係至今仍然衆説紛紜，今筆者在研習前輩相關成果的基礎上，略述己見，以祈教正。

一、敦煌變文、河西寶卷的演出儀式

關於敦煌變文的演出儀式，已有學者進行了深入而細緻的研究。敦煌佛教類變文的演出儀式多由五個環節組成：押座、念佛、開釋經題、回向發願、解座。其中

---

① 原載《文學》第二卷第六期，上海：生活書店，1934年。後收入鄭振鐸《中國俗文學史》，北京：商務印書館，2010年，第520頁。
② 原載《文學》第二卷第六期，上海：生活書店，1934年。後收入向達《唐代长安與西域文明》，北京：商務印書館，2015年，第579~611頁。
③ 原載北京大學《國學季刊》第六卷第三期，1937年。後收入孫楷第《滄州集》，北京：中華書局，2009年，第1頁。
④ 李世瑜《寶卷新研——兼與鄭振鐸先生商榷》，《文學遺産增刊》第四輯，北京：作家出版社，1957年。
⑤ 原載澤田瑞穗《寶卷研究》，東京：國書刊行會，1965年。筆者此處轉引自車錫倫《中國寶卷研究》，桂林：廣西師範大學出版社，2009年，第622頁。
⑥ 車錫倫《中國寶卷淵源》，《揚州大學學報》2009年第5期。

押座文爲聽眾最先接觸的内容。由於敦煌變文和講經的主要受眾爲對佛教故事感興趣的世俗民眾，在正式演出之前使用押座文可以調攝聽眾，營造出一種莊嚴肅穆的氛圍，同時也給演出者留出一段準備的時間，便於進入正式的開示。例如 P.2187、S.3491V 皆存《降魔變押座文》。其中 S.3491V《降魔變押座文》後接《降魔變文》，可知押座文爲變文演出之首個環節。《降魔變押座文》載："年來年去暗更移，没一個將心解覺知。只昨日腮邊紅艷艷，如今頭上白絲絲。尊高縱使親人諸，逼促都成一夢期。更見老人腰背曲，驅驅猶自爲妻兒【觀世音菩薩】……以此開讚大乘所生功德，謹奉莊嚴我當今皇帝貴位，伏願長懸舜日，永保堯年，延鳳邑於千秋，保龍圖於萬水。伏願我府主僕射，神資直氣，岳降英靈……"① 由上引文可見，所謂的押座文是由駢散結合的語句構成，主要用以簡略闡述經文大意、誦奉經文所得收益，以此吸引或震懾座下聽眾。敦煌遺書中尚存若干押座文，如 S.2440《八相押座文》《維摩詰經押座文》、S.3728《左街僧錄大師押座文》等，其主要用途皆爲靜攝觀眾。至於第二環節"念佛"，此爲佛教法事常見行爲，除上文所引《降魔變押座文》"驅驅猶自爲妻兒【觀世音菩薩】"（正文後小字"觀世音菩薩"爲佛號）這一例子外，還有 S.2440《維摩詰經押座文》可證："頂禮上方香積世，妙喜如來化相身。示有妻兒眷屬徒，心净常修於梵行，智力神通難可測，手搖日月動須彌。念菩薩佛子。我佛如來在庵園，宣説甚深普集教，長者身心歡喜了，持其寶蓋供如來。念菩薩佛子。（正文後小字"念菩薩佛子"爲提醒演出者在此時需念相應的佛號）"② 此類文字在敦煌文書中不勝枚舉，因此在敦煌佛教變文中並不稀見。敦煌變文的第三環節多爲"開釋經題"，是古往今來講經的必要環節，在敦煌講經文中最爲常見，變文中亦可見。如《降魔變文》中有："然今題首《金剛般若波羅蜜經》者，'金剛'以堅鋭爲喻，'般若'以智慧爲稱，'波羅'彼岸，'到'弘名'蜜多'，'經'則貫穿爲義。善政之儀，故號'金剛般若波羅蜜經'。"③ 押座文與念佛之後就是"開釋經題"，演出者會對今日所講經題做簡要的解釋，通常伴隨懺悔等宗教儀式。S.6551《講經文》便是在押座文後懺悔和講解三世因果，繼而講述《阿彌陀經》。敦煌變文演出的第四、第五環節爲"回向發願、解座"，兩者在如今的宗教儀式中依然有所保留。在當日的講經文結束後，演出者會進行回向，回向即將自己今日佛事所積功德應向世間萬物、共沾法雨，表明自己虔誠向佛之心，通常置於變文文末。在《破魔變》中有"定擬説，且休却，看看日落向西斜。念佛座前領取偈，當來必座（坐）蓮

---

① 黄征、張涌泉《敦煌變文校注》，第 531 頁。
② 録文見王書慶《敦煌佛學·佛事篇》，蘭州：甘肅民族出版社，1995 年，第 137 頁。後據 P.3210、P.2122 原卷校正。
③ 黄征、張涌泉《敦煌變文校注》，第 552 頁。

花"①之語。簡單數言便有解座之用途。

　　河西寶卷的演出儀式較爲穩定，與其他地區的寶卷形式大體相同。主要包含定場詩（文）②、舉香讚、念誦佛號、開卷文（偈語）、志心皈命禮、正講、回向發願、誦佛、卷終。③看似繁複，其實核心儀式基本與敦煌變文相同，下以佛教寶卷《銷釋金剛經科儀寶卷》爲例。演出的第一部分，寶卷卷首一般都是定場詩，用以靜攝聽衆，與敦煌變文中的押座文功能相同。《銷釋金剛經科儀寶卷》開頭便有開卷偈（文）一首："蓋聞漢朝感夢，白馬西來。摩騰彰漢化之初時，羅什感秦宗之代典。明明佛日，照破昏衢。朗朗慧燈，至今不滅。教之興也，其在斯焉。"④定場詩的出現預示着寶卷宣講的開始。隨後是演出的第二部分講解經題，筆者亦據《銷釋金剛經科儀寶卷》簡述這一部分內容。寶卷的開卷文預示故事情節發展，明示此寶卷之主旨，與敦煌變文中的"開釋經題"作用相同。如《金剛經科儀寶卷》有開卷文："末法之代，至於今日，恭白十方賢聖現坐道場……將此身心奉塵刹，是則名爲報佛恩，金剛寶卷才開展，龍天八部降臨來，薦資亡者超升去，現存人眷又消炎，謂其有說皆名謗，今日分疏謗更多，外護不忘親付囑，三千里外定聲訛。"⑤由此可知《銷釋金剛經科儀寶卷》的宣演目的是希望聽衆以及行持之人能夠信敬曉解明白，領納於心，持之不錣便可洞明真性。除此之外，聆聽寶卷者還可得到無窮福報，解脫輪回。寶卷最後一個環節爲"回向發願、誦佛、卷終"。這一點與敦煌變文儀式中的"回向發願、解座"幾乎相同，下舉《銷釋金剛經科儀寶卷》中的回向文説明。"三塗永息常時苦，六趣休隨汨因，恒沙含識悟真如，一切有情登彼岸。乃至虛空世界盡，衆生及葉煩惱盡，如是四法廣無邊，願今回向亦如是。宣卷功德已周圓，回向三寶衆龍天，見聞盡悟真空理，大衆同登般若船。十方三世一切佛，文殊菩薩觀自在，諸尊菩薩摩訶薩，摩訶般若波羅蜜。""結經偈。願以此功德，普及於一切，我等與衆生，皆共成佛道。"⑥由引文可見，《銷釋金剛經科儀寶卷》中以回向文和誦佛作爲卷終，宣卷者將宣卷功德回向於聽衆，在場的人士便可依仗諸佛威光，直達彼岸世界。雖然這些文字都具有強烈的模式化和儀式性，但是實際上與敦煌變文中的"回向發願、解座"無甚區別，皆具有強烈的宗教色彩。

　　由上文論述所引《降魔變文》和《銷釋金剛經科儀寶卷》可見，敦煌變文與河西寶卷的演出儀式是極其相似的。正文之前都有靜攝觀衆之文字，演出過程中都有

---

① 黄征、張涌泉《敦煌變文校注》，第536頁。
② 筆者案：非宗教類的民間寶卷常見此環節，佛教寶卷、教派寶卷通常爲開卷偈或開卷文。
③ 李貴生《從敦煌變文到河西寶卷——河西寶卷的淵源與發展》，《民族文化研究》2005年第1期。
④ 釋海照《銷釋金剛經科儀寶卷會要集注》，1998年，第5～6頁。
⑤ 釋海照《銷釋金剛經科儀寶卷會要集注》，第8～15頁。
⑥ 釋海照《銷釋金剛經科儀寶卷會要集注》，第247～250頁。

駢散結合的文字並伴隨念佛號,演出結束前亦有回向、發願的過程。演出過程中每個環節的具體功用没有明顯的區别,説明在演出儀式上,變文與寶卷有一定程度的繼承,淵源頗深。而且,由於兩者所涉及的内容多帶有宗教性,敦煌佛教類變文與河西寶卷中的宗教類寶卷的儀軌在某種程度上亦可相互套用。因此從目前所見的材料大致可得出如下結論:從兩者的演出儀式上可推斷,敦煌變文與河西寶卷具有清晰明顯的繼承關係。

二、敦煌變文、河西寶卷均使用圖像進行輔助演出

講唱敦煌佛教變文時還常常采用圖畫配合演出,這對於唐代一般俗講、講經而言是一個重大的突破。檢閱現存的講經文,尚未發現明顯的圖畫提示語,但在變文中這種提示語比比皆是,前輩學者于向東先生在敦煌變文與變相研究領域已有相應的成果。其在《敦煌變相與變文研究》一書中對敦煌變文中的"時""處"之類的提示語進行了詳細的量化統計並得出結論。他認爲:"由於佛教變文與世俗變文講唱的場合、目的等有較大區别,因此,講唱變文的情形可能會因地制宜,不拘一格,爲了便於説唱者表演以及聽衆的觀看,圖畫使用的方式可能是多樣的。佛教變文的講唱或許會有'説者''唱者'兩位互相配合的情形,但是早期可能大多由一位説唱者獨立完成。譬如,講唱《降魔變文》時,説唱者或許可以在一邊講唱的同時,一邊向聽衆展示 P.4524 畫卷上的相關故事畫面。現代日本寺院的一些僧人,還在表演看圖講唱故事,除了使用掛軸畫卷外,有時也使用類似 P.4524 這樣的畫卷,這種方式似乎可以溯源到唐代的變文講唱。尤其是在世俗的民間藝人講唱變文的過程中,這種情形可能更爲常見。此外,講唱變文時也許可以將畫卷掛在牆壁等上,説唱者一邊指着畫。"① 除于向東先生外,程毅中先生也對敦煌變文中的配圖講演進行了論述,他認爲:"變文裏也有類似的套語,如《八相變》中有'于此之時,有何言語云云'……不過這裏的'時'字和圖畫題榜中的'時'字,用法並不完全相同。更值得注意的倒是變文裏常用的'處'字。如《李陵變文》在唱詞之前,有'看李陵共單于火中共戰處''且看李陵共兵士别處若爲陳説'這樣的話,顯然是接圖講唱,很像近代的拉洋片……變相的標題用'時'字,注意的是故事進行的時間;而變文裏用'處'字,注意的是圖畫描繪的空間。互相配合,各有特點……在講唱故事時如果不具體指明講到何'處',恐怕聽衆會弄不清楚,所以每一段唱詞都要説明講到何處,便於聽衆按圖索驥。這也是變文與變相密切配合的一

---

① 于向東《敦煌變相與變文研究》,蘭州:甘肅教育出版社,2009 年,第 227 頁。

個確證。"① 筆者認爲，兩位先生的論述切中肯綮，敦煌變文作爲一種語言講唱藝術，其中的散文部分常用講述的方式呈現，韻文部分則是結合音樂進行唱誦；講唱相互交替，將音樂、表演有機結合以達到聲情並茂、圖言並用的效果。由於聽取變文的觀衆大多爲没有受過專業訓練的平民百姓或寺廟信徒，演出者唯有如此才能讓變文中的故事情節有效地傳達。由此可知，敦煌佛教變文行文與當時世俗生活的關係已十分密切，如今我們讀來仍饒有趣味。

變文配合圖片輔助演出的形式這一點前賢已論述完備，學界對此無過多爭議。除上述國内學者的觀點外，美國學者梅維恒（Victor H. Mair）在《唐代變文》②中論及變文的形式、套語和特徵時對於變文的詩前套語、韻散交錯的説唱形式以及變文與圖相的關係進行了詳細的論述，但未論及河西寶卷是否配合圖片輔助演出這一現象。由於河西寶卷的宣講更多的是一種民間宗教信仰與民間説唱藝術所融合的結果，我們亦無法像研究敦煌佛教變文那般通過變文、佛經、壁畫三者進行勾連，也無法像通過尋找變文文本中的提示詞那樣對河西寶卷進行研究。那是否便無直接證據證明河西寶卷並没有使用圖片進行輔助演出？依筆者愚見，俗文學的研究或許不能單純依靠存世文本、文獻來解決全部疑問，實地田野調查的成果也是值得信賴的資料。回顧寶卷學學術史，我國於1980年前後在全國各地進行了一次範圍很廣的田野調查，目的是對各地的寶卷進行系統的發掘和研究，這是我國寶卷研究的一大突破性發展。經過這次田野調查，甘肅省的學者得益於地理位置的優勢得出了較爲豐碩的成果。③ 諸位前輩學者從地域、演出儀式、曲調、風俗文化各個角度對現存於民間的寶卷進行了系統的研究。在對這些成果進行爬梳整理後，筆者發現河西寶卷的演出過程中同樣有圖片的輔助。如謝生保先生曾言："我親自看到酒泉鐘樓寺的和尚，指着大殿《西遊記》題材的壁畫，給廟會上香客、遊人講説唐僧取經的故事。"④ 段平先生在《對河西念卷活動的剖析》一文中描述了甘肅省高台縣念卷人的演出過程："還有人在解放前跑去千佛洞臨摹壁畫上的天堂、地獄圖，掛起來，一面念《目連三世寶卷》，一面指着圖解説。"⑤ 通過上述田野調查的成果我們不難發現，敦煌配合圖片輔助演出的形式在河西寶卷的演出中也有所保存。

歐大年（Daniel L. Overmyer）認爲，變文、講經文與寶卷之間除了散文與成

---

① 程毅中《關於變文的幾點探索》，載《敦煌變文論文錄》（上），上海：上海古籍出版社，1982年，第388～389頁。
② ［美］梅維恒著，楊繼東、陳引馳譯《唐代變文》，上海：中西書局，2011年。
③ 該時期成果衆多，其中較具代表性的成果有段平《河西寶卷的調查研究》、方步和《河西寶卷的調查》、譚蟬雪《河西寶卷概述》、謝生保《河西寶卷與敦煌變文的比較》等。
④ 謝生保《河西寶卷與敦煌變文的比較》，《敦煌研究》1987年第4期，第79頁。
⑤ 原載段平《河西寶卷的調查研究》，蘭州：蘭州大學出版社，1992年，第45頁。筆者此處轉引自陸永峰《試論變文與寶卷之關係》，《中國俗文化研究》第二輯，第69頁。

對的七言韻文交替出現，實無相似之處。① 此觀點應當是智者千慮之一失。敦煌變文、講經文始源於唐朝，寶卷的起源據目前所見材料最早產生於宋元時期，興盛期更是在明清以及民國時期。這種觀點無疑忽略了中國文學的繼承性與變异性。中國俗文化不斷地經過人們的口傳、演出方可獲得新生，歐大年先生只是單純關注到了唐代敦煌地區講唱文學和明清時期講唱文學在文字樣式上的异同，却忽略了很多講唱文學在演繹過程中往往會使用圖像輔助演出這一現象。這一疏忽也恰恰能反映出目前研究的遺憾之處：文學研究人員往往將主要的精力放在文獻、文字上，而忽略了圖像對於講唱文學的重要意義。筆者在搜集資料的過程中發現了一册少數民族古籍文獻材料，或有助於重新審視圖像在講唱文學發展中的重要地位。

這則材料是現藏於丹麥哥本哈根皇家圖書館的蒙古文繪圖本《目連救母經》，目前學界對之關注甚少，筆者學識淺薄，今依學者陳崗龍先生《蒙古文繪圖本〈目連救母經〉與漢文〈佛説目連救母經〉比較研究》② 一文，將蒙古文繪圖本《目連救母經》（大神通的目連僧報答母恩傳）按收藏號簡稱爲Mong418，蒙古文繪圖本《目連救母經》（呼圖克圖集大成的目連僧菩薩報答母恩經）按收藏號簡稱爲Mong417。關於兩則文獻的詳細介紹詳見陳先生大作，本文不多贅言。筆者所注意的是，Mong418這則文獻中右上角尚保留有漢字的頁碼，雖無法考證是文書上之原存墨迹，還是藏家或研究人員所添加，但依舊給予了該文書一個較爲清晰的次序。爲行文之便，筆者在此放上原書掃描件兩頁作爲範例。

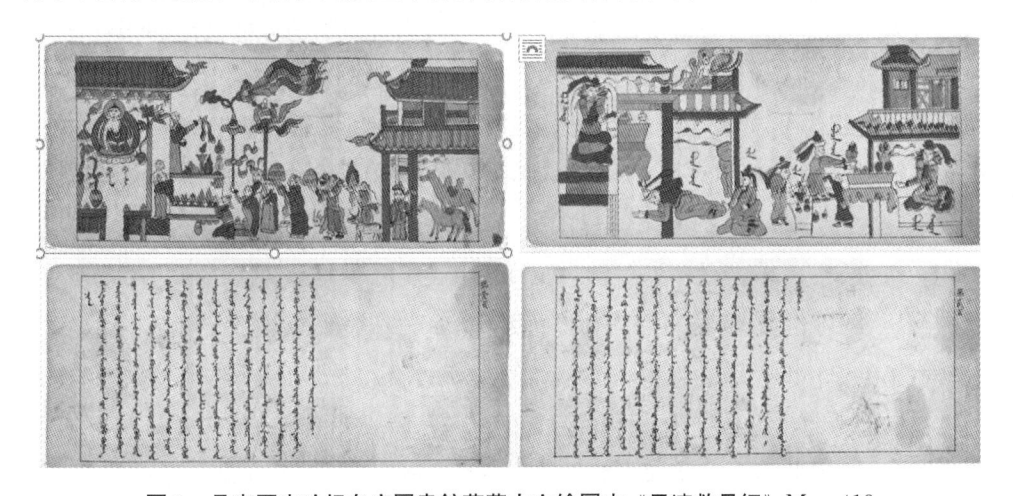

圖1　丹麥哥本哈根皇家圖書館藏蒙古文繪圖本《目連救母經》Mong418

---

① ［美］歐大年著，馬睿譯《寶卷——十六至十七世紀中國宗教經卷導論》，北京：中央編譯出版社，2012年，第19~22頁。

② 陳崗龍《蒙古文繪圖本〈目連救母經〉與漢文〈佛説目連救母經〉比較研究》，《首屆中國少數民族古籍文獻國際學术研討會論文集》，北京：民族出版社，2012年，第29頁。

由圖 1 可知，Mong418 "一圖配合一文" 謂之一頁。① 圖片左邊是原書第一頁，右邊爲原書第二頁。仔細觀察，這兩頁文書的圖案部分有着緊密的關聯，無論是畫面中運用的色彩、構圖結構還是人物行爲都具有一定的連續性，並非單獨成卷。反觀下面的文字部分，每一張的文書都有部分留白，兩頁之間並沒有緊密相連。這説明 Mong418 故事情節的主要載體爲文書中繪製精美的圖案，並非圖下之文字。依筆者拙見，圖案背後的文字不僅僅是《佛説目連救母經》的經文，還可能是作爲故事情節之要點、故事梗概的札記，其作用應是幫助演出者更好地表達《佛説目連救母經》的故事情節。由於目連救母故事龐雜煩瑣，文字記錄極費筆墨且不利於讓聽衆了解故事情景，倘若使用多幅故事情節相連的圖案作爲故事情節的載體，一方面可以節約大量筆墨單純記錄故事梗概用以提示演出人員，故事中的細微之處則由演出者口頭表述；另一方面，精美的圖案可以吸引觀衆聚精會神地聆聽演出者的演出，而受教育程度不高或不識文字的平民百姓也可以通過文書中的連環畫知曉故事的主要情節以受到教育。

由此觀之，在講唱文學的傳播演繹過程中，圖像的重要性確實不亞於文字，甚至在某種程度上要高於文字。如上述例子，我們可以通過文書中的圖案追溯到漢文《佛説目連救母經》中的情節，以厘清兩者之間的淵源。蒙古文繪圖本《目連救母經》體現了講唱文學的繼承性與變異性。目連救母的故事亦在蒙古地區得到傳播，在目連救母這一主題下，一改漢民族地區以文字爲主的敘事模式而采用連續圖像的敘事模式。這種再創作無疑展示了蒙古族對目連救母故事的傳播做出的獨特貢獻。雖然目前無法通過此例判斷唐代的變文時隔數個世紀後是否重新出現在蒙古地區，但是值得重視的是，變文在轉變爲寶卷的同時以另一種形態出現在少數民族文化當中。這種以圖像爲主導的敘事模式在漢文文獻中可謂鳳毛麟角，值得日後深入發掘。

三、變文、寶卷等地方性非經典文學作品的價值重估

在過去很長的一段時間裏，"經典"就意味着"高雅""精英"。一部文學作品一旦被人們奉爲"經典"，便意味着它已經成爲該時段文學作品的"權威"。因此我們不難發現，中國文學史中大多數獲得至高歷史地位的經典作品是具有强烈的"精英主義"風格的。誠然，經典的藝術價值經過千百年的沉澱，歷久彌新。"閲讀經典、維持經典研究的日益繁榮對中華文明的興盛延續、對國民潛在人格的塑造和價

---

① 筆者案：蒙古文繪圖本《目連救母經》是正面圖片，反面文字。圖1的"上文下圖"形式僅爲筆者爲直觀展示此文獻後期自行排版而成。

值取向認同、對於增强民族的親和力與凝聚力意義重大"①,但"非經典作品"同樣大量保留了當時人民的精神生活痕迹。依筆者淺見,"非經典作品"更多的是用以服務人民的日常生活,具有較强的日常實用性,並非如"經典作品"一般多用於藝術欣賞。此類作品大多散落於民間,收集難度甚大,大多没有被及時發現、整理。因此它們長期處於學術界的邊緣,未能得到進一步的研究。曾經活躍於西北地區的變文、河西寶卷便是此類地方俗文學的產物。這類地方性非經典文學作品雖然在創作層面使用了一定的"程序套語",但是高度相似的儀式流程、人物描寫、歷史描述更有利於學者進行大數據分析。相信隨着"中國俗文學庫"的不斷研發和普及,通過檢索數據庫的形式對此類作品進行量化研究、理論構建,在此基礎上回歸文本並結合地方特色演出語境,將成爲中國俗文學研究的新潮流。

　　首先,需要跨學科研究方法的介入。以河西寶卷爲例,由於歷史原因,學界對於寶卷的地方性宗教問題大多存而不論,但依然不乏一些中國學者對這個問題有獨到的研究,如喻松青②、馬西沙③、韓秉方④、陳俊峰⑤、濮文起⑥、鄭志明⑦。相比之下海外學者則無此掛礙,如上文提及的日本學者澤田瑞穗、吉岡義豐,美國學者歐大年,英國學者杜德橋。諸位前輩發揮海外漢學家的優勢,各自從所在國家的博物館、圖書館、個人私藏收集整理文獻,同時運用社會學、宗教學、人類學對中國寶卷進行了系統研究。他們注重對寶卷的儀軌流程、儀式文化、生成背景、流變過程、社會功能進行多維度的研究。雖然部分研究成果尚存缺憾,但是瑕不掩瑜,他們的研究方法及成果傳到中國後,寶卷研究迅速成爲近些年國内的研究熱點。不僅在傳統的文獻整理方面有所深入拓展,在題材内容、思想内涵、演出方法、藝術特徵、傳承保護各個方面也都實現了新的突破。

　　其次,變文、河西寶卷等作爲一種講唱文學,不可忽視作者、演唱者、圖像、文本、音樂之間的互動關係或相互關聯。遺憾的是,目前所發現的變文没有相應的圖像,而現存文獻中類似河西寶卷這種具備説、唱、圖、文、音樂的資料也屈指可數。無論是歷史文獻還是目前的研究都極少涉及相關内容,美國學者梅維恒曾敏鋭地指出 P.4524 文書中的圖畫描述的是佛教中舍利佛和勞度叉之間鬥法的故事。⑧

---

① 沙家强《記憶深處的生命復活——非經典文學的價值取向探析》,《文藝評論》2008 年第 5 期,第 11 頁。
② 喻松青《明清白蓮教研究》,成都:四川人民出版社,1987 年。
③ 马西沙、韓秉方《中國民間宗教史》,上海:上海人民出版社,1992 年。
④ 韓秉方《羅教"五部六册"寶卷的思想研究》,《世界宗教研究》,1986 年。
⑤ 陳俊峰《有關東大乘教的重要發現》,《世界宗教研究》1999 年第 1 期。
⑥ 濮文起《〈定劫寶卷〉管窺》,《世界宗教研究》1998 年第 1 期。
⑦ 鄭志明《無生老母信仰溯源》,臺北:文史哲出版社,1985 年。
⑧ [美]梅維恒著,張國剛,陳海濤譯《變文之後的中國圖畫講唱藝術及其外來影響》,《國際漢學》2000 年第 2 期,第 202 頁。

雖然這幅畫得以保存，但是依然無法揭示唐代講唱文學圖案、文字、演出之間的關係。而隨着地方政府、地方文化部門的重視，本來散落於民間的河西寶卷已被系統整理出來，當地的傳承人不僅對現有的手抄本寶卷進行影印整理，還在積極籌備各類念卷演出。寶卷傳承人正憑藉自己的堅守和執著，延續着這一方水土的民俗文化。在筆者看來，若要真實全面地還原河西寶卷之價值，需要將河西寶卷的文本、演出（包含演出時的圖片、音樂）視爲一個整體，放棄過去"重案頭而輕演出""重文本而輕圖像"的研究習慣，而將文本、演出視作一個有機的整體，方能從更宏觀、全面的角度去看待這些地方非經典文學，使相關研究獲得更好的發展。

除此之外，有學者提出："需特別注意不同民族的俗文學之間關係的研究；特別注意中國俗文學與外國俗文學之間關係的研究，如印度、中西亞、蒙古、朝鮮、日本、東南亞俗文學與中國俗文學特別是中國邊疆地區少數民族俗文學關係的研究。"[1] 這對於像變文、河西寶卷等地方非經典文學研究而言同樣值得重視。通過對不同地區的文本進行比較研究，可知文本之間的源流關係。在此基礎上無論是進行個案研究還是理論研究，或許均有更大的推進空間和意義。比較後可以發現，地方非經典的文學作品的價值也不僅僅局限在創作區域，而是可以作用在東亞文化圈或不同的文化區。此時非經典文學作品所能表達的内涵也不僅僅是當時、當地人民的精神生活，而是與其他地區的文本一同呈現出不同文化圈、不同民族之共性。

---

[1] 廖可斌《俗文學研究的百年回顧與前瞻》，《武漢大學學報（哲學社會科學版）》2021年第1期，第86頁。

On the Connections Between Dunhuang Bianwen and Hexi Baojuan as Well as the Revaluation of Local Non-classical Works of Literature

Huang Zhijie

Abstract: In the study of Chinese popular literature, scholars in the past dynasties paid particular attention to Dunhuang Bianwe (transformation texts) and Baojuan. The reason is that there are many similarities between the two in terms of text content, performance ceremony, as well as spreading and developing, and they have close connections. To explore the connections between the two can help to further study the inheritance and development of Chinese popular literature. At the same time, Dunhuang Bianwe and Hexi Baojuan are the products of popular literature in the Northwest of China, and although such local non-classic works of literary have certain formulations and ritualization in creation, their artistic levels have not reached the peak. However, behind the works, there are strong local features, epochal characters, and realities, which can not be matched by classical literature works. Therefore, it may be worth rethinking, reviewing and estimating the true value of a large number of mediocre works about popular literature in China.

Keywords: Dunhuang Bianwen Hexi Baojuan connections local literature

［黃志杰，武漢大學文學院中國古代文學專業碩士研究生］

《上大人》與民間歌謡[①]

張新朋

摘　要：《上大人》是舊時兒童習字的範本，在民間有廣泛影響。因此成爲多地民間歌謡吟咏的對象，以多種形式出現在民間歌謡中。本文選取了民間硪歌、山歌、喜歌、彩詞、勸誡歌等歌謡中融入《上大人》者，分析其内容及《上大人》融入的效果，並就其對於民間文化傳播研究、對於民衆道德觀念形成研究的意義略加闡述。

關鍵詞：《上大人》　民間歌謡　影響

歌謡是勞動人民集體創作的，反映民衆的社會生活、精神風貌，抒發民衆思想、情感的押韻的文學體式，是民間文學的重要類型之一。歌謡起於何時已不可具考。然《詩經·魏風·園有桃》中即有"心之憂矣，我歌且謡"[②]之語，漢代毛亨傳曰："曲合樂曰歌，徒歌曰謡。"[③]據毛亨的解釋，歌是"合樂"即配合音樂的，謡是"徒歌"即不配音樂的。然後世多數情況下對於"歌""謡"通常不予分别，即如清代杜文瀾《古謡諺·凡例》所説："謡與歌相對，則有徒歌合樂之分，而歌字究系總名；凡單言之，則徒歌亦爲歌。故謡可聯歌以言之，亦可借歌以稱之。"[④]《淮南子·主術訓》中既已出現"歌謡"一詞，其文曰："古聖王至精形於内，而好憎忘於外，出言以副情，發號以明旨，陳之以禮樂，風之以歌謡。"[⑤] 本文所論之"歌謡"將"歌"與"謡"等同看之，不再細分。

歌謡以其通俗的内容、簡潔的形式、明快的節奏而大受民衆歡迎。清代劉獻廷

[①] 本文爲國家社會科學基金冷門絶學項目"敦煌蒙書《上大夫》及其衍生文獻之整理與研究"（21VJXG003）相關成果。
[②] ［漢］毛亨傳、鄭玄箋，［唐］孔穎達疏，龔抗雲、李傳書等整理，劉家和審定《毛詩正義》，北京：北京大學出版社，2000年，第427頁。
[③] 《毛詩正義》，第427頁。
[④] ［清］杜文瀾輯，周紹良校點《古謡諺》，北京：中華書局，1958年，第4~5頁。
[⑤] 何寧《淮南子集釋》，北京：中華書局，1998年，第620~621頁。

曾曰："余觀世之小人，未有不好唱歌看戲者，此性天中之詩與樂也。"① "世之小人"之稱，是其階級局限，未爲正確；但所言民衆好唱歌、看戲，並將之喻爲人天性中的詩與樂，則頗中肯綮。誠如其言，在民衆生活中田間插秧唱秧歌，建房築路唱夯歌，男女相戀唱情歌，婚姻嫁娶唱喜歌，養老送終唱挽歌，孩童遊戲唱兒歌……諸多情況，無法盡舉。勞動號子、山歌、小調、風俗儀式歌等成爲民衆表達意志、抒發情感的最佳媒介。歌謠起於民間，行於民間，故山川日月、草木鳥獸、舟車服御等普通民衆所熟悉的諸多事象爲歌謠首選。"上大人，丘乙己，化三千，七十士，爾小生，八九子，佳作仁，可知禮也"是過去時代兒童習字描紅的範本，人們通常以《上大人》稱之。《上大人》作爲兒童識字之初練習筆畫與筆順的重要素材，在人們頭腦中留有深刻的印象，因此便不知不覺地走入了民間歌謠。湖北沔陽硪歌、福建畬族字歌、陝北民歌、潮汕歌謠、侗族情歌、武漢歌謠等多種形式的民歌、民謠作品中均有《上大人》的影子，下面我們試着做一些分析。

打硪（或稱打夯）是過去築路、築壩、建房工程中一項常見的工作，主要是利用粗重的石柱、木柱、石塊或是鐵塊等將地基夯緊、壓實。通常而言，一人難以勝任大型的硪，打硪多由衆人配合進行，統一節奏成爲必須，節奏明快、律動性強的硪歌也就由此產生。硪歌所唱可以即興組織，也可以唱各自地區相沿成俗的流行硪歌。打硪在我國流行地域甚廣，硪歌也因此而豐富多彩。其中，湖北沔陽（今仙桃市）的一首硪歌巧妙地把童蒙書《上大人》嵌入其中，頗具特色。② 這首硪歌訴說了一個遭受大腿腫脹困擾的人的淒苦一生：小時候"下深水，摸魚踩藕"遭風吹、受寒氣，致使大腿腫脹；雖經治療，仍落下"腳背上，一塊肥肉"，給生活帶來諸多不便；曾上過幾年私塾，但很快輟學，在家放牛；山盟海誓、情投意合的娃娃親也因自己的粗大腿而告吹；雙親亡故，叔嬸收留；更不幸的是染上了絲蟲病，傷及下肢，"一雙腿，只爛得，膿瘡紅肉。知了鳴，蚊叮咬，黑血直流"，面對如此人生，唯有"禮佛堂，燒紙錢，來把苦訴"。粗大腿在給自己帶來諸多不便的同時，在個別情況下卻也能帶來意想不到的效果："修田埂、不用榔頭、跌幾跌、踩幾踩，勝似硪墜"——修田整地，不用榔頭，跌跌踩踩就勝似硪墜；"洪水湧、河堤潰口；爲搶險、跳水裏，水往倒流"——一人跳入河中就可以堵住河堤決口。這種"優勢"更近乎一種黑色幽默，頗有幾分悲劇色彩。這首硪歌將"上大人，孔一（乙）幾（己），話（化）三千，七十士，爾小生，八九子，佳作仁，可知禮"24個字嵌入每句句首以引領後面的文字，前後銜接頗爲自然，文句通順，可以作爲一首短篇

---

① ［清］劉獻廷撰，王北平、夏志和點校《廣陽雜記》，北京：中華書局，1957年，第106頁。
② 這首硪歌見仙桃社區網站網友 byht 所貼《〈上大人〉硪歌》一文（http://bbs.cnxiantao.com/forum.php?mod=viewthread&tid=125414），文末括注整理者爲"張才富"。本文《上大人》硪歌皆引自此帖文。

叙事詩來讀，《上大人》之用甚爲高妙。

與上面所説硪歌相似，山歌也是人們在勞作時所吟唱的民間歌謡。"山歌"一詞出現較早，唐代李益《送人南歸》云："應知近家喜，還有异鄉悲。無奈孤舟夕，山歌聞竹枝。"① 唐代白居易《琵琶行》云："春江花朝秋月夜，往往取酒還獨傾。豈無山歌與村笛，嘔啞嘲哳難爲聽。"② 朱自清先生認爲"這裏的'山歌'二字，大概都指的是竹枝詞"③。這與後世所説的山歌還略有差异。廣義而言，後世的山歌通常指農夫農婦、船夫漁樵、村姑牧童等鄉野勞動者所唱的歌。與之相應，山歌也多以山川日月、農桑漁獵、世事風情、民間百物、市井百態等鄉村社會常見的物象、事象來展現鄉野生活。《上大人》作爲舊時兒童開蒙習字的範本，在民間流傳頗廣，故而成爲不少山歌選擇的對象，廣西欽州、湖北英山、湖南邵陽、福建福鼎等地均有《上大人》歌。其中福鼎的畲族字歌《上大人》④頗具特色。該歌將"上大人，孔乙己，化三千，七十士，八九子，佳作仁，可知禮也"等句中的每一個字嵌入七言四句的起首位置，成 22 段七言四句歌，而且多數段落都涵蓋一則歷史故事。如，第一段"上字仁貴是英雄，投軍吃糧有三輪；士貴奸臣無道理，只曉催糧魯國公"所唱是《説唐後傳》中薛仁貴的故事：身懷武藝、積極報國的薛仁貴前去投軍，因主事者張士貴從中作梗，前兩次投軍分別以冒犯其名諱、白衣不祥爲由被拒絶，第三次因得了魯國公程咬金的金披令箭方被接納，然却因張士貴之蒙騙而弃用本名，被編入火頭軍。其後，第二段"大字大將薛丁山，只曉催糧魯國公；寒江關裏梨花女，一心要配薛丁山"、第三段"人字敬德尉遲恭，掛帥元帥去征東；將軍茂公來相送，被酒灌醉鬧紛紛"，依然是依托《説唐三傳》《説唐後傳》的故事展開，前者講述薛丁山、樊梨花之間離奇曲折的婚姻故事，後者所論爲尉遲恭帥兵征東以及在調查埋名於軍中薛仁貴時被張士貴以酒代茶灌醉之事。除此而外，該歌還唱及孔子造詩書、秦始皇焚書坑儒、孫臏龐涓結義、昭君出塞、吕布殺董卓、劉關張桃園結義、關公護嫂過關、秦檜陷害岳飛、楊廣收妖十八洞、范仲淹勤學、白素貞配許漢文、法海水漫金山等諸多歷史故事。與之相似，《臺灣俗曲集》中也收録了一首將《上大人》各字嵌入句首的《上大人歌》："上字寫來一頭排，編出新歌唱出來，宋郊宋祈親兄弟，狀元榜眼一齊來。大字寫來兩脚開，杞郎作城喃泪垂，姜女爲著人情苦，千里路途送寒衣。人字寫來二人全，智遠酒醉睡瓜園，王娘受盡兄嫂迫，一冥拖磨到天光……知字一口在身邊，哪吒出世落海墘，龍王看見著一驚，

---

① 西北師範大學古籍整理研究所主編《李益詩歌集評》，蘭州：甘肅人民出版社，1997 年，第 52 頁。
② 朱金城《白居易集箋校》第 2 册，上海：上海古籍出版社，1988 年，第 686 頁。
③ 朱自清《中國歌謡》，北京：作家出版社，1957 年，第 96～97 頁。
④ 中國民間文學集成全國編輯委員會、《中國歌謡集成·福建卷》編輯委員會編《中國歌謡集成·福建卷》，北京：中國 ISBN 中心，2007 年，第 845～847 頁。

抽出龍筋帶返去。禮字頭上有一留，招（昭）君出塞面憂憂，幾時得見漢王面，斬了奸臣毛延壽。也字寫來脚蹺蹺，曹操潼關遇馬超，割須去袍拖命走，許褚走來報張遼。編出新歌唱出來，廿五故事照頭排，請問此歌誰人編，正是潮州蕭秀才。"① 在解構每個字寫法的同時，每段還櫽栝一個歷史故事，與本文所論畬族字歌有異曲同工之妙。以上之《上大人歌》以《上大人》來統領歷史故事，實現了《上大人》習字與歷史故事的完美結合。

　　民間歌謠起於如上所說的打硪、耘田、采茶、收穫等鄉間勞作，隨着時間的推移，其應用則不再局限於田間勞作，而逐步向日常生活的其他領域拓展。如，在傳統社會生活中，人們遇到婚嫁吉日、壽誕慶典、建房上梁、店鋪開業等喜慶之事，也要佐之以歌，來烘托歡樂祥和的氣氛。此時所唱則稱之爲"喜歌"，即"國人遇婚嫁、生子、建房、開業等喜事時，即興表演的具有祝頌、祈福（包括去煞、感恩與惜別）性質的儀式歌謠，又稱喜詞、喜話、彩詞、四言八句、大四句等"②。如上所述，喜歌可以用於婚嫁、生子、建房、開業等喜事，其中以婚嫁最爲常見。婚嫁中的喜歌肇源甚早，《詩經》中《關雎》《桃夭》《螽斯》等篇即具有濃厚的婚嫁色彩。敦煌文獻中的《下女夫詞》則爲我們展現了晚唐五代時期民間婚禮的程式及其中唱誦喜歌的情形：初至門前要經過女方一番詳細盤問，來到大門要誦《論女家大門詞》，至中門、堂基、堂門要誦《至中門詠》《至堂基詩》《至堂門詠》，撒帳要誦《論開撒帳合詩》，去行座幛要誦《去行座幛詩》，同牢盤、去帽惑、去花、脱衣、合髮、梳頭、繫指頭亦需唱誦相應的詩歌等。時至今日一場婚禮中新郎騎馬出迎、來至女家、新娘上轎、新娘落轎、新娘進門、鋪床撒帳、鬧洞房等諸多環節仍要唱誦喜歌。喜歌多爲祝願新婚夫妻琴瑟和諧、百年好合、多子多福、富貴綿長等内容。其所用素材也多種多樣，有用《關雎》《桃夭》《螽斯》諸篇者，有繼敦煌《下女夫詞》者，有用《西廂記》之張生、崔鶯鶯之故事者，也有援《上大人》入彩詞者。如某地"管燭彩"曰："伏以西山嶺上起祥雲，望見高堂上大人。萬畝良田孔夫子，明爲變作化三千。滿堂賓客七十士，大家順賀爾小生。一娘生下八九子，各個都是佳作仁。惟有九子生得好，可知禮也有其明。"③ 彩詞中"上大人"變身爲高堂父母、"七十士"指前來道賀的賓客、"爾小生"爲結婚的新人、"八九子""佳作仁""可知禮"則成了對未來所生孩子的祈盼與希望。又如，某地"撒帳送房"歌曰："（白）新人你再飲幾杯，我不贊你幾句。（唱）你父親是上大人，你好比女中孔夫子。路上行人化三千，滿堂賓客七十士，今宵合配爾小生。一胎生下

---

① 鄭阿財、朱鳳玉《敦煌蒙書研究》，蘭州：甘肅教育出版社，2002年，第153~155頁。
② 周玉波《中國喜歌集》，北京：社會科學文獻出版社，2011年，第1頁。
③ 周玉波《中國喜歌集》，第239頁。

八九子,個個都是佳作人,世不誇講可知禮。"①。這首"撒帳送房"歌與上例的"管燭彩"所述情形大體一致,唯據"你好比女中孔夫子"來看,這一段所贊爲新娘,或許還是一位有文化的新娘,故稱之爲"女中孔夫子",且有"路上行人化三千"之非凡業績。這在喜歌中是比較少見的。

如果以上所説男女雙方修成正果、喜結連理是爲衆人所樂見的結局,那麼在婚戀生活中還有父母反對、社會偏見、自然災難、疾病疫癘等諸多原因而導致相愛的男女未能走到一起,最終勞燕分飛甚至陰陽兩隔的情形。這也是民間歌曲的重要題材。江蘇流行的山歌《五姑娘》、貴州錦屏流行的高壩古歌、雲南紅河流行的《重逢調》等即其中較爲著名者。湖北省宜昌市遠安縣民歌《雪梅吊孝》②(或作《秦雪梅吊孝》)是一首頗具特色的歌謡,講述了一個在民間廣爲流傳較廣的愛情故事。故事中秦雪梅與商林自幼訂親,後來商家遭遇變故,家道中落,商林投靠岳家秦府讀書。兩人在秦府書館一見傾心。之後,愛慕之情愈發濃烈,商林遂染上相思之疾。見此情狀,秦府不敢容留,商林被迫回到自己家中,所病日深。中間雖有丫環愛玉假扮秦雪梅與商林共宿,但終究無力回天,商林一命歸西。秦雪梅得知商林病逝的消息,衝破父母的阻撓,穿白戴孝來商家吊祭夫君。以此爲背景,《雪梅吊孝》巧妙地用《上大人》習字串接各段唱詞,以"上孝堂雪梅我珠淚滾滾,哭一聲商公子短命夫君。大不該在花園裏玩耍散悶,活活是小女子坑害了郎君。人在世攻讀詩書美貌一品,到如今見棺材不見郎君"起首,寫自己到商家吊祭,昔日美貌一品的夫君無處尋,所見唯有棺材一具,其衝擊力之强,可想而知。其後"孔夫子出六國制下人倫,奴知道烈女傳不敢胡行"至"是奴家知道你相思難害,各廟堂許心願表奴情懷"等,由"孔一(乙)幾(己),話(化)三千,七時(十)是(士)"起首的三段十八句叙述自己與商林花園相遇、被丫環衝破、夜半私定終身、商林害相思病、夜半焚香爲商林禱告等諸多事情。在"耳聽得商公子命歸天界"後,自己"一刹時不由奴珠淚滿懷""小女子穿重孝聲聲哭壞""胭脂和水粉一齊丢開",衝破阻撓來商家吊孝。靈堂上、棺槨前,自己頓首百拜,回想自己也曾在花園將夫君等待,本"指望是與夫君到老和偕",心中尤其悲哀。然愛玉在靈前的的哭聲打破了秦雪梅的思緒,原來愛玉捨不得商林性命,便冒自己之名與其同枕共衾。此時自己前來見禮是出自實心實意,切不可妄言行。最後以"福命好石愛玉身懷有孕,但願得生一男商門有根。奴命苦十六歲夫君喪命,奴情願守貞節祭掃墳靈。壽不長短命夫陰間顯聖,保佑奴兒公婆福壽康寧"作結,期望愛玉能生一男孩,爲商門留一血

---

① 周玉波《中國喜歌集》,第245頁。
② 彭善梁、吴光烈主編,鄢維新審定《遠安歌謡》,長陽土家族自治縣文化館,1990年,第612~614頁。

脉，希望公婆福壽康寧，同時表明自己願祭掃墳塋、守貞潔的心志。又，同屬宜昌的夷陵區也有以《上大人》中的文字起首的《秦雪梅吊孝》①民歌，唱詞與《雪梅吊孝》大體一致，其開頭部分作"上孝堂，見靈牌，珠泪滾滾；哭一聲，上官郎，短命夫君！大不該，在花園，玩耍解悶；這回是，小奴家，坑害你身。人在世，讀書文，美貌一品；到今日，見棺材，未見郎君"，在句式上呈現爲"三三四"結構，與上文所論《雪梅吊孝》稍有不同。

以上所說的婚慶、祭吊是民衆日常生活中的大事。除此而外，春節、元宵節、端午節、中秋節、重陽節等四時八節也是民衆日常生活中的重要內容，形成了各具特色的節慶活動。如，肇源於西漢的元宵節，經歷代不斷豐富，最終成爲舉國同慶的重要節日。賞月、觀燈、猜謎、聽鑼鼓、看焰火是元宵節的重要活動，尤其是觀燈，更是不可或缺。"火樹銀花合，星橋鐵鎖開"②"千門開鎖萬燈明，正月中旬動帝京"③"月色燈光滿帝都，香車寶輦隘通衢"④等所記正是元宵節觀燈之盛況。這些活動歷代相沿不輟，並逐漸成爲一種民俗習慣。時至今日，正月十五觀燈依然是一項重要的活動。地區不同，所紮制的燈籠也各异，精彩紛呈。若要分類，大體而言可以分爲荷花燈、葵花燈、龍燈、獅子燈、老虎燈、金魚燈、牛馬燈、蝦子燈、元寶燈等自然物象類，亦有表現八仙過海、嫦娥奔月、哪吒鬧海、桃園結義、木蘭從軍、李白醉酒等民間傳説、歷史典故或其他人文素材的燈。在某些地區，還有贊彩的彩詞與彩燈，如湖北龍燈彩詞《賀新春》曰："鑼鼓鞭炮響連聲，元宵佳節鬧歡騰。男女老幼把燈看，彩詞獻給看燈人。老者看了我的燈，頭髮白了又轉青，能挑千斤走萬里，牙齒掉了又重生……"⑤浙江龍燈彩詞《觀花燈》云："看花燈，看花燈，元宵佳節熱騰騰。男子看燈開智慧，科場開考第一名。婦女看燈生貴子，定能長成好人品……"⑥彩詞的優劣直接關係到與之相配的彩燈能否受人歡迎，故贊彩者充分利用人們所熟悉的素材進行創作。《上大人》作爲舊時普及度頗高的習字範本，成爲贊彩者的上佳選擇。湖南蝦子燈彩詞就有以《唱上大人》⑦爲題者。這首蝦子燈彩詞與其他彩詞相比，最大的特色在於不僅將童蒙書《上大人》引入其中，而且多次、多方式地加以利用。彩詞以"各位財神且站定，聽我表一個'上大人'"冒首，其後"上大人，孔乙己，爾小生，八九子，佳作仁，可知禮"6個《上大人》文句依次排列。隨後則以"可知禮"爲始句，倒向回至首句"上大人"，作

---

① 陳明剛唱述，蘇宗源編《陳篾匠民歌選》，北京：大衆文藝出版社，2005年，第311～312頁。
② 徐定祥《李嶠詩注・蘇味道詩注》，上海：上海古籍出版社，1995年，第3頁。
③ [唐]張祜撰，嚴壽澄校編《張祜詩集》，南昌：江西人民出版社，1983年，第66頁。
④ [唐]李商隱著，[清]馮浩箋注《玉溪生詩集箋注》，上海：上海古籍出版社，1979年，第538頁。
⑤ 明德運、余德意編著《中國民間彩詞》，西苑出版社，2004年，第7頁。
⑥ 明德運、余德意編著《中國民間彩詞》，第26頁。
⑦ 明德運、余德意編著《中國民間彩詞》，第76～78頁。

"可知禮轉回程，後面跟的佳作仁，手裏捧的八九子。背上背的爾小生，高堂老母七十士，白髮公公化三千，一心只想邱乙己，想壞了朝中上大人"。其後接"上字在朝把官做，大字兩邊踏朝廷，人在人前説好話。孔家莊前出聖人，乙人只有一人畫，己字後面不談論。化不虛傳可是真，三個明人當知心，千里迢迢呈送金……佳字在上把席坐，作字一旁把酒作，只有橫仁生得橫。手指可字罵幾聲，知人知面不知心，禮與我相好到如今" 24 個將《上大人》每個字嵌入其中的句子。後面仍由"可知禮"起首，其後則將文字逆序組合成"可知禮來禮可知"句，後續"唐王陷在淤泥河"一句歷史典故，依此例，回至首句"上大人"，作"可知禮來禮知可，唐王陷在淤泥河。佳作仁來仁作佳，三請三休樊梨花。八九子來子八九，斬得封神姜子牙，爾小生來生小爾，雷炮孫臍生五子。七十士來士十七，張果老倒騎一毛驢。化三千來千三化，手舉銅錘李元霸。邱乙己來己乙邱，吕洞賓離不開曹國舅。上大人來人大上，子子孫孫在朝郎"。至此，這首彩詞已經 4 次利用《上大人》了，但還没有完結，結尾處第 5 次運用《上大人》，而且更具特色，作：

上、孔、化、七、爾、八、佳，
不擔心來有小怕。
大、乙、三、十、小、九、作，
搞得小字一坨螺。
人、己、千、士、生、子、仁，
可知禮一旁把話明，
念到各位財神散精神。

此贊彩者把《上大人》前 7 句 21 字，間隔性、有規律地運用，成"上、孔、化、七、爾、八、佳""大、乙、三、十、小、九、作""人、己、千、士、生、子、仁" 3 個不連貫的句子，仔細觀看各句布局，並把第 1、第 3、第 4 句每個字縱向串起來，以"N"字形來閱讀，我們可以發現可成"上大人，孔乙己，化三千，七十士，爾小生，八九子，佳作仁"，仍是《上大人》中的句子；唯"可知禮"一句未作如此處理，而是打橫頭放在"可知禮一旁把話明"句中。最後則以"念到各位財神散精神"作結，同時與彩詞起首"各位財神且站定"一句遥相呼應。通觀整篇彩詞，以《上大人》爲基礎鋪張敷衍，却能前後 5 次以不同方式加以運用，其構思之新穎、架構之巧妙可謂獨具匠心。

上文所論元宵節觀燈、贊彩詞是一年之中固定的節日娱樂活動。但節日終究是少數時間節點，與之相對的是更加漫長的日常生活。日常生活同樣需要調劑，打紙牌便成了民衆日常生活中最爲常見的休閒娱樂活動。農閒時節或是午後時光，幾個朋友聚在一起打牌消遣，一般不下賭注，偶爾有賭注也是很小，追求的是一種暇時的樂趣。但如果賭注過大或者沉溺於打牌，那麼其性質就由遊戲變爲賭博了。長時間沉溺於賭博，不但會耽誤正常的工作、生活，還會使參賭者喪失理智。輸家總是不甘心，總是想能夠翻本，爲籌措賭資，甚至可以盜竊、詐騙、搶劫，乃至害人性命。賭博給家庭、給社會帶來相當大的危害，因此歷朝歷代都禁止賭博。其禁絶方式可以是訴諸法律、法規等強力手段，也可以是訴諸說教、規勸等感化手段。民間的各類戒賭故事、戒毒歌謠便屬於後者。湖北秭歸縣流行的《勸君莫賭》[①]歌謠將《上大人》嵌入其中，頗具特色。該首歌謠開始的兩段"上大人打紙牌，一是過癮。拉攏人勾勾兒心，個個兒想贏""孔乙己，來坐起，不分親戚。打牌的都爲己，不把不依"唱出了打紙牌的人坐到牌場上不分親戚故舊，都爲自己考慮，個個想贏的賭徒心態。其後以"化三千""七十士""爾小生"等句引領的三個段落講打牌之弊：打牌之人不聽勸，不打牌便周身不遂；由沉溺於打牌而引起家庭紛爭、破了家眷；輸錢之後想扳本，致使越陷越深，讓父母憂心不止。其下接以由"八九子""佳作仁""福祿壽"起首的段落，講不打牌之利：學規矩，鄰人之紅白喜事積極幫忙，爲自己積累人緣；講道德、耿直沉穩，樹立人人尊敬的名聲；年輕時候辛勤勞作，可致"吃的有，穿的足，樣樣不愁"。最後以"看起來，打牌的，壞上加壞。妻離別，家底賣，不是個好買賣"收尾，再一次指出打牌之害——"妻離別，家底賣，不是個好買賣"，勸人遠離打牌。

如上所述，童蒙書《上大人》進入日常勞作、婚喪慶吊、節日嬉遊、日常休閒等諸多領域的民間歌謠之中，已超越原來的兒童習字識字的功能，進入更爲廣闊的領域，成爲民衆日常生活的一部分，共同塑造民衆日常文化生活。就地域而言，文中上述例子涉及湖北、湖南、廣西、福建、臺灣等地；除此而外，廣東、浙江、江蘇、重慶、四川、河南、陝西等地的歌謠中也不乏涉及《上大人》者。如：廣東潮汕地區，新娘子拜別父母時所作"四句"爲"傳禮請安爹娘身，請安爹娘上大人；福如東海孔乙己，化及三千蓋世人"[②]；江蘇靖江寶卷曰"爲人在世莫忘恩，敬重祖先上大人。孔氏乙己歸何處，金銀白錢化三千。得中頭名七十士，狀元乃是爾小生。生下男女八九子，個個總是佳作仁。可知禮也歸西去，今日赴請到家鄉"[③]；河南南陽大調曲子《西廂記》之《鶯鶯鬧書齋》云"寫兩句上大人孔乙己苗鳳花方，外帶著趙錢孫李周吳鄭王。人之初來性本善，外帶著天地玄黃上下四方"[④]，皆其例。《上大人》在如此大的範圍內出現，可見它與衆多地區的民衆生活密切相

---

① 梅德民主編《秭歸縣民間文藝選粹》，秭歸縣教育印刷廠，1998年，第224~225頁。
② 林朝虹、林倫倫編著《全本潮汕方言歌謠評注》，廣州：花城出版社，2012年，第234頁。
③ 尤紅主編《中國靖江寶卷》（下册），南京：江蘇文藝出版社，2007年，第1600頁。
④ 雷恩洲、閻天民主編《南陽曲藝作品全集》第三卷，開封：河南大學出版社，2004年，第135頁。

關、與當地民間歌謠密切相連。形式上,在各地歌謠中,《上大人》的文字大多居於句首,起一種引領、帶入作用,與傳統詩歌中"興"即"先言他物以引起所詠之詞也"有幾分類似,可以看作"興"的手法在民間的變異與延續。各地民衆之所以融《上大人》於歌謠之中,在於《上大人》在民間流傳較廣,民衆熟識、認可度頗高,以之爲基礎進行民歌創作,先天即具有很好的群衆基礎,自然便於流行。在《上大人》文詞的引領下,各地人民融歷史典故、地理知識、民間故事、道德倫常及對美好生活的期望等於民間歌謠之中。這些成分的融入不但增加了歌謠的趣味性,同時也傳遞着歷史知識、道德倫常。儘管個別情況下所融入的人物、故事存在與歷史不一致之處。如上文引述的閩南歌謠"七字仔"《上大人歌》有"上字寫來一頭排,編出新歌唱出來,宋郊宋祈親兄弟,狀元榜眼一齊來。大字寫來兩脚開,杞郎作城喃泪垂,姜女爲著人情苦,千里路途送寒衣。人字寫來二人全,智遠酒醉睡瓜園,三娘受盡兄嫂迫,一冥拖磨到天光"[①] 等句,其中"大"字下所統攝的"杞郎作城喃泪垂,姜女爲著人情苦,千里路途送寒衣"三句,所述爲民間傳說中杞梁築長城,孟姜女千里送寒衣的故事。這個故事脱胎於《左傳·襄公二十三年》所記齊國大將杞梁戰死,但其妻依禮拒絶齊國國君郊外祭吊之事。這件事本與築長城、送寒衣等事無關涉,然在後世的流傳中逐漸幻化出先秦人杞梁穿越到秦國修築長城、其妻千里送寒衣、哭倒長城、滴血認夫等諸多有血有肉的淒切哀婉故事。這在民衆眼中就是"真實"的存在,並塑造着民衆對歷史的理解。民衆通過吟唱歌謠,不但整齊了動作、增加了樂趣、緩解了疲勞,而且也不自覺地運用其中所傳遞的知識、所宣導的道德完成了個人知識體系、倫常觀念的建構,並以此來指導個人的生活。在這一過程中,民間歌謠起到了陶冶人心、化育民俗的作用,這也是民間文化傳遞的重要特質。

---

① 鄭阿財、朱鳳玉《敦煌蒙書研究》,第154頁。

Shang Da Ren and Folk Song

Zhang Xinpeng

Abstract: In the past, *Shang Da Ren* had profound social impacts and was a model to train children for calligraphy. It was thus extensively adapted in the composition of folk songs of various styles, such as mountain song, epithalamium, poem and song for exhorting. This article is an analysis of the striking effects resultant from such adaptation and a discussion on its significance in cultural studies.

Keywords: *Shang Da Ren*, folk song, effects

[張新朋,浙江工商大學東亞研究院日本研究中心教授]

Studies on Folk Beliefs

俗信仰研究

安徽九華山地藏廟會與江西西山萬壽宮廟會比較研究[*]

徐慧茗

摘要：以紀念金地藏成道（夏曆七月三十）形成的九華山地藏廟會和以紀念許遜升仙（夏曆八月十五）形成的南昌西山萬壽宮廟會都屬於信仰型廟會文化。二者因形成的時間、所處的位置、所崇奉的神靈、信眾的來源等不同而形成不同的祭祀方式和民俗活動。基於廟會的信仰心理機能和社會功能，二者早期的祭祀、酬神、娛神以及明清時期商貿特徵的凸顯都屬於江南廟會的基本形態。本文比較、分析了兩者的异同，以挖掘傳統廟會文化的歷史價值，並對二者的獨特文化優勢和魅力作出當代轉型思考。

關鍵詞：九華山　地藏廟會　西山　萬壽宮廟會

廟會是依托寺廟，在特定時間舉行的酬神、娛神、求神、娛樂、遊冶、集市等活動的群眾性集會，其核心在於神靈供奉，源於宗教信仰。[①] 因廟會的聚眾作用，明清以來漸稱"廟市"。廟會習俗流傳千百年，有着豐厚的文化積澱，既有佛教、道教文化内涵，更具民間仙話傳說的外延。傳統廟會在民間信仰的功能、文化娛樂的展示、促進地域商貿經濟的繁榮方面大同小异。廟會風俗多與佛、道宗教活動相關，但歷史上民間信仰的推動作用亦不可忽視。20世紀二三十年代，顧頡剛（1927）、全漢昇（1934）、鄭合成（1934）等學者嘗試從民俗學、人類學、社會學等角度對廟會文化進行探討。[②] 有關廟會的民間信仰研究，1980年後以烏丙安

---

[*] 本文爲2018年國家社科基金專案"清代南部縣宗教與鄉土社會"階段性成果（18BZS076）；2020年江西省高校人文社科專案"基於社群文化的南昌西山萬壽宮廟會研究"（SH20102）階段性成果。

[①] 高有鵬《廟會與中國文化》，北京：人民出版社，2008年，第3頁。

[②] 顧頡剛《民俗學論集》，上海：上海文藝出版社，1999年；全漢昇《中國廟市之史的考察》，《食貨》1934年第1、2期，第28~33頁；鄭合成《陳州太昊陵廟會概况》，1934年。

(1996)、金澤（1989）①爲代表的民俗學派開始使用"民間信仰"一詞。路遥（2004）主持教育部哲學社會科學重大課題"民間信仰與中國社會研究"成果斐然，在學術上取得重大突破。② 岳永逸（2008）推出的"廟會研究三部曲"視角獨特，耐人尋味③；趙世瑜（2002）著作中的"狂歡與日常"④成爲高頻詞彙，高鵬成（2008）的《廟會與中國文化》知名度也較高。筆者發現，上述學者在描述江南廟會時很少提及九華山廟會和江西西山萬壽宫廟會。關於九華山廟會研究的專項成果幾乎没有。⑤江西學者方志遠、陳立立、陳金鳳等對萬壽宫做了深入研究，成果相對較多。⑥本文將從傳統廟會的起源、與廟會相關的民俗活動、廟會的宗教內涵以及明清時期廟會文化的變遷等方面進行比較研究，分析二者的異同，並就當代廟會文化的信仰危機及現代化轉型提出思考。

一、九華山地藏廟會與西山萬壽宫廟會的起源

一般認爲廟會起源於遠古時期的宗廟社郊制度。對普通民眾而言，廟會通過各種形式的信仰儀式、民俗活動，在滿足大眾精神心理需求的同時，潜移默化地成爲民眾共同心理、情感、價值標準、道德情操、風土習俗、生活方式、宗教禮儀、行爲規範等的規範化過程。漢唐之際，廟會加入了佛、道宗教因素，尤其經宋到明清，其商貿功能日漸凸顯，在一些地區，廟會成爲人們精神生活的重要組成部分，

---

① 烏丙安《中國民間信仰》，上海：上海人民出版社，1996年；[英]繆勒著，金澤譯，陳觀勝校《宗教的起源與發展》，上海：上海人民出版社，1989年。
② 該成果包括：王見川、皮慶生《中國近世民間信仰》，上海人民出版社，2010年；路遥《中國民間信仰研究述評》，上海：上海人民出版社，2012年；[日]酒井忠夫、胡小偉《民間信仰與社會生活》，上海：上海人民出版社，2011年；馬新、賈豔紅、李浩《中國古代民間信仰：遠古—隋唐五代》，上海：上海人民出版社，2010年；李利安、張子開、張總、李海波《四大菩薩與民間信仰》，上海：上海人民出版社，2011年；路遥《道教與民間信仰》，上海：上海人民出版社，2011年；劉慧《泰山信仰與中國社會》，上海：上海人民出版社，2011年。
③ "廟會三部曲"指的是：岳永逸《靈驗·磕頭·傳説：民眾信仰的陰面與陽面》，北京：生活·讀書·新知三聯書店，2010年；《行好：鄉土的邏輯與廟會》，杭州：浙江大學出版社，2014年；《朝山：廟會的聚與散，映射出的民間的生活與信仰》，北京：北京大學出版社，2017年。
④ 趙世瑜《狂歡與日常——明清時期的華北廟會與民間文化》，北京：生活·讀書·新知三聯書店，2002年。
⑤ 涉及九華山廟會研究的成果主要有：張總《地藏信仰研究》，北京：宗教文化出版社，2003年，第415～417頁；沈佐民《九華山佛教地藏文化與當地民俗文化形成和諧社會的互動》，《世界宗教研究》2006年第3期，第39～46頁；張軍占《九華山廟會保護與開發研究》，《池州學院學報》2016年第4期，第70～73頁；黄世福、何後得《九華山廟會民俗文化的傳承與保護》，《宿州學院學報》2016年第9期，第84～92頁，第113頁。
⑥ 方志遠《明清時期西南地區的江右商》，《中國社會經濟史研究》1993年第4期；方志遠《明清湘鄂贛地區的人口流動與城鄉商品經濟》，北京：人民出版社，2001年；陳立立、黄較真等《萬壽宫民俗》，南昌：江西人民出版社，2005年；張聖才、陳立立、李友金《萬壽宫文化發展報告（2018）》，北京：社會科學文獻出版社，2019年。陳金鳳《宋元明清時期江西全真道發展述論》，《宗教學研究》2007年第2期；陳金鳳《李冰與許遜——贛蜀道教文化比較之一》，《宗教學研究》2011年第4期。

對中華民族民風、民俗的形成產生了較大的影響。①

（一）地藏菩薩崇拜與九華山廟會

九華山廟會（亦稱"地藏廟會""地藏法會"），最初是九華山麓鄉民爲紀念地藏菩薩聖誕日而興起的大規模民間朝覲活動。根據《宋高僧傳》卷三，唐貞元十年（794）農曆七月三十，金地藏圓寂，"其屍坐於函中，洎三稔開將入塔，顏貌如生。舉舁之動骨節，若撼金鎖焉，乃立小浮圖於南臺"②。金地藏以苦行修持和精心創業的壯舉被視爲地藏菩薩在九華山的應化示現，九華山也就以地藏菩薩應化道場而逐漸"名揚海内"③。七月三十（小月廿九）又被稱作地藏菩薩聖誕日，明萬曆時被編入《月令廣義》④，康熙時，地藏誕日被固定在七月三十，收入《御定月令輯要》⑤。每至地藏聖誕之日，九華山上下、僧俗共同舉行隆重的祭祀活動，地藏廟會由此衍生。唐代中葉，九華山地藏普薩道場香火始興。明清時期，特別是清康熙至咸豐年間，因統治階級的護持，康熙九華山廟會因九華山佛教興盛而達致繁盛。凡安徽、江西、浙江、江蘇、河南、湖北多省信眾均朝山進香，香火鼎盛，無與倫比。時人施閏章有如此描述：

> 而四方數千里來禮塔者，踵接角崩，叫號動山谷。道士爭緣爲市，幾以市爲龍斷矣，寧複知有雲壑乎？⑥

清代九華山躋身佛教名山，隨着九華山地藏道場的形成，"斯山遭遇之隆，千古所未有"⑦。民間地藏王菩薩信仰愈演愈烈，九華山廟會成爲一年之中民眾朝山敬香的頂峰。

---

① 陳衛紅《淺析廟會文化的内涵與意義》，《首屆萬壽宫廟會文化研討會論文集》，第19~21頁。
② ［宋］贊寧《宋高僧傳》卷三《唐池州九華山化城寺地藏傳》，《大正藏》第50册，第838頁下。
③ 潘桂明《九華山佛教史述略》，《安徽師大學報（哲學社會科學版）》1991年第3期。
④ 《天啓平湖縣志》卷十，《天一閣藏明代方志彙刊》第27册，上海：上海書店出版社，1990年影印版，第594頁。
⑤ 《御定月令輯要》卷十四，《文淵閣四庫全書》第467册，第448頁上。
⑥ ［清］施閏章《遊九華記》，《（光緒）青陽縣志》卷十二，清光緒十七年（1891）刊本，第824頁。
⑦ ［清］劉含芳《重修化城寺記》，釋印光重修《九華山志》卷五《檀施門》，載李潤海監印，杜潔祥主編《中國佛寺史志彙刊》第一輯，第22册，臺北：明文書局，1980年。

(二) 許遜崇拜與西山萬壽宮廟會

西山萬壽宮廟會源於許真君崇拜。許遜（239—374）[①]，一般認爲是東晉豫章（今江西南昌）人，字敬之，因侍母盡孝而聞名鄉里。舉孝廉（不就），四十歲赴四川任旌陽縣令。爲官十年，清政廉明，德化於民。相傳他道法高妙，曾鎮蛟斬蛇，爲民除害，唐代對許真君的崇拜已很盛行。相傳晉寧康二年（374）真君一百三十六歲，攜"仙眷四十二口拔宅同時升舉，雞犬亦隨逐飛騰"[②]，這就是膾炙人口的成語"一人得道，雞犬升天"的由來。後"每歲尚有黄中齋會，云八月十五日營齋會。"[③]《歲時廣記》描述唐文宗大和（827—835）末年八月十五，有"吴、越、楚、蜀人，不遠千里而攜契名香、珍果、繪綉、金錢，設齋醮，求福佑。"[④] 因齋會而衍生的民俗活動正是早期萬壽宮廟會的雛形。唐宋之後，隨着净明道的興起，許遜被敕封爲"神功妙濟真君""净明普化天尊"，"許仙真君"則名揚天下。江西境内到處設道觀、建祠宇、造宫殿祀奉他的神像，至清末，西山的香火仍然隆盛，以至民間有"報賽一都會"之說。[⑤]

二、不同之處：廟會具體内容及相關民俗活動

(一) 祭祀的物件、儀式不同

九華廟會是圍繞地藏薩聖誕日而舉行的節日活動，傳統的九華山廟會以超度亡靈、祈求平安和衆生安樂爲主要内容。明清時期九華山地藏道場香火旺盛，凡農曆四月初八佛誕節、七月十五中元節自恣日、七月三十地藏聖誕日都要舉行佛教法會。尤其在地藏聖誕日，朝聖的、趕集的，來自五湖四海的僧尼、信衆、香客雲集九華山，朝山、進香、拜塔、拜天臺。本地山民趁機售賣手工産品、土特産，民間藝人也趁此獻藝，蓮花佛國一片歡騰。朝山信徒中除本省信衆外，還有來自兩廣、

[①] 對於許遜這個人物在歷史上是否存在過，目前學界尚有爭議。丁培仁認爲，"吴猛初仕吴，爲西安（今南昌）令，三國歸晋後隱修道，得丁義神方而爲道士，有弟子數十人，道術大行於西晋。故後人托之以重。自唐代以降，無論在道教抑在民間，皆盛傳許遜事迹，且漸有超過吴猛傳說之勢。然六朝書均未提及許遜其人。"陳平平認爲，南朝劉義慶《幽冥録》有三處寫到許遜事迹，可以説明南朝時許遜的故事已經流傳。《太平寰宇記》中有南朝劉澄之《鄱陽記》的記載："昔術士許旌陽斬蛟於此岩下，緣此名也。"可以推出許遜的傳説和故事當是在真實人物的基礎上加工的。許遜殆爲兩晋時人，以江西南昌爲主要活動區域。參見：丁培仁《道史小考二則》，《宗教學研究》1989 年第 2 期；陳立立、黄較真等《萬壽宫民俗》，南昌：江西人民出版社，2005 年，第 3 頁。
[②] 《許真君仙傳》，載張繼禹主編《中華道藏》第 46 册，北京：華夏出版社，2004 年，第 424 頁上。下同。
[③] 《許真君仙傳》，《中華道藏》第 46 册，第 424 頁中。
[④] [唐] 裴鉶著，周楞伽輯注《裴鉶傳奇》，上海：上海古籍出版社，1980 年，第 88 頁。
[⑤] 《逍遥山萬壽宫志》卷十一《祀典志·小序》，《藏外道書》第 20 册，成都：巴蜀書社，1992 年，第 799 頁。

魯、豫、江、浙地區的，其中江、浙兩省信衆居多。廟會期間，山上各大寺廟相繼舉行"佛像開光""方丈升座""打地藏七""水陸大法會""放生法會"等佛事活動。民間藝人搬演目連戲《目連救母》、儺戲《劉文龍》《孟姜女》等，同時還舉辦龍燈、獅子燈會，雜技、曲藝、武術無一不有，舉山上下車水馬龍、商客雲集，九華山成爲人與神、神聖與世俗交匯的空間。七月三十這一天從早到晚，九華山上人員簇擁，各項活動達到高潮。其中，繞塔誦經、通宵守塔儀式蔚爲壯觀。廟會時長一般多達一月有餘，其間信衆如潮水般紛至遝來。① 1983 年，九華山廟會活動恢復，持續了一個月左右，至今已成功舉辦了 37 屆。2011 年，經國務院批准九華山廟會被列入第三批國家級非物質文化遺產名錄。②

西山萬壽宮廟會是紀念許遜升仙的節日活動。每年從農曆七月二十起至九月初一，以鄉民進香集中的香期③爲廟會期。廟會期間，萬壽宮人山人海，商賈雲集。山路上、街市中、宮殿旁，滿山滿壟都是人，熱鬧非凡。西山街上，所有酒肆飯店天天擠滿客香，場內搭起許多臨時帳篷，仍有不少香客在山頭露宿。西山街上遍布各種小攤販，出售各種土特產、地方小吃等，名目繁多，令人目不暇接。廟會期間，攤販們的叫賣聲日夜不間斷。夜間還有戲班演出，一般演出喜劇，不演悲劇。根據民間傳統，戲班演出前必須先到殿內祭神，方可登臺。日間商客遊人雲集，有在神前卜卦抽籤的，也有求子祈福的。商販們則擇地搭棚設攤，出售香燭錫箔、農具山貨、雜物器皿、糕餅小吃等，綿延數十里，熱鬧非凡。還有測字算命、江湖賣藝、看病行醫的，西山街頓時相聚成市。各地到西山萬壽宮朝聖的男女信衆日以數萬計，尤其七月三十（小月廿九）晚上，西山街上人如潮湧，水泄不通，宮內宮外爆竹聲通宵達旦，人頭攢動，達數十萬人。④ 2011 年，經國務院批准，西山萬壽宮廟會被列入第三批國家級非物質文化遺產名錄。⑤

（二）廟會相關民俗活動的內容不同

1. 九華山麓與地藏信仰相關的主要民俗活動

具體內容見表 1：

---

① 參見焦得水編《地藏菩薩與九華道場》，合肥：黃山書社，2011 年，第 105 頁。
② 中國非物質文化遺產網·中國非物質文化遺產數字博物館·國家級非物質文化遺產代表性項目名錄，網址：http://www.ihchina.cn/project_details/15132/。
③ 中國道教的大宮觀乃至著名的洞天福地一般每年都有集中燒香的高峰期，稱爲香期。江西萬壽宮供奉許真君，農曆八月十五是許真君升天的日子，因此，每年八月初一至十五成爲當地人朝山進香的"香期"。參見：陳立立等編著《萬壽宮民俗》，南昌：江西人民出版社，2005 年，第 47~48 頁。
④ 陳立立等編著《萬壽宮民俗》，第 49~50 頁。
⑤ 中國非物質文化遺產網·中國非物質文化遺產數字博物館·國家級非物質文化遺產代表性項目名錄，網址：http://www.ihchina.cn/project_details/15133。

表1　九華山地藏廟會的主要內容

內容	類別 主要活動內容	宗教或信仰內涵	文獻記載
朝九華、拜地藏	誦《地藏經》、守金地藏肉身塔、拜天臺等；每月初一十五爲地藏菩薩齋供；正月初一、七月三十都要上山朝拜地藏菩薩，在菩薩面前許願和超度	大乘地藏菩薩信仰 民間地藏王信仰	四方之登山者歲不下十萬人① 而四方數千里來禮塔者，踵接角崩，叫號動山谷②
齋供	每月初一、十五用素菜爲地藏菩薩齋供。地藏聖誕日前後則更爲隆重	地藏菩薩齋日信仰	念地藏菩薩，不墮斬斫地獄持齋除罪一千③
百子會	每逢農曆七月三十前後數日，下（長）江的四方香客自動組織起來，集體朝拜九華山地藏菩薩道場。"百子會"以地藏王誕日活動最盛，香客們以當晚趕到九華山肉身塔上通宵靜坐"守塔"爲榮	佛教朝聖	燒香客，燒香客，白衣襞作裳，紅羅緣作幡。銀鈴在背搖丁東……老僧薙頂爲香頭④
舞香龍、舞獅子	每年八月十五中秋夜，舞香龍，點排香，敲鑼打鼓，走村串户，慶賀當年豐收。當月上中天，燃燒草龍，以昭豐收、吉祥、富貴、平安	九龍戲九華的傳說	凡鄉落（正月）十三日至十六夜，同社者輪迎社神於家……扮雜戲，震以鑼鼓，和以喧號⑤
許願還願	對佛和菩薩許以願心，如願後則要向菩薩償還。後逐漸演變爲在燒香拜佛時許願還願、祈福禳災，包括求子、求財、求官和求去病消災、長命百歲等	民間地藏菩薩信仰	如是等恒河沙諸大菩薩，若人於百劫中，禮敬、供養欲求所願，不如於一食頃禮拜供養地藏菩薩，功德甚多，所願速得，皆悉滿足⑥
蓋地藏印	一般多見於子女爲父母或祖父母進香，携帶衣物（如包頭、飛裙等）在肉身殿、化城寺和天臺寺蓋"地藏利生寶印"和"南無地藏王菩薩寶印"，以期消災延壽，超度亡靈	民間地藏菩薩信仰	每年春秋佳日，四方之朝山進香者，不遠千里絡繹不絕，非佛法廣大，靈異凤著，曷克臻此寺中，原有佛印金玉各一⑦

根據表1列舉的内容，圍繞九華山廟會的民俗活動以佛教菩薩信仰和民間地藏

---

① [清] 吳文梓《建東岩佛殿碑記》，《九華山志》卷五《檀施門》。
② [清] 施潤章《遊九華記》，載 [清] 華椿、廖光珩主修，周贇總纂，青陽縣地方志辦公室整理《青陽縣志》，合肥：黄山書社，2004年，第824頁。
③ 張總《地藏菩薩十齋日》，《藏外佛教文獻》2000年第7輯，第348～371頁。
④ 張應昌編《清詩鐸》（下），北京：中華書局，1960年，第904頁。
⑤ [明] 王崇高纂修《池州府志》卷二"風土篇·逐疫"，嘉靖二十四年（1545）刻本。
⑥ [北涼] 佚名譯《大方廣十輪經》，《大正藏》第13册，第685頁上。
⑦ 《龍印碑志》，光緒二十三年（1897）刻制，現藏於九華山化城寺博物館。

王信仰爲主。地藏菩薩信仰源於古代印度，南北朝時期傳入中國，在唐朝獲得了較大的發展，同觀音信仰、彌陀信仰、彌勒信仰一道在民間廣爲流傳。在中國民間，地藏菩薩還被稱作"地藏王菩薩"，以能够緩解人們對死後地獄煎熬的深刻恐懼而備受信賴。唐代後期，地藏菩薩漸漸成爲幽冥世界的救贖者。今日我們所熟知的地藏菩薩，大都是作爲"幽冥教主"的地藏菩薩。① 基於九華山、金地藏的特殊因緣，"九華山者，地藏菩薩應化之道場也"②。九華山麓的人民信仰地藏菩薩，各種節日民俗基本圍繞地藏信仰展開，這也促成了九華山廟會内容豐富、形式多樣，產生了巨大的向心力和凝聚力。

2. 西山萬壽宫廟會的主要民俗活動

在許遜拔宅飛升後，爲了紀念許真君的恩澤，"州府具香燭酒幣詞疏，遣史馳獻玉隆"③。圍繞許真君"升仙日"的祭祀，民間又將祭祀範圍進一步擴大，每年定期舉辦各種祭祀活動。具體内容見表2：

表 2　西山萬壽宫廟會的主要内容

内容	類别		
	主要活動内容	宗教或信仰内涵	文獻記載
開朝儀式	每年農曆正月二十八，在許真君誕辰日舉行祭祀活動，一曰開朝，又叫小朝	真君民間信仰	正月二十八爲真君聖誕日，邑中多謁宫上壽，其里人有建成爲稱賀者，有賽燈者……環逍遥山數十里，至今盡然④
割瓜活動	祭祀活動，使用瓜果敬獻許真君	真君民間信仰	諸鄉士庶，各備香華……隨願祈禳，以蠲除旱蝗……以瓜果獻於殿前，名曰割瓜⑤
迎仙、齋會	遊仙活動，並伴隨着道教齋醮法事活動	真君民間信仰、道教朝仙信仰	真君之像凡六，唯前殿與寢殿未嘗動，余皆隨意迎請。六旬之間，迎請周遍。洪瑞之境八十一鄉之人，乃同詣宫醮謝，曰"黄中齋"⑥ 每歲尚有黄中齋會，云八月十五日營齋會⑦

---

① 莊明興《中國中古的地藏信仰》，載《臺灣大學文史叢刊》，臺北：臺大出版委員會，1999年。
② 印光《重新編修九華山志發刊流通序》，載印光《九華山志》，臺北：明文書局，1938年，第5頁。
③ [清]金桂馨、漆逢源撰《逍遥山萬壽宫通志》卷十一，光緒戊寅年（1878）重輯，板存江右鐵柱宫。下同。
④ 《逍遥山萬壽宫志》卷十一。
⑤ 《逍遥山萬壽宫志》卷十一。
⑥ 《修真十書玉隆集》卷三十四《續真君傳》，《道藏》第4册，文物出版社、上海書店出版社、天津古籍出版社，1988年，第763頁，下同。
⑦ 《道藏》第6册，第813頁。

續表2

内容	類別 主要活動内容	宗教或信仰内涵	文獻記載
無蛇虎之患	下江的四方香客自動組織集體朝山，結伴入山	真君民間信仰	七月二十八日，仙駕登宮左之五龍岡，禁辟蛇虎。自古爲然。謂之"禁壇"①
朝聖期（亦稱"朝仙會"）	八月初一至十五爲朝聖日期，江西各地人民到西山萬壽宮進香	真君民間信仰 道教朝山信仰	每歲至中秋上升日，吴、越、楚、蜀人，不遠千里而携契名香、珍果、繪綉、金錢，設齋醮，求福佑② 朝旌陽宮，村人争醵錢爲香會，名朝仙會。……日數十百群，鼓樂喧闐道路。是日多輕陰，俗呼爲朝拜天
剪柏會	寺中僧尼煮"八寶粥"，邀請周圍山民共進聖餐	真君民間信仰	柏枝委地，吾當復興……願化以治之也③
南朝	八月初三至初六，鄉人從西山抬着真君神像前往黄堂宮拜謁諶母	真君民間信仰	遂建祠宇，亦以黄堂名之，今號曰黄堂隆道宮，每歲仲秋之三日必往朝謁焉④
西撫	上元節後一天前往高安祥符觀存問其婿黄仁覽。該儀式每三年舉行一次	真君民間信仰	這一儀式，沿途朝拜的鄉民都按照傳統的儀式虔誠地擺下供奉來迎送許真君神像的到來，不敢稍有改變⑤

由表2可知，從西晋元康二年（292）至唐元和十四年（819），許遜崇拜的齋醮及廟會活動遞代相承，成爲中古道教史上的特例。其以地域特色的民俗活動來演繹净明道許真君的仙話故事，屬於道教齋醮科儀與民俗信仰的結合。⑥ 許真君信仰由來已久，但其信仰内容也發生了變化。這與西山萬壽宮道教的興衰相關。兩晋時許遜是行孝道的楷模，後才有舉孝廉爲旌陽令。其爲官清廉，深得民心，繼而有了"許仙祠"。宋代許遜被净明道尊爲祖師，西山萬壽宮也升級爲道教宮觀。由此可見，廟會依托"廟"而生，也因"廟"而長。但明清之際，無論是佛教還是道教都進一步世俗化，廟會的商業貿易功能和文化娛樂功能逐漸占據主導。21世紀以後，隨着廟會的宗教功能日漸消退，加上市場經濟、互聯網經濟的迅猛發展，作爲非物

---

① 《逍遥山萬壽宫志》卷十一。
② [唐]裴鉶著，周楞伽輯注《裴鉶傳奇》，上海：上海古籍出版社，1980年，第88頁。
③ 《逍遥山萬壽宫志》卷十一。
④ 《許真君仙傳》，《中華道藏》第46册，第421頁中。
⑤ 陳立立等編著《萬壽宫民俗》，南昌：江西人民出版社，2005年，第56~65頁。
⑥ 張澤洪《西山萬壽宫的宗教内涵及文化意義》，《民俗研究》2018年第4期。

質文化遺産的廟會文化正在面臨新的挑戰。

三、基於宗教信仰的廟會共性分析

（一）基於"孝道"的三教融合思想內涵

在中國古代宗法制度下，忠孝觀念是核心內容，受到整個社會的普遍重視。佛教初傳中土，在孝道問題上受到儒家的攻擊。爲了適應中國的宗法制度，調和出家修行與在家孝親的矛盾，佛教通過翻譯佛教經典、編造佛經等大力宣揚孝道論。[①] 道教同樣感受到儒家忠孝觀念施加的巨大壓力。《太平經》就曾説："天下之事，孝爲上第一。"[②] 東晋神仙道道士葛洪云："欲求仙者，要當以忠孝和仁信爲本。"[③] 唐朝道教學者司馬承禎等人都結合儒家倫理來宣傳道教教義，一些宋明道教著作更是積極宣揚忠、孝、仁、義等傳統道德觀念。[④]

在大乘菩薩信仰中，地藏菩薩不僅是"大願"菩薩，還是"大孝"菩薩。《地藏菩薩本願經》中三個地藏本生故事均與地藏行孝有關，基於地藏菩薩的孝道因果報應故事在《三世光目寶卷》等地藏寶卷中廣爲流傳。[⑤] 今天，九華山廟會仍然搬演目連戲[⑥]，意味着地藏信仰仍然"活在民間"。民衆通過參與"水陸法會""放焰口"等佛事活動，使地藏孝道以"活動"的形式再現，促進了廟會民俗的延續。民間地藏信仰中金地藏死後肉身不腐以及地藏陰間救贖職能，成爲廟會中最吸引人也最持久的信仰因素。

净明道尊許遜爲祖師，屬於"儒道互補"的新興道派，至元（1264—1294）年間，净明道傑出道士劉玉[⑦]以豫章西山爲祖庭，振興净明道，西山成爲孝道的中心。净明道的"忠孝"教義有着豐富的内涵。净明道倡行忠孝神仙，融合儒家倫理思想，突出忠孝的社會教化作用，在道教史上具有較大的影響力。許真君神仙形象的重塑得益於南宋道士白玉蟾（1134—1129）所撰《旌陽許真君傳》和《續真君

---

① 參見潘桂明《中國佛教思想史稿》，南京：江蘇人民出版社，2009年，第554～556頁。
② 王陽明《太平經合校》卷一一四，北京：中華書局，1960年，第626頁。
③ 王陽明《抱樸子内篇校釋》，北京：中華書局，1980年，第47頁。
④ 潘桂明《中國佛教思想史稿》，第556頁。
⑤ 《三世光目寶卷》共一卷，收入《寶卷初集》第二十三册，抄本，無抄寫年代，大約作於明清時期，作者不詳。此外，收入的還有《地藏寶卷》，光緒辛丑年（1901）刊印。
⑥ 目連救母之事唐代已盛傳，不少於中元節時演"目連戲"以及變成無數圖畫及戲曲的題材。有由唐人畫的"目連變文"，明人傳奇鄭之珍編有《目連救母行孝戲文》三卷，清人依此又擴大而成十本的《勸世金科》。
⑦ 劉玉（1257—1308），字頤真，號玉真子。南康建昌（今江西南城）人，後隨父遷隆興新建（今江西南昌）。爲元初净明道的革新者。劉玉假托許遜、郭璞、胡慧超等衆真降授道法後，遂"開闡大教，誘誨後學"，弘揚净明道法，遂開新的净明道。劉玉認爲，"净明"主要是指心性，提倡三教同源。有其弟子所輯《玉真語録》傳世。

傳》。《許真君仙傳》記載：

> （許遜）日與群弟子講究真詮，精修至道，作醉思仙歌。又著《八寶訓》，曰忠、孝、廉、慎、寬、裕、容、忍。忠則不欺，孝則不悖，廉而罔貪，慎乃無失，寬則得衆，裕然有餘，容而翕受，忍則安舒。鄉里化之，皆遷善遠罪，孝悌興行。①

《八寶訓》又稱"八極真詮"，"人之有八極，故能集善，集善則道備"。其思想文化遺産不僅是江西本土的精神依托，也成爲江西人行走四方的精神食糧。② 西山自晉代因許遜而成爲孝道的中心，又因净明道場而使許遜信仰遞代傳承。因歷代朝廷嘉許和百姓愛戴，許遜又被尊稱爲"許天師"，獲"忠孝神仙""神功妙濟真君""江西福主"等多個封號，被視爲江西的地方保護神。③

（二）明清商品經濟的刺激以及民衆信仰的熱潮

趙世瑜指出："廟會的出現必須具備兩個條件，一是宗教繁榮，寺廟廣建，而且宗教活動日益豐富多彩；二是商品貨幣經濟的發展使商業活動增加，城鎮墟集增加。"④ 九華山地藏菩薩道場在金地藏卓錫九華山之後初步形成，經宋元時期的緩慢發展，隨着民衆朝拜名山的風氣日盛，明萬曆之後，漸躋身四大佛教名山之列，且香火旺盛，爲四大名山之首。不少達官貴人，乃至舊上海青紅幫頭子，也至誠來九華朝山進香，捐款建寺，修橋補路，以期"贖罪積德"。寺院的大量修建是佛教興盛的表現之一。明代九華山及周圍新增寺院庵堂約112座，總數量超過100座。常住山上的僧侶日漸增多，朝山信衆歲無虛日，尤其在每年秋季、冬季和佛教重大節日，各地朝山進香者絡繹不絶，多時達數千人。明萬曆《池州府志》載："九華山蓋江南第一名山也。唐金地藏駐錫於此，卒於塔山中。今遠近焚香者日以千計，叫呼膜拜，不絶於道，與泰山元岳比盛云。"⑤ 清代中葉，九華山全山新建和擴建了衆多寺院，主刹化成寺相繼衍出祇園寺、百歲宮、東崖寺等叢林，"香火之盛，甲於天下"⑥。九華廟會正是在這種濃厚的宗教背景下取得了長足的發展。

相對於九華山地藏道場，西山萬壽宮在宋朝發展至鼎盛。北宋是西山道教的極

---

① 《許真君仙傳》，《道藏》第46册，頁424上。
② 陳雅嵐《許真君精神的現代意義》，《首届萬壽宫廟會文化研討會論文集》，2016年，第12頁。
③ 焦玉琴《江南道教地方化模式研究——以净明道在江西豐城的流傳爲中心》，載張生財等編《萬壽宫文化發展報告（2018）》，北京：社會科學文獻出版社，2019年，第43頁。
④ 趙世瑜《狂歡與日常——明清時期的華北廟會與民間文化》，北京：生活·讀書·新知三聯書店，2002年，第188頁。
⑤ [明] 李思恭修，丁紹軾等纂《池州府志》卷一，明萬曆四十年（1612）刻本。
⑥ [清] 周贇《化城寺僧寮圖記》，周贇督修《九華山志》卷一《圖記》，光緒庚子年（1900）刻本。

盛時期，宋徽宗時玉隆萬壽宮仿西京崇福宮体例，建成江南頗具規模的道教宮觀，西山也成爲"道家之大山"①。江西西山萬壽宮歷經1600多年的變遷，終成聖宮。尤其在有宋一朝，在官方宣導的大背景下，民衆"四方求籤乞靈驗者，歲一無虛日"②；每到八月十五許遜升仙紀念之日，這種宗教熱情便達到極致，"贛省遠近數百里之男女、分赴西山舊居及省内萬壽宮進香者絡繹不絶"③。

除了以上闡述的明清之際佛教於九華山、宋代道教於南昌西山的宗教因素，商品經濟的發展對於廟會經濟的影響也不容小覷。商品經濟的發展對廟會的影響有三個方面。第一，明末清初，儒、釋、道融合的九華山和萬壽宮滿足了民衆的需求。無論是在九華山還是萬壽宮，許願還願、燒香拜佛（仙）成爲民衆最普遍的精神需求。在江南一帶，地藏王菩薩是人們的保護神，而在江西，許遜是最具影響的真君。作爲地藏菩薩道場的九華山和作爲净明道祖庭的西山萬壽宮爲廣大民衆的朝拜提供了方便，爲廟會的形成提供了物質前提。寺院或道觀建築的擴大也客觀上促進了宗教道場場域的擴大，使信衆朝山進香的實體成爲可能。第二，商品經濟導致商品貿易的産生。九華山寺院經濟相對其他宗教名山較爲發達。明清以來，九華山寺院經濟極度繁榮，一些寺廟用香火、功德錢購置土地。據不完全統計，明清至民國時期，九華山寺院先後購置莊田2600餘畝。④ 清代中葉，九華山逐漸形成九華商業街，其間店鋪林立。至民國年間，九華街有23家商號、50户攤販。⑤ 經濟基礎的雄厚爲廟會的接待、服務等創造了條件。同樣地處江南的西山萬壽宮，在明萬曆年十一年（1583）七月開始全面重修，至萬曆十三年（1585）秋完工。兩宋時期江西因物産富庶、人口衆多位列各路前茅。隨着經濟的發展，人口極劇增長。因不堪賦税，大量流民遷至湖廣及雲、貴、川地區。明代後期，遂在西南地區形成"江右商幫"。這些從江西出去的流民和商人爲了能在當地生存，逐漸有了共同活動的場所——萬壽宮，又名"南昌會館""洪都書院"等。萬壽宮成爲江右商人朝拜、祭祀許真君的場所。爲回報家鄉，江右商人建祠修譜、增置族田、救荒賑災、辦學、修橋建路以及捐糧助餉等。⑥ 江右商人在西南地區興建萬壽宮，直接擴大了作爲萬壽宮祖庭——西山萬壽宮廟會的知名度。商業經濟客觀上促進了萬壽宮廟會聲勢的壯大。第三，廟會聲勢的擴大反過來助長了宗教的影響力。在江浙一帶，人們爲紀念地藏聖誕日，燃地藏燈、點地藏香、放河燈等，與朝山敬香遥相呼應。廣義上的九華廟會還涉及全國各大小寺院的地藏法會，這也使得地藏信仰由九華山輻射全國

---

① 《逍遥山萬壽宮志》卷十一《祀典志·小序》，《藏外道書》第20册，第799頁。
② 魏元曠撰，王諮臣校注《西山志》，南昌：江西人民出版社，2002年。
③ 《迷信神權之蠢物南昌》，《申報》1908年9月6日，第二張第四版。
④ 九華山志編纂委員會編《九華山志》，合肥：黄山書社，1997年第二版，第160頁。
⑤ 張高《九華山佛教史》，北京：宗教文化出版社，2016年，第243頁。
⑥ 陳立立等編《萬壽宮民俗》，南昌：江西人民出版社，2005年，第25頁。

各地。明代後期，江西大量流民外出謀生，由此出現了與晉商、徽商等相媲美的"江右商幫"。萬壽宮是江右商們的活動場所，它不僅是江右商人在外地的標志性建築，還具有自身運作的規律及維護社會秩序的功能。① 據統計，江西省內有萬壽宮遺址 600 座以上（已查明 580 多所），省外遺址達 700 座（已查明 580 多所）。② 可見許遜信仰在江西、湖南、雲南、貴州的傳播情況。隨着社會的變遷，民眾的信仰需求發生了較大的變化。古代廟會和現代廟會皆因商貿的刺激而持續存在，客觀上適應了市場經濟的運作。

四、九華山廟會與西山萬壽宮廟會的當代轉型思考

當代廟會作爲非物質文化遺産的形式得以保護和傳承，民間藝術始終貫穿廟會的始終。無論是九華山廟會還是西山萬壽宮廟會，在古代社會除了宗教儀式，最吸引人的是廟會期間的戲曲、歌舞等民間文藝的搬演。早期的儺戲在江西、安徽都很流行，九華山所在的安徽池州被譽爲目連戲、儺戲的"活化石"。在西山萬壽宮廟會期間，也能看到太平戲《目連》。廟會在酬神娛神的同時也發揮了娛民、聚眾的功能。廟會中戲曲、舞蹈、雜技等內容都是一定歷史時期地方文化和藝術水準的展示。可以說廟會是孕育民間文化藝術的温床。合理闡釋佛、道影響下的廟會文化，是對傳統文化的合理傳承與保護。筆者認爲可以從以下幾個方面加以思考：

第一，基於宗教文化保護理念下的廟會文化轉型。傳統廟會通常都具有極强的向心力，總能在固定的時間召來成千上萬的民眾，他們聚在一起燒香、拜菩薩、逛廟會，身心愉悦。千百年來，這種源於宗教信仰的民俗活動仍在持續。傳統廟會除了祭祀和儀式，更多的是精彩紛呈的文化娛樂表演，把廟會氣氛烘托得異常火熱。宗教文化與世俗文化在特定的場域集結，共同發展。③ 但在過去較長一段時間，廟會一度被認爲是封建迷信，導致廟會文化在一定程度上受到抑制。改革開放以來，無論是九華山還是南昌西山萬壽宮，廟會活動逐漸恢復，廟會期間仍然是人山人海的盛況。儘管更多的人出遊的目的是旅遊觀光，體驗不一樣的民俗風情，但是這樣的地域性聚眾現象仍然值得探究和反思。隨着佛、道信眾人群的老齡化，廟會文化遺産的保護迫在眉睫。

第二，多元化發展九華山、萬壽宮廟會文化。要讓更多的年輕一代了解九華山地藏道場、萬壽宮道教净明道祖庭，參與並體驗廟會文化。在國家宗教政策的引領下，擴大佛教地藏信仰和净明道忠孝思想宣傳，將宗教思想融入人們喜聞樂道的民

---

① 陳立立、黃較真等《萬壽宮民俗》，南昌：江西人民出版社，2005 年，第 15 頁。
② 張聖才、陳立立、李友金《萬壽宮文化發展報告（2018）》，北京：社會科學文獻出版社，2019 年，第 1 頁。
③ 高有鵬《廟會與中國文化》北京：人民出版社，2008 年，第 82~87 頁。

間傳說，發掘傳統文化的當代價值，將成爲一項持續性的文化工程。在九華山，我們可以通過影像的形式還原歷史，通過有趣味的表現形式還原歷史人物。在已經落成的大願文化園裏增設地藏菩薩主題的歌舞表演、佛樂演繹，以及地藏靈迹故事的展示，並降低"宏願堂"的門票價格。相對於九華山景區，西山萬壽宮的基礎設施還有待提高。可以借鑒九華山大願文化園的經驗，參照南昌民俗博物館館長梅聯華所提出的"六個一工程"[①]、江西社科院宗教研究所所長歐陽鎮提出的"依托萬壽宮創建大西山景區的設想"[②]，把西山萬壽宫打造成大西山景區的亮點，突出其歷史文化内涵，發揮西山萬壽宫的正面功能和積極作用。

第三，結合鄉村振興，拓展廟會經濟。鄉村振興是黨的十九大提出的一項重大戰略。"產業興旺、生態宜居、鄉風文明、治理有效、生活富裕"是鄉村振興的總要求，這五點相輔相成。毫無疑問，九華山和南昌西山的廟會經濟已經形成自己固有的模式。21世紀的今天，科學技術突飛猛進，資訊瞬息萬變，基於農耕文明的廟會模式已難以適應當代人的精神需求。廟會源於宗教信仰，没有了信仰因素，廟會也就名存實無。宗教的神聖性與廟會的世俗性本不衝突，只有深刻理解廟會背後的精神動因，才能真正把握審視、欣賞民間的意藴、情趣，從而提高審視和欣賞的水準。相對於九華山廟會，西山萬壽宫廟會的優勢並未凸顯。筆者認爲應抓住鄉村振興的政策優勢，充分利用廟會的群衆基礎，發展經濟文化活動，特別是要挖掘萬壽宫道教養生文化的資源優勢，依托古老的"逍遥山"品牌，打造養生基地。南昌大西山是道教的洞天福地，是許遜修道升仙的處所，優美的自然風光、幽静的清修環境、衆多的道家古迹，都是西山萬壽宫發展養生旅遊產業的重要資源。[③]

五、結論

廟會文化是中華傳統文化的重要組成部分。歷史上的廟會多依托佛教寺院或道教廟觀，有官方的支持，皇帝的聖諭、手書等爲廟宇增色增光，更有高僧與道士主持道場，宗教活動多與神靈崇拜相關，還是民衆活動、民間信仰發展的結果。在娛神酬神中，人們的身心得以愉悦。即便是科技發達、娱樂形式多樣化的今天，廟會的價值與影響仍不能忽視。從群衆文化需求講，它可以推動群衆（尤其是文化水準相對較低的農村居民）參與文化活動，延續民族文化的功績是不言而喻的。從經濟

---

① "六個一工程"即九龍獻瑞一福主、拔宅飛升一奇景、真君傳奇一台戲、道法奇功一擂臺、四海歸宗一會館、祈福養生一洞天。參見梅聯華、葉菁《做大做强西山萬壽宫廟會——打造新建西山道教旅遊文化名鎮》，《首届萬壽宫廟會文化研討會論文集》，第53～54頁。
② 歐陽鎮《依托萬壽宫創建大西山景區的設想》，載張聖才、陳立立、李友金《萬壽宫文化發展報告（2018）》，第323～330頁。
③ 劉愛華《區隔共融理念下宗教文化旅遊資源保護與創意開發研究——以南昌西山萬壽宫爲例》，載張聖才、陳立立、李友金《萬壽宫文化發展報告（2018）》，第316頁。

價值方面講，它對於促進商業發展、繁榮區域經濟也是有史可鑒的。從社會功能方面講，廟會可以維護社會公德，穩定社會秩序。廟會在聚攏人心、增添活力方面更是獨樹一幟。梳理地藏信仰與九華山廟會、净明道文化與西山萬壽宫廟會的關係，展現不同區域的廟會文化，可以使地藏的"悲願"、許遜的"忠孝""誠信"精神與地方經濟文化建設相得益彰，對廟會文化元素做出客觀描述與闡釋，弘揚地方文化精髓，增强文化自信。

A Comparative Study on the Temple Fairs in Jiuhua Mountain, Anhui Province and Wanshougong Temple Fairs in Xishan, Jiangxi Province

Xu Huiming

Abstract: The temple fair of Ksitigarbha on Mount Jiuhua (formed to commemorate the Jin Dizang), The temple fair of on Mount Wanshou on the west hill in Nanchang (formed to commemorate Xu Xun). They are religious temple fair culture. The two forms different sacrificial modes and folk activities due to their different time, location, gods worshiped and sources of believers. Based on the psychological function of belief and social function of temple fairs, the basic forms of temple fairs in the south of the Yangtze river are the worship, worship and entertainment of gods in the early stage and the prominent features of commerce in the Ming and Qing dynasties. Compare and analyze the similarities and differences between the two, excavate the historical value of traditional temple fair culture, and make the contemporary transformation thinking to the unique cultural advantages and charm of the two.

Key words: Mount Jiuhua; the Temple Fair of Ksitigarbha; the Temple Fair of Xishan Wanshou Palace

［徐慧茗，西北大學歷史學院中國宗教史博士研究生，南昌交通學院副教授］

道教"白石"考論*

辜天平

提要：《道藏》所載"白石"有牙齒、陽起石、白姑、秋石、木蜜等別稱。而本文所論"白石"，特指具有豐富象徵意義的白色石頭。其顯著特徵大略有三：其一，道教以白石爲金星之精所化，類玉而不及玉，但因其可生美玉丹砂，故多用於外丹冶煉；其二，白石配合符箓經訣出現在祝咒之中，並通過朱書、黄書、黑書以及投埋等方式，成爲奏請神明、溝通天人的重要媒介；其三，道教白石的仙話故事，以"白石化羊"與"煮食白石"爲代表，於道教經典内外源源創生。這些特徵共同反映了道教濃厚的白石信仰。

關鍵詞：道教　白石　信仰

一、白石別稱與性狀考論

（一）白石別稱考述

胡孚琛《中華道教大辭典》據梁丘子注《黄庭内景經·呼吸章》"朱鳥吐縮白石源"釋白石爲"牙齒"[①]，又謂白石爲"陽起石之异名"[②]。再閔智亭、李養正主編《中國道教大辭典》亦謂白石爲陽起石，也作"羊起石"，爲"角閃石"族中的一種，其化學成分爲$Ca_2(Mg, Fe)_5$。[③]

上述兩部權威的道教辭典關於"白石"的解釋僅此。然遍檢《道藏》，"白石"尚有同名异物者，如白姑、秋石、木蜜等，且又有作地名者，惜各類道教辭典均未

---

* 本文爲中國人民大學科學研究基金"中央高校基本科研業務費專項資金資助"項目成果（21XNH207）。

① 胡孚琛《中華道教大辭典》，北京：中國社會科學出版社，1995年，第1167頁。
② 胡孚琛《中華道教大辭典》，北京：中國社會科學出版社，1995年，第1392頁。
③ 閔智亭、李養正《中國道教大辭典》，臺中：東久企業（出版）有限公司，1999年，第497、1086頁。

收録。

其一謂之白姑。《雲笈七籤》卷六十"諸家氣法"及卷八十三"庚申"條並載："二名白姑，號中尸，伐人腹，空人藏府。心旋意亂，肺脹胃弱，炁共傷胃，失飢過度，皮癬肉燋，皆白姑之作也。一本作白石。"① 而《中國道教大辭典》所載"白姑"條僅釋爲"三尸蟲名之一"②。

其二謂之秋石。百玄子《金丹真一論》："秋石者，亦同前説白石也。白象西方，故曰秋石。"③

其三謂之枳椇，又作木蜜。《圖經衍義本草》引《唐本草》："其樹徑尺，木名白石，葉如桑柘，其木作房，子似珊瑚，核在其端，又如癲漢指頭。"又謂："今人呼白石木蜜。"④

此外，白石於《道藏》中又別見於地名。邵雍《皇極經世》載："虞潭與庾冰、王舒稱義三吳，會征西將軍陶侃、平南將軍溫嶠、平北將軍魏該圍（蘇）峻白石，滅之。"又載："兗州王恭、豫州庾楷、荊州殷仲堪、廣州桓玄兵犯建業，敗内師於白石。"⑤

如上所論，《道藏》所載白石同名而异物者可謂多也。而本文所考之白石，重在論析道教經典中具有豐富象徵意義的白色石頭。

（二）白石性狀考論

白石之生，蓋爲金星之精所化。杜光庭《録异記》："金星之精，墜於終南圭峰之西，因號爲太白山。其精化爲白石，狀如美玉，時有紫氣覆之。"⑥然而在道教徒眼中，白石雖類玉而終不及玉，故往往以"白石似玉，奸佞似賢"⑦而貶之，以其"似是而非，有玷真道"⑧也。然白石又可生美玉丹砂，《三洞群仙録》引《太平廣記》楊雍伯種白石而得美玉事：

> 楊雍伯事親以孝聞，及父母死，葬於高山，雍伯廬於墓側，晝夜號慟。甘泉湧出，以濟行人。忽有飲馬者來，將白石一升與雍伯，曰："種之當生美玉。"果生白璧，長二尺許，不計其數。一日出遊，偶至海上，遇群仙曰："此種玉雍伯也。"一仙曰："汝有孝行，神真所感，此官即汝他日所居也。"雍伯

---

① [宋]張君房編，李永晟點校《雲笈七籤》，北京：中華書局，2003年，第1324頁、第1876頁。
② 閔智亭、李養正《中國道教大辭典》，臺中：東久企業（出版）有限公司，1999年，第497頁。
③ 《金丹真一論》，《道藏集成》第71册，第409頁。
④ 《圖經衍義本草》，《道藏集成》第52册，第280頁、第191頁。
⑤ 《皇極經世》，《道藏集成》第68册，第438頁、第446～447頁。
⑥ 《録异記》，《道藏集成》第32册，第43頁。
⑦ 王明《抱朴子内篇校釋》（增訂本），北京：中華書局，1985年，第346頁。
⑧ 《靈寶無量度人上經大法》，《道藏集成》第10册，第554頁。

歸數年，夫婦俱上升。今者所居之宅，號玉田坊。①

白石又可生丹砂。《圖經衍義本草》謂："丹砂，生符陵山谷，今出辰州、宜州、階州，而辰州者最勝，謂之辰砂。生深山石崖間，土人采之，穴地數十尺，見其苗乃白石耳，謂之朱砂床。砂生石上，其塊大者如雞子，小者如石榴，顆狀若芙蓉。"②《陰真君金石五相類》亦謂："白石床始生朱砂。"③

白石因其堅固而恒久，具有令五臟不朽之效。約作於南北朝時期的《上清仙府瓊林經》載："（趙成子）死後五年，後有山行者見白骨在室中，露骸冥室，又見腹中五藏，自生不爛如故，五色之華瑩然於內……因手披之，見五藏中各有一白石子，鎮生五色華，如容狀在焉。彼人曰：使汝五藏所以不朽者，必以五石生華故也……"④ 此外，白石又多用於道教外丹冶煉，成爲一必不可少之原料。如"六一泥法"需白石二十斤，"黃帝九鼎神丹華池方"需青白石大如栗者五斗⑤，"白雪聖石經"之煉石法需白堊石二升、白石二十兩⑥。

二、道教符咒中的白石信仰

（一）符咒中的白石與萬物有靈及陰陽五行論

《道藏》所見之白石，總配合符文經訣出現於祝咒之中，具有濃厚的巫術色彩，且多以峨峨、巖巖、洋洋等修飾，不同於儒家白石鑿鑿、粼粼、皓皓之語。⑦ 如稱"白石峨峨"，《高上玉皇本行集經》："西方七寶金門皓靈皇老白帝所受神咒誥命：西方素天，白帝七門。金靈皓映，太華流氛。白石峨峨，七炁氤氳……"⑧ 又《洞真太上紫度炎光神玄變經》載："祝曰：中央黃牙，白石峨峨……"⑨ 再如"白石巖巖"，《太上洞玄靈寶赤書玉訣妙經》："又都咒曰：白石巖巖，行源湧泉，洞以玉

---

① 《三洞群仙錄》，《道藏集成》第 96 冊第 118 頁。
② 《圖經衍義本草》，《道藏集成》第 51 冊，第 223 頁。
③ 《陰真君金石五相類》，《道藏集成》第 56 冊，第 423 頁。
④ 《上清仙府瓊林經》，《道藏集成》第 101 冊，第 591～592 頁。
⑤ 《黃帝九鼎神丹經訣》，《道藏集成》第 56 冊，第 136 頁，第 201 頁。
⑥ 《鉛汞甲庚至寶集成》，《道藏集成》第 57 冊，第 166 頁。
⑦ 詳見《詩經·唐風·揚之水》。
⑧ 《高上玉皇本行集經》，《道藏集成》第 3 冊，第 299 頁，第 353～354 頁。相似咒文又見於《太上求仙定錄尺素真訣玉文》《太上洞玄靈寶赤書玉訣妙經》《太上洞玄靈寶眾簡文》《靈寶領教濟度金書》《洪恩靈濟真君集福宿啓儀》《金籙齋啓壇儀》《太上黃籙齋儀》《上清靈寶大法》《太上洞玄靈寶授度儀表》《太上洞玄靈寶授度儀》《太上洞玄靈寶飛仙度人經法》《無上秘要》等經中。
⑨ 《洞真太上紫度炎光神玄變經》，《道藏集成》第 100 冊，第 40 頁。

漿。"① 又"白石洋洋",《太上洞玄靈寶投簡符文要訣》:"仰祝曰:七氣之天,素皇金堂。白帝大神,安鎮西方。……金精焕焕,白石洋洋。"②

值得注意的是,符籙經咒所載"白石"二字又多以道教雲篆秘文寫出。現將《道藏》所得"白石"之雲篆列爲下表:

表1 白石之雲篆

雲篆	文獻出處
	《太上洞玄靈寶衆簡文》
	《太上黄籙齋儀》
	《靈寶無量度人上經大法》
	《靈寶領教濟度金書》
	《高上玉皇本行集經》

兹據《道教提要》及《道藏通考》(The Taoist Canon: A Historical Companion to the Daozang),可知表1所列《太上洞玄靈寶衆簡文》爲六朝道經,《太上黄籙齋儀》成於唐末,其他三種道經則成於宋元明時期。③ 以成書先後來看,六朝白石之雲篆字形甚爲繁難,而後之符字書寫又甚相似,蓋後世之雲篆多以此爲基礎簡化變形而來。道經雲篆符文的難識與祝咒經文的隱秘性,再加以科儀行道時的莊重與肅穆,使得"白石"逐漸超脱現實所指而虚化爲某種崇高與神秘的象徵。而這種虚化的聯繫,便是建立在"萬物有靈進而可以相互感應的原始信仰基礎

---

① 《太上洞玄靈寶赤書玉訣妙經》,《道藏集成》第18册第97頁。相似經文又見於《太上洞玄靈寶投簡符文要訣》《靈寶無量度人上經大法》《太上洞玄靈寶五帝醮祭招真玉訣》《太上洞玄靈寶飛仙度人經法》《服氣精義論》《上清靈寶大法》《太上洞玄靈寶三一五氣真經》《太上洞玄靈寶五符序》《雲笈七籤》等中。
② 《太上洞玄靈寶投簡符文要訣》,《道藏集成》第18册第472頁。相似祝文又見於《靈寶無量度人上經大法》《太上洞玄靈寶赤書玉訣妙經》等中。
③ 詳參任繼愈主編《道藏提要》,北京:中國社會科學出版社,1995年,第304~305頁,第370頁,第14頁,第346~347頁,第154頁;KristopherSchipper and Fransiscus Verellen, eds., The Taoist Canon: A Historical Companion to the Daozang《道藏通考》(Chicago: The University of Chicago Press, 2004), pp. 255, 578, 1096, 1033, 1028。

之上"①，並在陰陽五行觀念的影響下產生的。

白石屬五色石之一，於五行中屬金而比附西方，歸少昊而其數爲七，又於五季、五音、五臟中比附秋、商、肺。東晉《太上無極大道自然真一五稱符上經》稱："西方太白星，白帝少昊。靈寶西稱符，字通陰。西嶽華山官，屬千人，姓周，字元起。直符白素玉女，主之於肺。於體，主兩耳、右手脇。王西方，其時秋，其行金，其音商，其色白，其數七，法七星少陰之氣，其獸白虎，其日庚辛。諸道士欲求神仙，長生不老，役使萬神，以白繒爲地，黑筆爲文，盛以白囊，著右肘，修德行道，其神自詣。諸百姓取白石黑刻符文，鎮西方也。"②白石之所以能運用於符咒之中，是因爲道教徒看到了其與宇宙秩序的某種神秘聯繫，故而往往通過對白石的控制與使用，如書刻、投埋等手段干預宇宙秩序，並確信這種干預起到了禳灾庇佑的效力。

(二) 白石在符咒中的作用

白石爲金星之精所化，其尤貴者乃在於"氣"，其功效之一便是補氣以長生。《靈寶無量度人上經大法》載："咒曰：東方青帝，青精太山。南方赤帝，丹靈霍山。中央黃帝，中山嵩高。西方白帝，白石華山。北方黑帝，玄滋恒山。五方五帝，各降真炁。服食五石，以補真炁。百脉流通，長生久視。"③其咒文所謂服石之目的即在於"以補真炁"，疏瀹經脉而求長生。西方白石玉醴之炁與東方青芽朝華之炁、南方朱丹凌霞之炁、北方玄滋瓊飴之炁、中央琳華醴泉之炁配合，可"俾表裏之豐盈，庶形神之澄正"④。

然而白石在符咒中却經常用以安鎮西方星宿，起到禳灾鎮宅、制服萬魔以致神的功用，且此種安鎮之效是要靠書刻、投埋等手段來實施的，因而成爲道教符咒得以應驗必不可少的一環。

書刻白石既包括先書於紙而後刻於石，又包括直接於白石上書刻。而就其所書顏色分，主要有朱書、黃書、黑書三種，均能鎮服西方，然功效不一，且符咒功效的應驗是伴隨着投埋白石而完成的。首先爲朱書。東晉《太上洞玄靈寶赤書玉訣妙經》云："太白檢肺，奎婁守魂。胃昴畢觜，主制七關。參總斗魁，受符北元。右二十四字，主白帝星官，正明天度，諸西方星宿越錯，有諸灾异，當以朱書青紙上，露於中庭，七日七夜，夕夕向西，依別咒法。訖，以火燒文，散灰於青烟之

---

① 劉黎明《灰暗的想象——中國古代民間社會巫術信仰研究》(上)，成都：巴蜀書社，2014年，第318頁。
② 《太上無極大道自然真一五稱符上經》，《道藏集成》第34册，第157頁。
③ 《靈寶無量度人上經大法》，《道藏集成》第9册，第444頁。
④ 《靈寶領教濟度金書》，《道藏集成》第22册，第276頁。

中，並刻書二十四字於白石上，埋西方，天災自消，星宿復位。"① 據此，白石配合道教咒法，已與西方白虎七宿（奎、婁、胃、昴、畢、觜、參）發生關聯，故通過書刻而埋白石可安鎮西方。再《太上洞玄靈寶飛仙度人經法》有"安鎮星度天災法咒"曰："西方自太白起，寫至北元住，凡二十四字。以青紙朱書，露中庭七日七夜，依前法燒。並刻書於白石上，埋之。"② 亦屬先書於紙而後刻於石類。又古靈寶經書《元始五老赤書玉篇真文天書經》謂："國土西方及秋三月有災，欲使西鄉安鎮，當朱書白石上，置西方六日，災自滅，凶逆自消……"③ 屬直接於白石上書刻，並起到禳除季節災害之效力。

次及黃書。東晉《洞真太上三九素語玉精真訣》載："當以戊己之日，刻白石以黃書九天玉文，埋所住嶽西方。臨埋時，西向叩齒九通，咒曰：白皓結羅，素靈玄阿，西嶽萬精，乘氣逸波，元始告命，制御三華，四域八氣，悉爲我家，有干者斬，有犯者刑。畢，埋石深九尺。……此帝君受九天丈人九天玉文，以黃書白石，鎮所住嶽西方，制萬魔，致神仙真人來見，玉女衛身，玉文自明，白日升天，秘慎勿傳。"④ 而以黃書刻埋白石，除能安鎮西方外，又可驅邪魔，使仙真來見，故以此窺之，黃書的使用效力當高於朱書。劉黎明先生亦謂："黃符的法力爲最高。對黃符的崇尚是以對黃色的崇尚爲背景的。"⑤ 又東晉《太上洞玄靈寶滅度五鍊生尸妙經》云："西嶽華山明開長夜九幽之府，出某甲魂神，沐浴冠帶，遷上天府，供給衣食，長在光明，魔無干犯，一切神靈，侍衛安鎮，如元始明真舊典女青文。黃書此文於白石上，師拜黃繒章畢。埋文於亡人尸形所住西鄉極墓界。臨埋時，師雲行禹步七步，至所在西向，讀大字及文畢。叩齒二十四通，閉氣七過。"⑥ 則爲配合咒語及禹步以達到安鎮鬼神之效。

再論黑刻及投白石。黑刻白石的情況比較少，其效力並沒有朱書、黃書大。如上所引《太上無極大道自然真一五稱符上經》有"諸百姓取白石黑刻符文，鎮西方也"，也僅起到安鎮西方的作用。而以投白石論之，道教徒多以白石著符並用白絲纏之而投於西流之水，選擇的時期也多在立秋或秋分之際。如六朝《太上九赤班符五帝內真經》云："太上洞淵白炁斑符，常以立秋、秋分之日晡時，朱書青紙上，西向服之。行事訖，朱書符桐板，上記：某年某月某日某郡縣某鄉里某嶽先生某年

---

① 《太上洞玄靈寶赤書玉訣妙經》，《道藏集成》第18冊，第76頁。
② 《太上洞玄靈寶飛仙度人經法》，《道藏集成》第31冊，第107頁。相似經文又見於《上清靈寶大法》等。
③ 《元始五老赤書玉篇真文天書經》，《道藏集成》第3冊，第470頁。相似經文又見於《洞玄靈寶五老攝召北酆鬼魔赤書玉訣》《太上洞玄靈寶赤書玉訣妙經》《靈寶無量度人上經大法》等。
④ 《洞真太上三九素語玉精真訣》，《道藏集成》第99冊，第516頁。相似經文又見於《上清三真旨要玉訣》《無上秘要》等。
⑤ 劉黎明《灰暗的想象——中國古代民間社會巫術信仰研究》（上），第331頁。
⑥ 《太上洞玄靈寶滅度五鍊生尸妙經》，《道藏集成》第18冊，第223頁。

若干歲某日生於符下。以白石六兩，白絲纏之，著符，投於西流之水。……上詣高皇玉帝，徘徊玄空青雲之中，回真下降，對在我前，削我罪簡，注我仙録，列奏玉帝之前。"① 而投白石之舉則成爲奏請神明的重要步驟，白石配合白炁斑符成爲溝通天人之重要媒介。

除上述功用外，白石又有安宅獲吉之效。如《太玄金鎖流珠引》謂："又告天師曰：夫人宅不安，並有損失人口者，以四孟日，書五色石上，作消灾却害字，各鎮五方。"② 再《攝生纂録》云："犯東方，以白石一枚，重一十斤，白米一斗，埋東牆下，灾禍消滅，大吉。……立秋日，以白石四十斤，埋於西壁下……皆獲大吉。"③ 此是犯灾於東方，故以"白"克之，用白石安鎮家宅西壁，遂可得吉。

三、白石化羊：仙話的創生及原型

（一）白石化羊仙話的創生

道教"白石化羊"的仙化故事又稱"羊化白石"，最早記録者蓋爲東晋道士葛洪。《神仙傳》卷二"皇初平"條載：

> 皇初平者，丹谿人也。年十五，而家使牧羊，有道士見其良謹，使將至金華山石室中四十餘年，忽然不復念家。其兄初起入山索初平，歷年不能得見，後在市中有道士，善卜，乃問之，曰："吾有弟名初平，因令牧羊，失之，今四十餘年，不知死生所在，願道君爲占之。"道士曰："金華山中有一牧羊兒，姓皇名初平，是卿弟非耶？"初起聞之驚喜，即隨道士去求，果得相見，兄弟悲喜。因問弟曰："羊皆何在？"初平曰："羊近在山東。"初起往視，了不見羊，但見白石無數，還謂初平曰："山東無羊也。"初平曰："羊在耳，但兄自不見之。"初平乃俱往看之，乃叱曰："羊起！"於是白石皆變爲羊數萬頭……④

其中皇初平又作"黃初平"，此則白石化羊的故事又見於《太上洞玄靈寶五符序》《仙苑編珠》《太平御覽》《雲笈七籤》《金華赤松山志》《三洞群仙録》《歷世真仙體道通鑒》《西嶽華山志》《逍遥墟經》等。而《三洞群仙録》《歷世真仙體道通鑒》又有白石化爲鵝羊的記載，與之甚爲相似，其載：

---

① 《洞真太上九赤斑符五帝內真經》，《道藏集成》第 99 册，第 568 頁。
② 《太玄金鎖流珠引》，《道藏集成》第 60 册，第 435 頁。
③ 《攝生纂録》，《道藏集成》第 31 册，第 370 頁。
④ 胡守爲《神仙傳校釋》，北京：中華書局，2010 年，第 41 頁。

成君平者，長沙郡人也。年十五，兄使牧䱀羊，忽遇一仙翁，將入東華山。兄後尋至山中，見君平，因問所牧䱀羊何在，君平指白石曰：此是也。遂驅起，令隨兄去。旬日却還山下，復化爲石，今猶存焉，因名此山爲䱀羊山。①

白石化羊的仙話故事，自晉代起便不斷敷衍，而後又有白黿化爲白石、虎魄化爲白石等傳說。如《錄异記》載："武德末，太宗平内難。苑中池內有白黿，游於荷葉之上。太宗取之，化爲白石，瑩潔如玉。"② 又陳藏器云："凡虎夜視，以一目放光，一目看物。獵人候而射之，弩箭纔及，目光隨墮地，得之者如白石是也。"③

（二）白石化羊的原型：星宿崇拜及圖騰信仰

以上我們列舉了白石化羊的創生故事，至於其創作的原型並未涉及。而據考察，白石化羊的仙話故事當源於《列仙傳》，其載：

脩羊公者，魏人也。在華陰山上石室中，有懸石榻，臥其上，石盡穿陷，略不食，時取黄精食之。以道干景帝，帝禮之，使止王邸中。數歲，道不可得。有詔問脩羊公："能何日發？"語未訖，床上化爲白羊，題其脇曰："脩羊公謝天子。"後置石羊於靈臺上，羊後復去，不知所在。④

從"後置石羊於靈臺"，我們可以看出脩羊公所化的"白羊"當是"白羊石"。而《真靈位業圖》則將其簡化爲"脩羊公化爲白石矣"⑤的傳說，此則故事後經《無上秘要》《仙苑編珠》《雲笈七籤》等敷衍改造，至《歷世真仙體道通鑒》而成爲一神仙教化劇：

脩羊公，魏人。華陰山石室中有懸石榻，臥其上，石盡穿陷，略不動。時取黄精食，後以道聞於上。漢景帝禮之，使止王邸中。數歲，道不可得。有詔問："公何日發語？"未幾，床上化爲白石羊，題其脇曰："脩羊公，謝天子。"後置石羊於通靈臺上，羊後復去，不知所在。臣道一曰："《道德經》曰：'天地之間，其猶橐籥乎，靜而不屈，動而愈出。多言數窮，不如守中。'脩羊公

---

① 《歷世真仙體道通鑒》，《道藏集成》第 14 册，第 457 頁。
② 《錄异記》，《道藏集成》第 32 册，第 31 頁。
③ 《圖經衍義本草》，《道藏集成》第 52 册，第 336 頁。
④ 王叔岷《列仙傳校釋》，北京：中華書局，2007 年，第 90 頁。
⑤ 王家葵《真靈位業圖校理》，北京：中華書局，2013 年，第 273 頁。

得之矣。且化白石羊題其脅曰：'脩羊公，謝天子。'此又見其不忘知遇之意，道之深，義之盡也。"①

故從《列仙傳》而至《歷世真仙體道通鑒》便完成了"白羊石"至"白石羊"的轉化，爲"白石化羊"之仙話小説提供了母題。

白羊與白石因顏色相同，便有了一種天然的聯繫，又因牧羊常於山間，山間鮮有他物與此種性質同，故而爲白石化羊之仙話提供了某種可能。但是我們疑心道教白石化羊的仙話故事體現了創作者的星宿崇拜抑或星官信仰。上文已論及白石爲金星所化生，通過書刻、投埋的方式又可起到安鎮西方星宿之效。而在西方白虎七宿中，婁、胃二宿又屬白羊座，且具有"守魂""主制七關"的作用，對星宿的原始崇拜投射於現實世界，便是作爲其原型的"白羊"。

此外，在白石化羊的背後還有一種羊圖騰與白石崇拜。在這種微弱信仰的閃爍下，喚起古羌族與早期道教之間緊密聯繫的記憶。《説文》曰"羌，西戎羊種也"，又謂"西方羌從羊"②，羌人奉羊爲祖先，具有濃厚的白石崇拜色彩，其民間宗教信仰最顯著的特徵便是"以白石崇拜爲表徵的多神信仰"③，且"崇拜的衆多神靈幾乎皆無偶像，而統統以白石爲象徵"④，故而羌人崇拜的羊神也是以白石作爲神位而供奉的。在其民族神話《羌戈大戰》中，白石又作爲武器幫助他們打敗戈基人，故羌族端公在做驅鬼法事時常常演唱《羌戈大戰》，其主要用意"是要正告那些（被）端公們點到名的鬼怪，斥責它們，讓它們知道白石的厲害"⑤。而這種把"白石"作爲武器以驅鬼怪的方法，在道經中同樣可以看到。《抱朴子内篇》云："山水之間見吏人者，名曰四徼，呼之名即吉。山中見大蛇著冠幘者，名曰升卿，呼之即吉。山中見吏，若但聞聲不見形，呼人不止，以白石擲之則息矣。"⑥ 這種以白石投擲而驅鬼怪的行爲充分體現了羌族白石神話與巫術信仰的殘留對道教的影響。這一點從道教符咒中書刻投埋白石便可看出。且道教投白石時需用白絲擊之，又與羌族的"羊毛綫卜"以及行成年冠禮時所擊的"mongi"（白牡羊綫並擊五色布條，此物代表始祖的贈品）相契合。

不僅如此，睡虎地秦簡《日書甲種》"詰"篇亦有投白石以驅鬼之説，其曰：

---

① 《歷世真仙體道通鑒》，《道藏集成》第 14 册，第 421 頁。
② [清] 段玉裁《説文解字注》，北京：中華書局，2013 年，第 148 頁。
③ 鄧宏烈《羌族民間道教信仰淺析》，《貴州民族研究》2007 年第 3 期。
④ 王康、李鑒踪、汪青玉《神秘的白石崇拜——羌族的信仰與禮俗》，成都：四川民族出版社，1992 年，第 28 頁。
⑤ 轉引自李鑒踪《羌族白石崇拜淵源探》，《文史雜志》1990 年第 4 期。
⑥ 王明《抱朴子内篇校釋》（增訂本），北京：中華書局，1985 年，第 304 頁。

"鬼恒召人出宫。是是遽鬼毋（無）所居，罔譁（呼）其召，以白石投之，則止矣。"① 對於何以強調選用白石以驅鬼的問題，王孝廉、劉樂賢等人則援引《禮記》"古之君子必佩玉"及《山海經·西山經》"君子服之（玉膏），以禦不詳"等説，認爲白玉（石）能辟邪。而姜守誠則駁之以白玉不可同於白石（上文在白石性狀考論中有説），並認爲白石所擁有的驅逐鬼怪的神秘力量之源頭，除了由來已久的先民對石頭的崇拜心理外，還不能排除另一種可能：漢魏晋時人眼中，白石或許是某類鬼神的化身。② 而我們聯繫羌族白石神的崇拜，便可確知姜氏推測之合理性。

四、道教煮食白石考論

煮食白石屬傳統服石範疇，不同於服用以白石英爲主要成分的五石散。而煮食白石的根本目的即在於食補，是"通過服食特定的食物（白石），將該食物本身所具有的某種品質移植到自己的體內"③，這種品質除了"食補真炁"之外（上文已論之），最突出的表現便是白石的"堅固與恒久"。但是，在被納入道教仙話話語體系後，白石又隱喻神仙與長生，而食補這種行爲則逐漸消磨掉了白石於道教中的神聖性，可以説，神的下墜便意味着人性欲求的上揚。而對煮食白石的研究則涉及煮食白石的群體、煮食白石的方法、功效及影響，即主要回答白石何以可煮可食可用等問題。

首先爲煮食白石之群體研究。今據道經確載煮食白石而可考者，蓋有九人。現將其羅列於下表，以資考較。

表 2　道經煮食白石記載

煮食白石者	煮食之法	文獻出處
白石生（白石先生、白石子、東府左仙卿）	白石方 東華真人煮石法	《神仙傳》《真誥》《無上秘要》《仙苑編珠》《太平御覽》《三洞群仙錄》《歷世真仙體道通鑒》《逍遥墟經》《神仙服餌丹石行藥法》
焦先		《神仙傳》《抱朴子》《仙苑編珠》《三洞群仙錄》《歷世真仙體道通鑒》《三洞珠囊》《太平御覽》
張太玄	引石散	《抱朴子》《神仙服餌丹石行藥法》
鮑靚		《晋書》《歷世真仙體道通鑒》《羅浮圖志》《玄品録》
沈敬	山泉虔誠煮之	《疑仙傳》

---

① 睡虎地秦墓竹簡整理小組《睡虎地秦墓竹簡》，北京：文物出版社，1990年，第215頁。
② 姜守誠《出土文獻與早期道教》，北京：中國社會科學出版社，2016年，第163~165頁；王孝廉《石頭的古代信仰與神話傳説》，載王孝廉《中國的神話與傳説》，臺北：聯經出版事業公司，1977年，第58~59頁；劉樂賢《睡虎地秦簡日書〈詰咎篇〉研究》，《考古學報》1993年第4期，第450~451頁。
③ 劉黎明《灰暗的想象——中國古代民間社會巫術信仰研究》（下），第1081頁。

續表2

煮食白石者	煮食之法	文獻出處
孟綽子、董士周、尹公度	丁嘆子，合煮五茄、地榆	《神仙服餌丹石行藥法》
張和	太上張和煮石法	《雲笈七籤》

　　從表2可知，自白石生以來，煮食白石之説綿而不絶，且這個服石群體均指向男性。其階級特性亦不再拘囿於貴族，更多地指向平民大衆。究其煮食白石之因，又多表現爲充飢或以求長生。如白石生"不肯修升仙之道，但取於不死而已。不失人間之樂，所行者正以金液之藥爲上也。初，患家貧身賤，不能得藥，乃養猪牧羊十數年，約依節用，致貨萬金，乃買藥服之。常煮白石爲糧，因就白石山居，時人號白石生"[1]。又鮑靚"嘗行部入海，遇風，飢甚，取白石煮食之"[2]。這種白石易得而可煮食以當糧的傳説，不僅反映了人們對基本生活資料的需求以及突破身體極限以求長生的本能願望，又反映了社會生産力低下甚或社會動蕩的狀况，而這兩則服石故事的最早記載恰好處於漢末魏晋時期。再如焦先"常食白石"的社會背景，却是"漢末關中亂，（焦）先失家屬，獨竄於河渚間，食草飲水，無衣履"[3]。

　　與之相比，沈敬所得白石故事則充滿了因緣色彩。《疑仙傳》云：

　　　　沈敬，浙右人也，自幼學道。後遊鍾山，遇一老姥，謂之曰：爾骨秀神清，心復正，後十年當得道，但修鍊之。仍與一塊白石，教之曰：但以山泉煮此石，不停火，待軟如藥劑，即食之。若未軟，不得停火。言訖而不見老姥。敬奇之，因於山中結茅而居，汲泉以煮此石，不停火十載，此石不軟。敬乃不煮。……老姥曰：此石非常石，不可得也。君既得之，何不虔誠息慮以煮，即不待十載而可食。若信之與疑交生於心，雖煮之十載，亦不可食也。……老姥曰：此石是瓊樹之實也，不知誰得遺於此山，被人間深毒之風吹之，故堅硬。若以山泉虔誠煮之，即復軟，軟而食，即得道矣。敬乃拜謝之，遽又不見其老姥。敬遂齋戒，汲山泉以煮之，至明日，其石忽軟，仍香馥滿山。敬沐浴而盡食之，頓變童顔，髭髮如漆，仍心清體輕。山中人皆怪焉。後數日不見所之。[4]

---

[1] 《歷世真仙體道通鑑》，《道藏集成》第14册，第429頁。
[2] 《歷世真仙體道通鑑》，《道藏集成》第14册，第623頁。
[3] 胡守爲《神仙傳校釋》，北京：中華書局，2010年，第235頁。
[4] 《疑仙傳》，《道藏集成》第15册，第534頁。

在這裏，白石已不再是尋常可得，且對煮食者提出了"誠"與"待"的要求，而"待"又是"誠"的具體外現。可以説，作爲混沌體的白石，即以它的堅固與長久隱喻求仙長生之心的無移與不變。而這也恰好是道教迫切希望其信徒所奉持的。再如《疑仙傳》載草衣兒者，數年垂釣於泗渭間而無所得："問者曰：'爾不待西伯，待何人也？'草衣兒曰：'我待一片石耳。'其人笑而不復問。後數日，有一片白石可長丈餘，隨渭水流至。草衣兒見之，忻喜踴躍，謂水邊人曰：'我本不釣魚，待釣此石也。數年間一身無所容，今日可容此身也。'乃上此石，乘流而去，不知所之。"[1] 此則仙話亦是以草衣兒待白石來隱喻求仙之心的無疑與持堅。再有通微者，亦於江濱"多投白石，待其浮"，後果遇"白石浮水，乃仙去"[2]。此類仙話均充滿了道教説教色彩，即"誘導"人們心懷虔誠，堅信長生成仙之可能。

次論煮食白石之法及功效。《真誥》謂："煮白石自有方也。白石之方，白石生所造也。"[3] 而《神仙服餌丹石行藥法》又云其"受東華真人煮石之法，以致神仙，變形萬化"[4]，雖云其有煮石之方，然終不可考，"五公胺法"[5]者皆是此類，故不贅言。按今可考者蓋有四法。其一謂之"引石散"，具有充飢當穀、強健身軀之效。《抱朴子内篇》云："又有引石散，以方寸匕投一斗白石子中，以水合煮之，亦立熟如芋子，可食以當穀也。張太玄（元）舉家及弟子數十人，隱居林慮山中，以此法食石十餘年，皆肥健。"[6] 又《神仙服餌丹石行藥法》載有張太玄煮石之法的具體細節："又取好名藥純白者，多少在意，擣之千杵，以雲母水淹之令泥，泥爾正三物，各异器藏之。欲用時，取流水中白石子大如桃李者，打令中破甚細者良。用之一斗石子，以著煮器中，水淹之，令上有三四寸水。取三藥各重一方寸匕，投中攪之，猛火煮之，以物數數刺，視石子水盡，復益，熟則刺之入也，狀如煮芋，可飽食取足，以當穀。有蔥鹽豉及肉者，在意所加，益美耳。張太玄將弟子二十餘人，於陸渾山中，食此三十餘年，皆肥丁。"[7] 其二爲"太山張和煮石法"，具有延年益壽、白日飛升之功。《雲笈七籤》載此法需"章柳根六斤。杏仁五升。酸棗仁五升。槐子一升，別擣。右三味先擣，槐子以水攪之，去滓取汁，和前藥，内不津器中，埋舍北陰地，入土一尺，以土覆之，百日發取，名曰太一神水。取河中青白石如桃李大者五升，取北流水九升，煮之一沸，以神水二合攪之，又煮一沸。候石熟，任

---

[1] 《疑仙傳》，《道藏集成》第 15 册，第 531 頁。
[2] 見於《歷世真仙體道通鑒》及《逍遥墟經》等。
[3] ［梁］陶弘景撰，趙益點校《真誥》，北京：中華書局，2011 年，第 90 頁。
[4] 《神仙服餌丹石行藥法》，《道藏集成》第 19 册，第 276 頁。
[5] 《真誥》云："已具紙筆寫須成，當自手寫一通也，願以寫白石耳，願勿以見人。此當是煮石方，或是五公胺法，楊書自此後並是掾去世後事，不知誰領録得存，當是黃民就其伯間得也。"
[6] 王明《抱朴子内篇校釋》（增訂本），北京：中華書局，1985 年，第 267 頁。
[7] 《神仙服餌丹石行藥法》，《道藏集成》第 19 册，第 282 頁。

意食。食之五日後萬病愈，一年壽命延永，久服白日升天矣"①。其三爲"丁嘆子"，配合地榆、五茄煮之，可成仙。《神仙服餌丹石行藥法》"神仙服食餌石"云："煮石者用地榆、五茄二物，北方所不生也。不生則難得，難得則石不可食，是故北方少石仙也。故尹公度聞孟綽子、董士周，共相與言曰：'寧得一把五茄，不用金玉一車。寧得一斤地榆，不用明月寶珠。'按此二人是服石得仙也。……公度聞其語，意中密悟，乃請問用此物之故。首問不已，久許時乃告之煮石方也。一名丁嘆子。子欲得不死，當食丁嘆子。子欲無憂懷，當帶地榆灰。"② 此外，地榆、五茄煮石之法亦見於李時珍《本草綱目》、方以智《物理小識》及趙學敏《串雅》等書。③ 其四即爲"沈敬煮石法"。是用山泉煮之，需虔誠息慮而無所遲疑，前已述之。而以泉水煮白石的傳統似更爲普遍。

　　石堅難煮而不可食與石熟似芋而其味如飯，以及服石長生而登仙與夭命而早亡，這兩對難以調和的矛盾構成一種反諷，這種反諷的力度越大，就越體現出人們對永恒生命的執着與眷戀。作爲一種混沌物的白石，也就漸漸成爲人們求仙長生的寄托與信仰，並與清泉、紫芝、青松、道人等構成一個長生高壽與隱逸的傳統。我們發現，自《神仙傳》開啓煮食白石傳統後，白石已成爲一個典故，出現於歷代詩詞曲文中，而尤爲著名者，如韋應物"澗底束荆薪，歸來煮白石"（《寄全椒山中道士》），令狐楚"行常乘青竹，飢即煮白石"（《句》），貫休"種薤煮白石，旨趣如嬰兒"（《古意九首》），蘇軾"鎔鉛煮白石，作玉真自欺"（《獨酌試藥玉酒盞有懷諸君子明日望夜月庭佳景》），黃庭堅"我有仙方煮白石，何時期君藍田山"（《再答明略二首》），虞集"飢來煮白石，睡起看黃庭"（《贈鐵庵道者二首》）等。不僅如此，白石還成爲中國山水畫的重要元素，在視覺與想象中，舒緩着生命生活的焦慮。

　　綜上，白石因其性狀，進入道教話語體系後漸進成爲一種"恍兮惚兮"的混沌物。而以白石爲信仰的道教仙話及煮食傳統又於道教經典內外源源創生。可以説，人們正是以白石的堅固與恒久來表達求仙長生之心的無移與不變，並將其作爲一種信仰，注入中華文脉不息的長河。

---

① [宋]張君房編，李永晟點校《雲笈七籤》第3册，北京：中華書局，2003年，第1585~1586頁。
② 《神仙服餌丹石行藥法》，《道藏集成》第19册，第277頁。
③ 李時珍《本草綱目》云："七月七日取地榆根不拘多少，陰乾百日燒爲灰，復取生者與灰合擣萬下，灰三分，生末一分，合之若石二、三斗，以水浸過三寸，以藥入水攪之，煮至石爛可食乃已。"趙學敏《串雅》與之同。又方以智《物理小識》"煮石法"云："嘗隨瞿稼軒、年伯遊隱山。六洞見一西僧，年百餘，云是佛菻國人。言煮白石法。以鹽塗燒而淬礬水，乃以五加（茄）、地榆、硝石煮爛，乾之成粉，任作餅食。單道開，豈足奇乎？以醋酒煮代赭石，插鐵釘其中，扇之作汁。"

The "White Stone" of Daoism

Gu Tianping

Abstract: In the collected Daoist scriptures, the term "White Stone" is used to refer to Teeth, Yangqi stone, Baigu, Qiushi and Mumi. But the white stone discussed in this paper refers to the "white stone" with rich symbolic meanings. There are three distinctive features in this collection: Firstly, Daoism believes that White Stone is produced from the essence of the planet Venus, similar to but not as good as jade, because it can produce jade and dansha, it is mostly used in external elixir smelting. Secondly, the White Stone always appears in conjunction with the Daoist incantations and magic symbols, and is an important medium to invite gods and communicating with heaven and man through the red writing, yellow writing, black writing, and the casting and burying. Thirdly, the fairy tales of the White Stone, represented by the "White Petrified Sheep" and the "Cooking the White Stone", were created in and outside the Daoist canon. These features, in turn, reflect the strong Daoist belief in the White Stone.

Keywords: Daoism; White Stone; faith

[辜天平，中國人民大學哲學院博士研究生]

講師與講問論義[1]

[日] 高山有紀著　趙林燕譯　王培釗審校

摘要：維摩會是日本佛教界的大型法會之一。本文重點考察了學侶們競爭維摩會講師一職的選任過程以及講師所獨有的活動順序。要成爲維摩會講師須具備以下三個條件：完成維摩會暨義論會的學業，擔任維摩會的聽衆，以及獲得南都寺院社會的認可。講師在法會中占主導地位，是法會的象徵，其所持道具五師子如意也可爲證。

關鍵詞：講師　選任　活動

前　言

如前章所述，維摩會講師在講説《維摩經》的同時還擔任講問論義的論者一職，可以説維摩會講師就象徵着維摩會。另外，在南都寺院社會，根據講論完畢可獲得僧綱資格這一慣例（譯者注：僧綱，中國南北朝時叫"僧正"，是管理僧人事務的和尚），可認爲維摩會講師具有特別的權威。本文主要研究學侶們競爭維摩會講師一職的選任過程以及講師所獨有的活動。此外，本文盡可能地選取室町時代的史料作爲研究素材。

第一節　講師的選任

本節旨在厘清選任維摩會講師的程式步驟。公元9世紀以後，有講師遂講後即可晉升爲僧綱的規定。在選任講師的過程中，將選出被認爲適合僧綱之任的人才。

---

[1]　本文譯自高山有紀《中世興福寺維摩會の研究》（東京都：勉誠社，1997年）一書第二章中的兩小節。該書利用日本興福寺及東大寺圖書館所藏維摩會原始材料，詳論日本興福寺維摩會之成立與展開，從寺院社會史研究之視角對講問論義之構成及修學活動作了深入考察，提供了許多參考信息。本文的翻譯得到了高山有紀的授權。

那麼究竟要具有何種資質才能符合維摩會講師的選任要求呢？

被評爲"理運"的學侶具有成爲講師的資格，該評價由別當（譯者注：統管全寺事務的僧官）以如下方式表明：

   維摩会講師事、御理運候、宣下事、可有申御沙汰由被仰出候、可被得其意之由所也、恐恐謹言、六月日　　　　　　　某奉
   大納言律師御房

上述引文是由興福寺別當通過公文代理人發給即將被任命爲講師的學侶的別當御教書的書樣。對學侶來說，收到別當御教書就意味着該學侶需盡快向藤原氏長者提交款狀。所謂款狀，是指學侶申報其具有勝任講師的學術成就的文書。另外，當寺別當也需要準備別當舉狀①，即別當推薦書。

在上文的別當御教書中，學侶被評價爲"理運"的理由在於興福寺別當認爲該學侶已經能夠勝任維摩會講師一職，同時還意味着寺院上下都同意推舉該學侶。那麼能擔任維摩會講師需要什麼樣的學習成就呢？獲得寺院上下的認可又是怎樣的一種狀態呢？

公元9世紀之後，僧侶成爲講師的最基本條件是修完維摩會的竪義論義。維摩會竪義決定僧人能否一登龍門，在修完維摩會竪義後，若是還能參加藥師寺最勝會的竪義就再好不過了②。得業，即具備了成爲維摩會講師的資格。根據文獻記載，延喜十一年（911）以延敏爲首的幾位講師並沒有完成維摩會竪義③，不過這只是特例而已。

正在擔任維摩會的聽眾也是選任講師的條件之一。④ 完成維摩會竪義的得業僧會收到成爲聽眾的邀請，聽眾有時會擔任講問論義的問者。以聽眾的身份任職，說明其具有選任講師所必需的學習成就。

滿足以上兩個條件，學侶就具備了與講師一職相符的學習成就。接下來說明寺院上下如何確定並統一選任講師的意向。

---

① 嘉祿二年（1226），維摩會講師尊良完成講問論義並提交了申請書，與尊良的申請書一同提交的還有興福寺別當實尊所寫的推薦書。次年十月十日維摩會始行，申請書與別當的推薦書此時已經提交。之後的八月三十日，下達了任命尊良爲講師的御旨。《類從世要抄》茶之水圖書館所藏《成簣堂文庫》。東大史料編纂所架藏レクチグラフ）"尊良維摩會講師申文取進候、爲泛滯之者會以前可被　宣下之令申候歟、可令計人給之狀如件、八月九日權僧正（實尊）右中弁殿（藤原賴隆）。"

② 《釈家官班記》，《群書類聚》所收。"三會遂業，以之稱得業。""三會得業，維摩會、法華會、最勝會。"

③ 《三会勘例》，《興福寺所藏史料》第一六函二九號。。

④ 前一年竪者遂業的聽眾被稱爲"還聽眾"（《尋尊御記》）。

在大會結日時，舉辦"私語"儀式以選任講師。

　　一大会結日私語之時、一床未遂講躰在之者、後戶辺可立去也、私語者明年講師躰各挙申儀式也、

所謂"私語"，是指一床聽眾（譯者注：一床聽眾指的是堂內最前列的席位上列座的十人，原則上由擔任過三會講師的僧綱組成，興福寺別當也在內）為推舉次年的講師人選而舉行的評定活動。一床聽眾原則上由僧綱組成，也被稱為"根本丁（聽）眾"。以興福寺為首的南都寺院社會的長老們決定"私語"儀式的結果，這也代表着寺院社會的意志。但至此，選任尚未結束。

接下來是移步到細殿舉行"取鉢"的儀式，該儀式最後有名為"細殿之舉"的活動，疑似指長吏（即興福寺別當）拜見敕使並推舉次年講師的這一行為①。講堂上"私語"的結果便是在此處發表彙報的。

經過一連串的步驟之後，以僧綱為中心，興福寺上下的學侶們共同來決定次年能勝任講師職位的人選。除此之外，還需要興福寺別當的認可。

綜上所述，本文得出這樣的結論，即成為維摩會講師所要求的"理運"，具體要具備以下三點條件：完成維摩會的豎義論義、擔任維摩會的聽眾以及獲得南都寺院社會的認可。

最後，補充一些關於下達長者宣和邀請講師的內容。如前文所述，長者宣是由藤原氏長者頒發的正式任命文書。此外，開白宣作為邀請講師的文書也會在維摩會開始前由長者下達。

　　　　応永十六年分維摩会講師事、　　宣下未到間、且可令存知給者、長者宣如此、仍言上如件、
　　　　文明七年八月廿五日　　　　　　　散位宣秀
　　　　進上　大乘院得業御房政所

在這樣的任命之後再正式發出邀請，在寺院社會並不屬於特例。任命彰顯了講師地位的重要程度，正式的邀請則是法會勤修中不可或缺的工作。在出任維摩會講師之職時，這些手續都同時存在。另一方面，開白宣作為邀請文書，記錄它的史料却很少。由此，《維摩會講師坊引付》中的相關文字記載非常珍貴。

---

① 《維摩會次第》，《興福寺所藏史料》第一六函二九號。

> 權律師光円（臈年）　法相宗　專寺、
> 開白　宣、件人宣仰綱所、令請定興福寺去至德元年維摩会講師――者、
> 應永廿八年十月八日大外記兼博士權守中原朝臣師藤奉

在開白宣送至時，還有舉行儀式的慣例。

> 大門開相待、自身鈍色白五帖_{公卿間着座}、外記一人_{裝束}、蘿箱蓋開白宣入之、二折八之、庭中来從僧一人、等身衣・指貫・裳着之、下向請取之、披見之後、書留、如元入蓋返給畢、被物等悉皆弍貫五百文下之、請取出之、下委記之、告使遲引不得答意也、問答之處、依南曹御沙汰令遲引候也、返答了、次年季令相違可申直候也、古日記有之、①

"自身"指的就是講師。開白宣從大門處以最高的禮遇被迎入寺中，隨從僧人將之示於講師。據史料可知，開白宣需返還，故需當場將其內容謄寫下來。此外，還會獲得一些被物（譯者注："被物"是"衣服帽子之類的賞賜"），儀式就此結束。

受邀之人查看邀請文書是寺院社會的慣例，開白宣也是如此。下文講師所寫邀請文之書樣，從形式上看有些輕簡禮節，這一點較為可疑。

> 維摩会講師御請事、朝恩之至自愛之処、披賀札弥添季味之狀如件、
> 十月十一日②

綜上，選任講師的流程開始於上一年維摩會結願之後的推舉活動，結束於開白宣的送達和"御請"。雖然門迹（譯者注：門迹是皇族、貴族擔任住持的特定寺院，或是其主持）有關選任講師之事的記錄失之偏頗，但從與長者之間辦理的一連串的手續來看，其嚴謹地承襲了這一傳統。維摩會既是敕使下任的敕會，又是國家級的儀式活動，它只在長者宣下的部分鮮明地留下了藤原氏私人事佛的痕迹，這一點頗有意味。

第二節　講師的活動

本節將就節日期間講師的具體工作展開研究。經過選任的流程之後，學侶正式被任命為講師，其一邊進行加行之類的修行活動，一邊等待維摩會始行之日。在這

---

① 《維摩會講師坊引付》。
② 《維摩會講師坊引付》。

段時間，講師坊就是講師活動的地點。

應永二十八年（1421）東北院的光圓所著《維摩會講師坊引付》是記録節日中講師活動的寶貴材料，本文將參考該史料去探尋講師的活動。此外，該書自十月十日維摩會始行日之前的六月二十五日（即長者宣送達之日）開始記録。節日期間，講師的首要任務是在維摩會始行日的早晨去東大寺東南院借取"五師子如意"。"五師子如意"作爲講師拿在手裏的佛具而廣爲人知。①

　　一如意御迎事、右記九日奉迎于本坊云々、但当日十日、直奉入于講坊事、無子細候也、先達御意見之間、今度十日早朝講坊奉入訖、従僧一人等身衣・裳裝東著之、筑前公、大童子フタコ・松菊丸、新造長櫃アラコモ・カケヲ・ハナクシ・白ハントウ、力者二人衣袴、被物代百疋相副之、行向東南院相尋如常、領請取畢、講坊抹香仏供等有之、下記之、
　　請文案云、写本表紙有之、
　　謹請
　　五師子如意事
　　右、当年維摩会料所請如件
　　応永廿八年十月十日　権律師某②

"五師子如意"是舉辦維摩會必不可少的佛具，《三會定一記》中多次出現關於它的記載。有關它的由來，《類聚世要抄》中有如下記載：

　　口伝云、五師子如意者、聖宝僧正如意也、彼僧正於大会論談口入之時、或人云、馬船牛不口入云々、是件僧正不歷講師也、此事為無極遺恨、仍我末葉必可持此如意、一門後人定不能問答、以之可為面目、師子者各表顯宗畏義、三鈷者表密宗深奧也、

五師子如意的使用，與聖寶（東大寺東南院的創建者）的弟子在維摩會的經歷有關。據載，聖寶在選任維摩會的任職者時，其弟子因聖寶沒有擔任過維摩會講師一事而受辱，聖寶因此命令門下的學侶必持如意。因聖寶門下人才輩出，五師子如意也在不知不覺中成爲象徵講師在顯教、密教兩學中的學問能力的佛具。《三會勘例等》中記載，如意初次出現在維摩會是在延喜十一年（911）聖寶弟子延敏擔任

---

① "六月廿五日宣下到来自寺家喜多院給之"，《維摩會講師坊引付》。
② 《維摩會講師坊引付》。

講師一職之時。從如意是象徵講師學問所不可或缺的道具這點來看，迎接如意的活動對講師來説是任職之初的一件大事。

接下來，講師身穿平袈裟登上轎子，帶着力士、一衆僧徒及童子等人朝講師坊行進。講師在出勤之前必須要沐浴净身，在接受三次指引後去往"八室"。據記載，講師只有在第一天和最後一天才能乘轎子。

第一天的朝座中講師的所有活動如下：

> 一諸僧行烈（列）引人堂内、次定者 御童子憧行、会堂檀置返参、其時講師出仕、登壇西戸脇寄待、次経箱・道具等置 御草座等、數草鞋用之、次香呂役僧香呂取、鼠走出取、直講師授、講師取之、人堂内講・読登礼盤三礼之時、諸僧惣礼、下礼盤、香呂返給登高座、次勅使着座、次唄金 二打之、次香呂役僧所備之火舍蓋 礼仏前有之、取、定者与之、一返行道、香呂蓋返了、本僧・定者退出、次散花師等行道、法用終行事小綱炷補指燭而来時、表白始之、①

講師入堂後，在行香後登高座，大聲朗讀"表白"。"表白"是在佛事之初，將勤修的宗旨向佛本尊及參會者傳達的文言，誦讀"表白"是講師作爲佛事主導者的重要活動。只有成爲講師的學侣才被允許閲覽維摩會的"維摩會表白"（以下简稱"表白"）。初日朝座時講師的活動因"表白"②的内容而變得清晰，下文就其展開討論。

"表白"的前半部分是記録維摩會起源及發展的"維摩會緣起"，首先要誦讀的就是這部分内容。作爲"緣起"的總括，一般以如下方式記録勤修之年和創始至今的年數。

> 即自齊明天皇戊午歲、至于 今上宝治元年□〔丁〕未、歷代五十□代、経年□〔五〕百九十歲也、世代雖遠、法会惟新、

接下來講師陳述維摩會的功德，闡明舉行本次法會的意義：

> 或論道以経綸王家、或効功以塩梅帝道、唐称八元、周号十乱、各出異門、未聞同宗、一家之慶、誰能比之、况復紫服・赤黻継踵摂武、惣而論之、皆是大会力之所致哉、

---

① 《維摩會講師坊引付》。
② 上野學園日本音樂資料室所藏。

接下來，誦讀當年舉辦該法會的"願文"：

  小僧尊信、問道法海、先溺定水之疾浪、企足学山、早迷理窟奥区、況乎不夢吾師、久倦研精、忝贋講匠、辞而不得、粗伝師説、以答高問。伏願、宝祚無窮、与仏石而伝長、鴻基常固、与芥城而争久、護持三宝、修行十善、天下和平非［兆］庶寧謐、仰望菴園教主牟尼尊、十方三世諸善逝、浄名、妙徳諸菩薩、龍神八部非人等、還念本願、故影向、令円満大施主御願、

"願文"的開頭部分講師叙述自身在被任命之前的苦學經歷，同時對自身的學習成就表示謙虛。在"伏願"之後就是表明具體心願的內容。首先，祈願天皇之世國泰民安，佛祖教誨長久流傳，祈願在天皇的領導下百姓得到救贖，在三寶的護持和遵守戒律的條件下，保有太平安寧的天下。

接下來，誦讀"勸請"的文言文。"勸請"指的是在佛事中請求諸佛菩薩降臨的內容。

  至心勧請三身仏、菴園教主釈迦尊、十方三世諸如来、不二法門微妙典、浄名妙徳諸菩薩、鶖子自連賢聖衆、
  梵釈四王諸護法、照臨影向御願会、登霞聖霊成正覚、本願尊霊成仏道、聖朝安穏増宝寿、諸大施主増福寿、
  天下安穏興正法、施主御願令満足、至心懺悔無始末、三業之中所作罪、我今親対三宝前、皆悉発露尽懺悔、
  帰依三宝受禁戒、断悪修善度衆生、願我当証大菩提、能作有情諸義利、畢竟安処大涅槃、及以如来大智中

"勸請"由七言二十四節構成，是向御願會祈願諸神降臨和施主（譯者注：施主為法會捐贈者）滿願的文章。

在此之後誦讀"回向文"，其目的是將辦佛事法會的功德回施給普羅眾生與亡者。

  以此講演、所生功徳、梵釈四天、龍神八部、伽藍護法、当所明神、普天神祇、増益威光、登霞尊霊、早成正覚、金輪陛下、宝受長遠、諸施主等、増長福寿、天下大［太］平、風調雨順、万姓安楽、四恩法界、離苦得楽、一切

諷誦、

　　"表白"的最後部分是《維摩經》的"經釋文"，講師第一天朝座時"説無垢稱經序品第一"，第一天夕座時"顯不思議方便善巧品第二"，第二天朝座時"聲聞品第三"，接下來是按照"菩薩品第四""問疾品第五""不思議品第六""觀有情品第七""菩提品第八""香台佛品第十""菩薩行品第十一""觀如來品第十二""法供養品第十三"的順序逐品進行講釋。現在能看見的"表白"中，在帶有經釋文内容的部分，全部是按照相同的順序選取各品的内容。

　　在内容上，除"説無垢稱經序第一"的經釋文有兩種形式外，其他幾乎都是相同的。

　　一般來説，《維摩經》由佛國品、方便品、弟子品、菩薩品、問疾品、不思議品、觀眾生品、佛道品、入不二法門品、香積佛品、菩薩行品、見阿閦佛品、法供養品、囑累品十四品組成，但不同譯本在品名上多少有些差異。

　　經釋文中的一例如下。

　　　　二日夕座
　　　　菩薩品第四
　　　　將釈此品、略開二門、尺品名入聞解尺、品名者有二、一化声聞、已如前弁、二化菩薩、次下当陳、今明令菩薩問疾事故、名菩薩品、後入文解者文何、大文有二、初徴、後顯此初也、（具如疏、）

　　這是將實際的經釋文内容作簡潔的表述，平安時期或室町時期完成的"表白"，可發現其經釋文内容相同，由這一點可以窺探由講師所行的"經釋"一事已經形式化了。

　　講師在結束"表白"之後，前往參加講問論義。此時，講問論義的問者也已經誦讀了"表白"。此處以壽永二年（1183）問者弁曉的表白爲例，介紹問者"表白"的内容。

　　　　表白
　　　　寿永二年維摩会初座講問　　講師範雅
　　　　毘耶城之月及光耀於飛鳥朝、菴羅園之花留芬芳於耶馬台、以降、玄談探顯、不二門之樞揵高、開白法熾世、淨名室之道儀云、移龍才之期鱗飛、以之擬河津之浪、焦名之待鳳挙、由之凌蓼廓之霊、誠是弘道之濫觴、伝燈之軌轍者歟、講匠早遁杲葉栄□之後、頗久嗜八識五重之学窓、智力抜山、雖為駱前

之才、妙弁懸阿（河）、量耶人中之宝哉、弁暁芸□三余、学業猶拙、花厳一宗勅曖猶及、憖当初間之仁、□揭二明之題、①

可發現問者的"表白"是讚美講師的內容。

　　次問者表白、論義有之、次講師自嫌句、取牒答之、聞鐘退出、_{壇上西脇侍、道具可令出之}、鼻高用之、共奉人等左右調、静輿左西、違北向後乘輿、是敬堂之儀也、②

在問者的"表白"之後舉行的講問論義中，由講師回答問者所提出的兩道問題，回答有關五師子如意的使用情況，《類聚世要抄》中有如下記載：

　　論義之間（問）題条了、欲答之時、取如意也、一乗院僧正玄覚伝、彼僧正講師時如此、或説一帖答了、欲答今一帖之時取如意也、証願僧都先師説、_{覺晴}、近来不知其旨歟、

可見，關於回答時如意的使用有兩種說法，即在將回答第一問時將如意放到手中，和在回答第二問時將如意放到手中。至於在使用如意時選擇哪種說法，我認爲這與成爲該種說法根據的玄興、證願及當年講師的法脉有關。

此外，從《維摩會講師坊引付》中可發現在論義結束後，有講師的"自嫌句"。下文引用一處"自嫌句"爲例。

　　維摩会講師自嫌句
　　繆以少量之隙材、忝備大会講匠、心月未瑩、因明・内明之義尚暗、性渕無深、唯識唯心之教相已浅、昇師子之座而、恥羊質之多躓、対龍象之衆而、恐駑怯之難励者也、③

這是講師向佛祖及學侶們謙虛自身學識淺薄的章句。如上所述，在結束了初日朝座的所有活動後，講師退出講堂。

---

① 《維摩會表白抄》，《東大寺圖書館所藏史料》一〇三函四二號一。
② 《維摩會講師坊引付》。
③ "大会以下表白・自嫌番句"，《東大寺圖書館所藏史料》二九函一四二號一。

> 退出之時八室着座、上童・論義書・沓役僧・大童子、南土戶出入、此外不可退出入之、講師後坊移、九本立祝着、近年威儀供生料之間、祝着之儀式計有歟、①

退出講堂的路綫與進入講堂時相同，暫且前往"八室"，然後返回後坊。

初日的暮座與朝座一樣進入講堂中，接着繼續講問論義，由於第一晚還要進行竪義論義，故要以鐘聲告知講師，之後講師退出講堂。

> 一出仕、行烈（列）等故実如前、初夜研学竪義 勸緣房得業、有之、仍雖爲夕座講下鐘下知之、退出如例、②

從第二天的朝座一直到第六天的朝座，講師的出席情況均與初日的兩座（朝座和暮座）相同。在結束第六天的朝座後，進行"虛歸"，即暫時退出講堂，然後再進入講堂，轉而進行當天的暮座。

在"虛歸"後，正常進行第六日的暮座。之所以以這樣的方式將暮座時間提前，是因爲在暮座結束後要舉行"敕使坊番論義"。

> 一今夜番論義番役之料敕使坊出仕、法服平袈裟、手輿、片道具、路次如書、從僧二人、中童子二人、大童子二人人、御童子二人、力者十三人、大童子等各松明取之、勅使坊立蒪南沓脱登、出仕之僧綱次伺定、物具置、其後西出仕 或北方出仕云義、権別当已下、僧綱・番論匠・有官等悉着座之後、勅使出居、次初獻、次第二獻、次置具足於番已講前 切燈台・硯・紙、論匠交名、次令見交名於論匠、次書番文、次令見番文於権別当、次撤硯等、次敷円座、次番論義等如常、第五番返問之後、召役人々々持菊花、論匠兩人之中二置之、問者退歸之後、唱隨喜之詞、③

可以發現在番論義中講師所起的作用並不十分重要。
與初日一樣，結日當日講師的出席要使用轎子，且這一天不舉辦講問論義。

> 一出仕等大旨如初日朝座、輿・執蓋等有之、今日無論義之間、硯・續紙

---

① 《維摩會講師坊引付》。
② 《維摩會講師坊引付》。
③ 《維摩會講師坊引付》。

并論義書略之、自余如初日、上童共奉、訓回向之間、一床僧綱判形有之、時刻送講下鐘槌之、八室着座、不改裝束相待勅使拜、①

本文認爲此處"訓回向"就是朗讀"結願文"。法會初日吟唱了"願文"，在"表白"的最後部分則記載了敘述願望實現的"結願文"。

此経一部六卷有十四品、七日之間奉講読已訖、夫以不二之岑眇而高聲、非二乘之所仰、融入之谷臨而猶深、豈五輩之可窺矣、故能現端影於衛林、談權実之奧旨、欺權疾於四大、標二空之玄徽、今尋是会草創者、大織冠藤原內相公贈正一位太政上台之高蹤也、伏惟彼尊影、道曜寰宇、德被黎元、皆是皇家之棟梁、巨川之舟檝者矣、高構祇苑之精舍、遠振靈台之法響、只非華堂遼宇、為人間之奇観、亦是法筵玉場、復為興隆之洪基、自古至今、鳳德奮翼、催融入之巖、智匠探頤塋不二之玉、自非五明之開示、誰踏英達之芳席、爰小僧尊信、天然癡鈍、刻舟為標、自性愚暗、膽机伺莧、謬贋講匠之次返乱不二之旨、踏冰之恐深徹骨髓、臨峻之魂忽然失方、如聞正説、毀説得趣証聖、權行・実行致信感仏、上戴三尊之德、下蒙龍象之眄、一部大乘、解綺転軸、其功已了、所翼不二宝輪、飛三界以常転、解脫法泉、踊九圍以垣流、　捧此景福、奉荘飛鳥河原宮　御宇齊明天皇幷代々、撫運鼎湖龍駕聖靈、香林披襟花台靜影、

最後，祈願國家安泰、維摩會永存及藤原氏的昌盛，以"發願已盡，頂礼三宝"結句。

次願、金上陛下、金輪常転、大化惟新、献千齡之宝算、薦万代之昌期、（中略）次願静法会筵傾耳聞道、并趣玉砌執行会事、諸施主等、三尊舒臂撫頂、十聖携手守身、与松竹以立節、与金石以尽忠、永襲聖代之運、久期紫蓋之昌、　次願、系氏累代以不衰、芳胤歷運以不絕、三台四輔常飛皇家、八元九棘恒趨朝廷、　次願、当会上綱法筵龍象、俱開福智之荘、同瑩戒定之德、捧此善根奉荘天神地祇・鹿嶋四所・伽藍護法、当所諸神、行疫神等、俱抱生天得道之悦、同披出離解脱之荘、振威以護国家、施慈以翔普天災難之霧兼消、変異之災遠払、風調雨順、五穀豊稔、公富私饒、万姓快楽、他国反逆

---

① 《維摩會講師坊引付》。

之恐、自国刀兵之難、天神之守銷之、仏法之力除之、不二教法渡三際無斷、夕惑理証之勤、続孃伝之代、凡厥三界九地、同抜苦与楽、謹乞誓　発願已竟、頂礼三宝、

"訓回向"之後，講師結束"行香""私語""取鉢"的儀式，在不更衣的情況下出席"敕使拜"。

一八室床間_{土間也}、莚敷之、東土戸鼠走敷懸大房士沙汰也、_{今日無沙汰之間、加厳実問答敷之}、勅使并六位別当来入〔今度不参〕、_{右記、三拜}、講師下立西土壇_{南角見}、有清答之気、其後勅使一拜、退出、①

講師最後拜見敕使，並向其彙報"結願"已經圓滿完成的消息，"敕使拜"可以說是一種儀式。接下來講師回到本座，在"講坊劄"上寫上名字。在回到講師坊的後房後，領取獎賞，並需要處理一些記錄諸下行物之類的公事。講師在維摩會最後要歸還第一天從東南院所借的五師子如意。

奉送
五師子如意事
右、奉送之状如件、
応永廿八年十月十六日権律師_某②

與五師子如意一同送回的"送文"正如此處所示。迎來如意代表維摩法會開始，歸還如意代表結束。可見，如意並不僅僅是一種佛具，還與維摩會的勤修意義有着深層聯繫。

綜上，本文以《維摩會講師坊引付》和"表白"爲綫索，嘗試明確講師的全部活動順序。儘管講師沒有出席豎義論義等重要活動，但講師的活動與維摩會活動的進展之間有較大的關聯。可以說，講師具有主導維摩會的作用。

結　語

本章重點關注講師的活動，從整體上介紹了講師選任的程式和講師的活動順

---

① 《維摩會講師坊引付》。
② 《維摩會講師坊引付》。

序。維摩會選任講師的條件有兩點：第一，要得業；第二，正在擔任維摩會的聽衆。學侶的修學與晋升各個階段都與其在維摩會的任職有關。而且，學侶在具備這兩個條件後，還必須得到僧正和興福寺別當的推舉。僧正被視爲南都寺院社會的代表，興福寺別當則代表維摩會會場和興福寺。二者的推舉是必不可少的，由此可以真實反映出維摩會講師的立場。有關講師活動的部分，本文研究了維摩會全程中講師的動向。講師隨着儀式的開始而活動，在法會中處於主導地位。維摩會本來的勤修目的是講説《維摩經》，從這一點就可以説，講師是法會的象徵。而且，五師子如意進一步證明了講師在法會中的地位。

Kōji and Buddhist upadeśa

Takayama Yuki, Translated by Zhao Linyan and Edited by Wang Peizhao

Abstract: Yuimae in Japan is one of the large-scale pujas in the Japanese Buddhist circle. This article focuses on the selection process of the studying monks competing for the Kōji position of Yuimae and the unique sequence of activities of the Kōji. The author believes that to become a Kōji of the Yuimae must have the following three requirements: complete the Ryugi in Yuimae, serve as a listener of the Yuimae, and be recognized by the Nanto monastery society. Kōji occupies a dominant position in the puja and are a symbol of the puja, and the Nyoi engraved with five lions held by them can also be used as evidence.

Keywords: Kōji, election, activity

［作者：高山有紀，日本新島学園短期大學職業設計學科研究員；譯者：趙林燕，四川大學文學與新聞學院碩士研究生；審校者：王培釗，四川大學中國俗文化研究所博士研究生］

Studies on Folk Documents

俗文獻研究

唐五代習字法"順朱"的具體形式
——以敦煌寫本《千字文》爲中心[*]

任占鵬

摘要：敦煌寫本中保存着唐五代時期重要的習字方法"順朱",《千字文》是當時最主要的順朱教材。這一方法需在書師的嚴格指導下進行,主要包括範字、習字,具體過程是書師寫範字,學童反復臨習,加之隨時的指導。習字初期一天練習四字左右,隨着能力的提升,習字數量也有所增加。所習以楷書爲主,書法風格因時代而變,亦重視俗字的練習。順朱與宋代以後常見的描朱有别,反映的是宋代以前的習字方法,非常值得重視。

關鍵詞：唐五代　敦煌寫本　《千字文》　順朱　習字方法

敦煌文獻中保存了大量《千字文》寫本,隨着各地收藏寫本的逐步刊行,寫本數量不斷增加。根據常蓋心最新的統計結果,共計約 177 個卷號,綴合後約 127 件,其中既有《真草千字文》《篆書千字文》等帖本,也有大量學童習字作業,寫本總數居於敦煌各類蒙書之首,足見其在當時是最爲普遍的識字、習字蒙書,這些寫本的留存對於探究唐五代時期的習字方法有非常重要的價值。針對《千字文》寫本所反映的習字情況,寫本 S.2703 頗具代表性,李正宇、沃興華、鄭阿財、朱鳳玉等皆對其習字方法有過介紹。常蓋心將《千字文》寫本進行了分類,置入學童的不同習字階段,意圖對學童的習字過程和不同階段的特點進行總結。[②] 海野洋平列

---

[*] 本文爲 2016 年國家社科基金重大項目"童蒙文化史研究"(16ZDA121)階段性成果。李正宇《一件唐代學童的習字作業》,《文物天地》1986 年第 6 期,第 15 頁。沃興華《敦煌書法藝術》,上海:上海人民出版社,1994 年,第 40～41 頁。鄭阿財、朱鳳玉《敦煌蒙書研究》,蘭州:甘肅教育出版社,2002 年,第 26 頁。任占鵬《從敦煌文獻看唐五代的童蒙習字》,金瀅坤主編《童蒙文化研究》第一卷,北京:人民出版社,2016 年,第 279～294 頁。任占鵬《唐五代敦煌地區學童書學教育研究——以敦煌文獻爲中心》,金瀅坤主編《童蒙文化研究》第五卷,北京:人民出版社,2020 年,第 155～179 頁。

② 常蓋心《從敦煌寫本看〈千字文〉在唐五代時期的使用》,載金瀅坤主編《童蒙文化研究》第三卷,北京:人民出版社,2018 年,第 265～280 頁。

舉了 BD12160、BD12162、BD9326、BD9328＋BD9354、BD9350、S.2703、S.5723、S.4852、S.5657V、S.5787、P.3114 共 11 件《千字文》，認爲它們所體現的習字方法實爲"順朱"，並把"順朱"定義爲在寫有朱筆（或者墨筆）範本的紙上習字，有時書師會根據情況在習字"一行半"的地方進行指導的習字方法，有別於"描朱"。① 此觀點的提出對於區別"順朱"與"描朱"、正確認識敦煌習字寫本以及唐五代時期的習字方法有重要參考價值。如今隨着《千字文》寫本的不斷發現，筆者重新統計了其中的順朱寫本，共計 17 件，數量位居各類順朱寫本之首②，本文將主要利用這些寫本嘗試探究唐五代時期"順朱"的具體方法和過程，以求教於方家。

一、順朱寫本介紹

順朱是唐五代學童順着書師的範字進行反復臨習的習字方法。那麼，什麼樣的寫本是順朱呢？根據海野洋平對順朱的定義和筆者的認識，首先寫本中有範字（朱筆或墨筆），範字下有反復臨習字者；其次反復習字寫本中有矯正痕迹者，即使範字由於寫本殘缺而未能保存，也可視作順朱。據此，筆者共發現了 35 個卷號，占敦煌《千字文》寫本總卷數的 20%，綴合後是 17 件③，占《千字文》寫本綴合後總數的 13%，順朱的普遍性和重要性自不待言。下面以表格的形式簡單說明這些寫本的基本情況。

---

① 海野洋平《童蒙教材としての王羲之〈旛書論〉〈尚想黃綺〉帖；敦煌寫本・羽662ノ二 R に見るプレ〈千字文〉課本の順朱》，武田科學振興財團杏雨書屋編《杏雨》2017 年，第 20 號，第 117～173 頁。
② 除了 17 件《千字文》順朱，筆者結合海野洋平的發現，統計出敦煌寫本中有《上大夫》順朱 1 件（P.4900 (2)）、《尚想黃綺帖》順朱 3 件（羽 664ノ2＋羽 664ノ10、BD13210D＋BD13210F、P.3349p4＋P.3368p7＋P.4019p4＋P.4019F16a＋P.4019F16b＋P.4019F16c＋P.4019F16d＋P.4019F16e＋P.4019F16F＋P.4019F22＋P.4019F27＋P.4019F35）、《蘭亭序》順朱 4 件（S.1619V、羽 664ノ2、BD10358＋BD10451＋BD12045、S.11344B）、《蘭亭詩》順朱 1 件（P.3305p5）、《雜字》順朱兩件（S.11969B、S.12458CV）、姓氏順朱兩件（BD16181V、P.3738p3）、契約順朱 1 件（S.1478V）、無名習字順朱 1 件（BD13188）。
③ 拙論《唐五代敦煌地區學童書學教育研究——以敦煌文獻爲中心》中判定《千字文》順朱寫本是 27 件（《童蒙文化研究》第五卷，第 155～179 頁）。如今筆者認爲，寫本中明確有書師的範字（朱筆或墨筆）和學童臨習之字即爲順朱，如果寫本中範字缺失，而學童習字中有書師矯正痕迹者也可以視爲順朱。據此，重新認定敦煌《千字文》順朱寫本爲 17 件。

表 1　敦煌本《千字文》順朱寫本一覽

	寫本編號	寫本正面內容	寫本背面內容	順朱形式
1	S.2703	乾元元年（758）七月史張元貞牒、天寶八載（749）三月廿二日史令狐良嗣牒等、《千字文》（光，菓珎柰李，菜重芥薑，海鹹，騰致雨，露結爲霜，金生麗水，玉出崐崗）	敦煌郡典王隱爲應遣上使及諸郡文牒事目時牒（天寶年間）、天寶八載（749）十二月廿四日司倉爲張去惑負勾征及括訪盜馬健兒李忠臣等事上武威郡牒、敦煌郡典王隱爲諸司上使封牒事目事牒	每字三行或四行，有日期和書師評語
2	S.4852	《千字文》（殷湯，坐朝問道，垂拱）	《尚想黃綺帖》、某寺付僧尼面蘇歷	每字三行
3	S.5657V	《四威儀》《臥輪禪師偈》	《千字文》（霜，金生麗水，玉出崐）、"丑年三月十九日於龍興寺鐘樓倉付正額僧糧具名如後"、佛經雜寫	每字兩行
4	S.5723	《千字文》（德建名立，形端表政（正），空谷傳）	《千字文》（空谷）、書儀、雜寫	每字一行或兩行
5	S.5787	《千字文》（姿，工嚬，布射遼丸，嵇琴阮）	《千字文》（阮嘯，恬筆倫紙，鈞巧任）	每字兩行
6	S.12144A	《千字文》（律呂）		每字兩行
7	P.3114	《千字文》（千字文敕員外散騎侍郎）	齋文	每字兩行
8	P.3849p	《佛說諸經雜緣喻因由記》	《千字文》（宙洪）	每字最少四行
9	P.4019F19＋P.4019F20等①	《千字文》（菓珎李柰，菜重，劍號俱，鹹）		每字兩行
10	BD9326	《千字文》（張，寒來暑往，秋收冬藏，潤（閏）餘）	《千字文》[菓李柰，菜珎重芥䓿（薑）]	每字四行
11	BD9328＋BD9354	《千字文》（從"英，杜稾鍾隸"到"户封八縣"）	《千字文》（從"漠，馳譽丹青"到"禪主云"）	每字兩行
12	BD9941＋BD10103等②	《千字文》（從"巨闕"到"可覆"，中間有缺失）	某寺破歷、殘牒等	每字兩行
13	BD9350	《千字文》（求古尋論）	《千字文》（御績紡，市侍））	每字兩行

---

①　P.4019F19 + P.4019F20 + P.4019F21 + P.4019F23 + P.4019F26 + P.4019F28 + P.4019F31 + P.4019F32+P.4019F33+P.4019F36a+P.4019F36b+P.4019F39+P.4019p2b。寫本的綴合參見張新朋《敦煌寫本〈開蒙要訓〉研究》，北京：中國社會科學出版社，2013年，第149~150頁。

②　BD9941＋BD10103＋BD11145＋BD11187A＋BD12160＋BD12161＋BD12162＋BD12163＋BD12190＋BD13204。

續表1

	寫本編號	寫本正面内容	寫本背面内容	順朱形式
14	BD13185AV+BD13185BV 等①	敦煌縣事目殘歷、敦煌縣殘狀等	《千字文》（鑒貌辯色，貽厥，陵（凌）摩絳霄，晝眠夕寐，藍笋象，稽顙再拜，悚懼恐）	每字四行
15	BD13210F+BD13210D②	《千字文》（員外散騎時（侍）郎周）、《尚想黄綺帖》	《千字文》（滿，逐物意）、《尚想黄綺帖》	基本每字一行，僅"逐"字兩行
16	BD16490B+BD16490A	《千字文》（黄，宇宙洪荒，日月）(秋敗（收）冬藏，閏）		每字兩行
17	Дx.2201+Дx.2204 等③	《千字文》（從"渠河（荷）的歷"到"易酋攸"）		每字兩行

　　這些順朱寫本的基本形式相同，即書師先寫範字，然後學童在下面臨習，每字臨習的行數因寫本而不同，少則一行，多則四行，而兩行者較爲普遍。順朱使用的寫本，有廢弃文書和佛經的背面或空白處，如 S.2703、S.5657V、BD13185AV 等，體現出對紙張的節約；也有正背面都是順朱，如 S.5787、BD9326、BD9328+BD9354 等，説明順朱可以使用新紙，體現出當時對順朱的重視。

　　除了這 17 件明確爲順朱的寫本，還有一些反復習字的寫本因爲上部殘缺，不能確認範字的存在，又無書師矯正痕迹，遂暫時無法判定爲順朱，如 S.11421、S.12173、S.12372、P.3243p13、P.3369p13、P.3875Ap8、P.4578、P.5031p44+Дx.5614④、BD9327+BD9353、BD16038A+BD16038B、Дx.1896+Дx.5185⑤、Дx.7544、Дx.7583 共 13 件。它們多爲殘片，每字最少練習一行，又以每字練習兩行者居多，蓋爲學童臨習之作，對於探究《千字文》的習字方法有不錯的參考價值。

二、順朱方法及過程探析

　　通過對具有代表性的順朱寫本的分析，可以窺探順朱的具體過程以及不同習字

---

① BD13185AV+BD13185BV+BD13185CV+BD13187+Дx.1495。
② 寫本的綴合參見張新朋《敦煌文獻王羲之〈尚想黄綺帖〉拾遺》，《敦煌研究》2018 年第 6 期，第 74 頁。
③ Дx.2201+Дx.2204+Дx.2482+Дx.2507+Дx.3095A+Дx.3095B+Дx.5169+Дx.5171。寫本的綴合參見張新朋《敦煌寫本〈開蒙要訓〉研究》，第 151~152 頁。
④ 寫本的綴合參見張新朋《敦煌寫本〈開蒙要訓〉研究》，第 153 頁。
⑤ 寫本的綴合參見張新朋《敦煌寫本〈開蒙要訓〉研究》，第 151 頁。

階段順朱的特點。

《千字文》順朱寫本中只有 3 個卷號中的範字是用朱筆所寫[①]，是名副其實的順朱，即 BD12160（圖 1，存三行，"稱夜"二字的順朱）、BD12162（圖 2，存四行，"推位讓"三字的順朱）以及 BD13204（存五行，"帝鳥官"三字的順朱）[②]。這 3 個碎片，疑似可與 BD9941、BD10103、BD11145、BD11187A、BD12161、BD12163、BD12190 綴合。現在殘存的内容是從"劍號巨闕"（BD12163）到"信使可覆"（BD11145），每字練習兩行，中間内容缺失，順朱的背面是寺院破歷、牒等。從現有的殘卷來看，書寫的順序是從右向左，書師在寫本最上端寫好範字，學童順着範字反復臨習。

图 1　BD12160　　　　图 2　BD12162

遺憾的是這件寫本破損嚴重，從中所獲信息不多。17 件寫本中，有 5 件寫本同時保存了範字和矯正痕迹，有利於窺探順朱的具體方法和過程，它們分别是 S. 2703、BD9328＋BD9354、S. 5787、S. 4852、S. 5657V。

先賢論及《千字文》的習字方法時常常舉 S. 2703（圖 3），不僅是因爲該寫本的圖版較早公布，還因爲它的習字特徵明顯，有日期和評語。該寫本所包含的信息較多，對於探究初學者的《千字文》順朱過程具有重要意義。先來看寫本的總體情況。它的正面内容有"乾元元年七月史張元貞牒""天寶八載三月廿二日史令狐良

[①] 由於書中圖版采用黑白色調，朱筆範字變得難以辨認，寫本原圖請參看 IDP 彩圖。
[②] 海野洋平已經指出 BD12160 和 BD12162 是《千字文》順朱，且範字是紅色的［《童蒙教材としての王羲之〈蘭書論〉（〈尚想黄綺帖〉）：敦煌寫本・羽 662 ノ二 R に見るプレ〈千字文〉課本の順朱》，《杏雨》2017 年第 20 號，第 136 頁］。

嗣牒""敦煌縣效穀等鄉名簿""敦煌郡牒文抄目及來符事目歷",這些都是正式文書,還有《千字文》順朱。李正宇結合"乾元元年"和書法風格認爲順朱的時代是吐蕃統治敦煌的前半期内。① 背面内容是"天寶年間敦煌郡牒文",也是正式文書。背面還有《千字文》中的"麗""金""露""菜"等字,與正面順朱的筆迹相同。

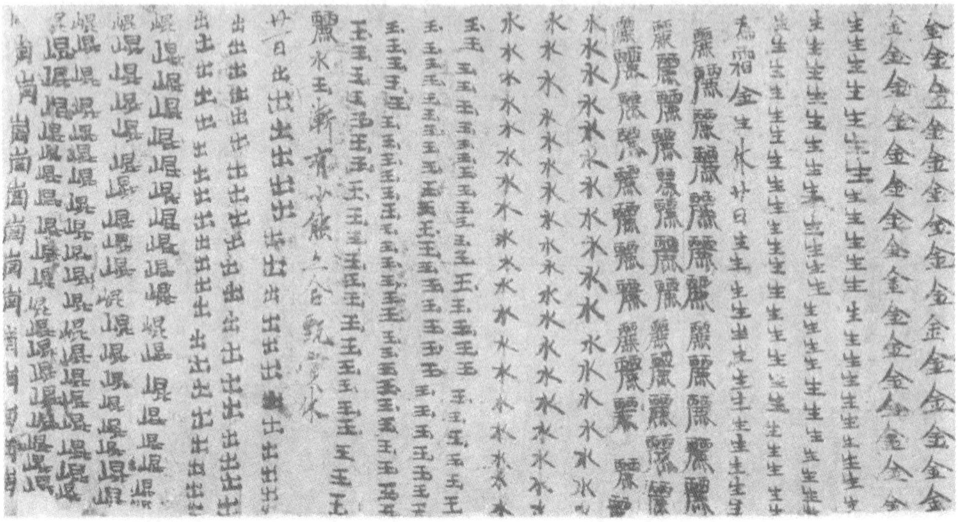

圖 3 S.2703(部分)

接下來著重介紹其中的《千字文》順朱。其書寫工整,存 81 行,内容從"光,菓珎柰李"開始,到"玉出崑崗",每字三到四行,行 12~25 字,每字書寫 30~100 遍。② 基本上每行有書師的兩個範字,一個在行首,一個在行中,由於書法較好,非常明顯。但也有每行四個範字的,比如"菓"字,每行五個範字的,比如"珎"字。但也有一行僅在行首有一個範字的,比如"柰"字。寫本中保存的日期有"十八日""十九日""廿日""廿一日""廿五日""廿六日",蓋書師爲了區分練習時間所書。由於寫本缺損,其餘日期丟失。現在保留下來的日期往往寫在"休"字的後邊。"休"字是書師所寫,表示此日的順朱到此結束。學童每天只練習三或四個字,比如"十九日"練習了"爲霜金生"四字,學童在下一行接寫"爲霜金生",表示今天寫了這四字。書師除了檢查每天的習字和寫下"休"字外,還會寫評語,比如"廿日"的習字後,書師寫了"漸有少能,亦合甄賞",認爲學童有了一些進步,進行了誇獎。書師也會對習字進行矯正,比如圖 3 和圖 4 中的"出""崑""光"等字,就明顯有書師矯正的痕迹。

從筆迹來看,該學童的習字時間較短,還處於初學階段,所以書師對於學童的

---

① 李正宇《一件唐代學童的習字作業》,《文物天地》1986 年第 6 期,第 15 頁。
② 李正宇《一件唐代學童的習字作業》,《文物天地》1986 年第 6 期,第 15 頁。

習字過程非常嚴格。我們來具體分析一下該寫本所反映的順朱過程。某月的十七日，練習了"陽雲騰"三字，每字大約三行。從"騰"字來看，書師先寫了範字，學童練習八字後，書師再寫一個範字，學童再寫五字，一行結束，然後另起一行，再按照這一方法進行①。需要注意的是，學童每次習字的字數不是固定的。到了十八日，書師先複習了"騰"字，讓學童練習了七字。另起一行後，開始了新的順朱內容，這天練習的是"致雨露結"，也是書師先寫範字，然後學童臨習，每行兩個範字，每字練習三行。進入十九日，先複習前一日所學的"結"字，然後練習了"爲霜金生"四字。進入廿日，先複習了"生"字，然後練習了"麗水玉"三字，其中"玉"字練習了四行，練習結束

圖 4　S. 2703（部分）

後，書師誇獎了學童的進步。進入廿一日，由於寫本殘缺，只能看到練習了"出崐崗"三字，其中"崐"字練習了四行。由於寫本破損，第廿二日和廿三日兩天的順朱看不到了。廿四日，練習了"光菓珎柰"四字，每字三行。其中"菓"字的練習（圖4），書師在第一行就寫了四個範字，順序是一個範字，一個習字，再一個範字，再一個習字，然後是一個範字，三個習字，再一個範字，三個習字。這是因爲學童寫"菓"字寫得不好，所以進行了加強訓練，如此練習之後，學童的"菓"字果然有所進步。"珎"字的第一行更是有五個範字。可見，學童的習字能力較差時，爲了更好地規範字形，書師會根據情況來決定範字的數量。而且每字練習的次數不一，應該是按照書師的指導在進行。進入廿五日，先複習了"柰"字，另起一行後，書師寫了"菜柰"二字，然後寫了"李"字，開始這一天的順朱，學童練習了"李菜重芥"四字，每字三行。進入廿六日，書師先寫了"薑"字，但是發現忘記

---

①　李正宇認爲是書師先在行首和行中寫範字，學童在範字之間的空處習字（《文物天地》1986年第6期，第15頁）。但是縱觀寫本，行首範字的位置是固定的，但是行中範字的位置是不固定的，顯然是學童練習幾字後，書師再寫範字。而且如果是書師先寫完所有範字，學童再練習的話，由於學童的習字大小不一，行中的範字和習字不可能正好貼合，應該會產生不同的間距。對於這一問題，楊秀清的觀點和李正宇一致（《淺談唐、宋時期敦煌地區的學生生活——以學郎詩和學郎題記爲中心》，《敦煌研究》1999年第4期，第143頁）。而沃興華認爲"老師功力深厚，字例寫得漂亮。教育十分認真，學生寫字時始終陪伴在旁，每當學生臨寫一個字達六七遍時，便當場再寫一個示範字例，讓學生看後進一步臨寫"（《敦煌書法藝術》，第40頁）。當如是。

了日期,所以接着寫了日期,然後再寫"薑"字,讓學童臨習。由於寫本缺失,只保存了"薑"字兩行半,"海鹹"各三行。可以説,學童"基本上是每日必修,日日不間斷"①。

這一件順朱寫本,有日期、"休"字、評語,每天有固定的習字數,有複習,有矯正痕迹,最能説明當時正規順朱教育的具體方式和過程,可見正如沃興華所言,是一次嚴格的正規訓練,體現了正規的學校教育。②

图5 S.5787

S.5787(圖5)正背面亦都是《千字文》順朱,正面存18行,内容爲"姿,工嚬,布射遼(僚)丸,嵇琴阮",每字兩行,行15~21字,"嚬"字和"布"字之間明顯由於寫本斷裂而缺失了數行,而且根據《千字文》的内容順序,"姿,工嚬"這部分内容應該在"布射遼(僚)丸,嵇琴阮"之後,疑似寫本綴合有誤。寫本背面存16行,爲"阮嘯,恬筆倫紙,鈞巧任",每字兩行,内容與正面銜接。值得注意的是,背面内容是連續的,並未缺行,出現這種正背面情況不一致的原因可能需要觀察原卷才能明了。該寫本中,行首皆爲書師的範字,學童習字與範字有一

---

① 李正宇《一件唐代學童的習字作業》,《文物天地》1986年第6期,第15頁。
② 沃興華《敦煌書法藝術》,第40~41頁。

定間隔。部分字第二行習字中的第四字到第八字中，書師選擇了一個或兩個習字進行了矯正，比如正面"噸""遼"二字第二行第四字和第五字，"丸"字第二行第六字和第七字，"嵇""琴"二字第二行第七字；背面的"嘯"字第二行第六字，"恬""鈞"二字第二行第七字，"巧"字第二行第八字。而習字寫得好，自然不用矯正了。此順朱內容已經接近《千字文》的結尾，説明該學童已經練習了一段時間。與S.2703 寫本相比，該學童的習字水準要高一些，但是從出現別字"遼"來看，該書師的水準似乎並不高明。另外，該寫本的順朱過程是書師先寫一定量的範字讓學童練習，還是練完一行再寫範字讓學童臨習，從寫本中難以得知，但是如果書師是先寫一定量的範字再讓學童練習的話，每字寫一個範字足矣，考慮到習字效率，書師寫兩個範字的目的應該是在學童練完一行後，再通過一個範字的書寫告訴學童習字要領之所在，這樣的效果更好一點。

图 6　BD9328＋BD9354（部分）

BD9328＋BD9354（圖6），正背面都是《千字文》順朱，正面存40行，内容是"英，杜槀鍾隸，漆書壁經，府羅將相，路俠槐卿，户封八縣"，背面存40行，内容是"漢，馳譽（譽）丹青，九州禹跡，百郡秦並，岳宗恒岱，禪主云"，行12～30字。每行首字是書師的範字，與第二字中間有間隔，每字基本上練習兩行（只有"槐"字是一行）。書師對習字的矯正行爲，海野洋平已經指出[1]，比如"英，杜槀鍾隸，漆書壁經，府羅將相""俠""卿""封"習字中每字第二行的第三到第六字中有書師矯正的痕迹。值得注意的是，寫本中有幾個範字的寫法不同，"槀"字分作"槀"和"槀"兩形，"路"字分作"路"和"路"兩形，"相"

---

[1]　海野洋平《童蒙教材としての王羲之〈瞱書論〉（〈尚想黄綺帖〉）：敦煌寫本・羽662ノ二Rに見るプレ〈千字文〉課本の順朱》，《杏雨》2017年第20號，第138頁。

字分作"㭠"和"㮃"兩形,"壁"字分作"𡐠"和"𡐡"兩形。前三個字是寫法的不同,説明書師刻意讓學童練習不同的書法。最後的"壁"字,非寫法的不同,而是"辛"部寫成了"羊"部,"𡐡"可能是"壁"的一種俗寫。書師寫了這個俗字後,讓學童臨習了五字,但還是在第五字上把"羊"部矯正爲"辛"部,還專門讓學童寫了一個"辛"字,應該是告訴學童"辛"才是正字的寫法。

图 7　S. 4852

S. 4852(圖 7),正面存 22 行,書寫工整,内容是"殷湯,坐朝問道,垂拱"八字,每字三行,行 14~18 字。背面爲某寺付僧尼面蘇歷、《尚想黄綺帖》習字(與正面順朱的筆迹不同)。寫本正面行首皆爲範字,學童習字與範字有間隔,每行首字與第二字中間有間隔。該寫本中,"殷""湯""道"三字第三行第七字、"朝""垂"二字第三行第六字,"問"字第三行第八字上皆有書師矯正痕迹。

S. 5657V(圖 8),正面存 14 行,是《四威儀》《卧輪禪師偈》,背面主要是《千字文》順朱,存 14 行,有界欄,内容是"霜,金生麗水,玉出崑"八字,行首爲範字,每字練習兩行,行 17~28 字。在習字"生"和"麗"字的行間雜寫有"丑年三月十九日於龍興寺鐘樓倉付正額僧糧具名如後"和佛經雜寫等三行文字,應該是學童在習字的時候隨手書寫,説明該學童已經學習了佛經和記帳。"霜""金""玉""出"字行末皆寫有"之"字,當是爲了有效利用空白處,而練習具有基本筆畫的"之"字。該寫本中亦有書師矯正痕迹,分別在"生""出"二字第一行第十三字,"麗"字第一行第九字,"水"字第一行第十四字,"玉"字第一行第十九、二十字,"崑"字第十二、十三字。書師選擇兩字進行矯正,僅見於這一寫本。值得注意的是"麗"字有兩種寫法,其中"履"形寫法是一種俗寫。

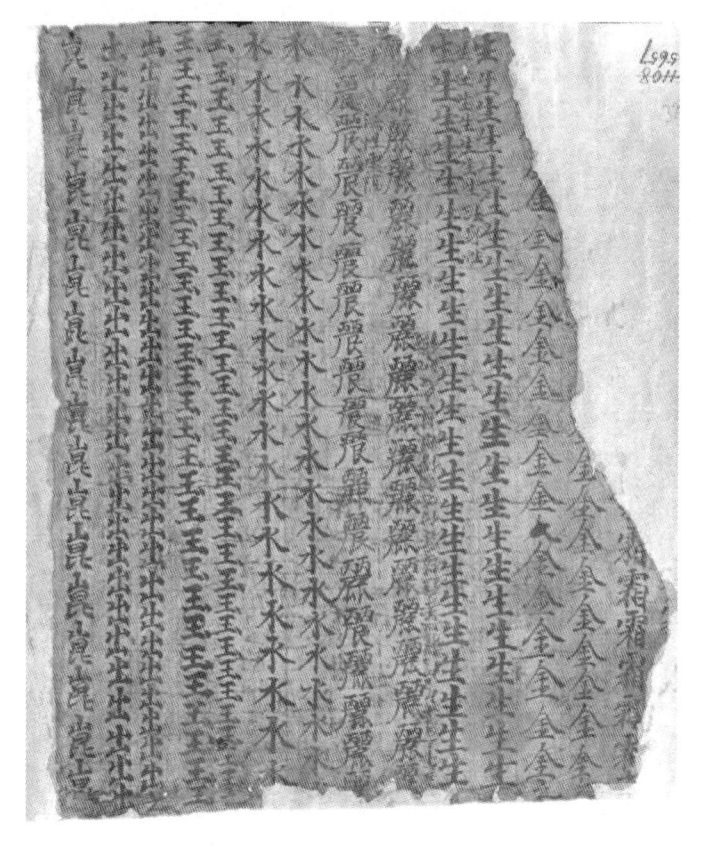

图 8 S.5657V

　　總結一下這五件寫本所反映的順朱習字特點。總的來看,順朱的過程是書師先寫墨筆範字,然後學童臨習,臨習半行或滿一行後,書師再寫一範字,學童再順著臨習;臨習過程中,書師應該在旁指導,中途會對學童的習字進行矯正,一般選擇一字,少數有兩字的情況,矯正之後學童繼續臨習。從習寫內容來看,整篇《千字文》都要練習。在細節上,每件寫本呈現的特點又有些許不同。S.2703 反映的是初學者的一次正規習字訓練。書師對初學者非常用心,先寫一個範字,讓學童臨習,如果學童不得要領,會再寫一個範字,讓學童再觀摩再臨習,最多一行會寫五個範字。初學者一天僅練習《千字文》中的四字,每字三到四行,不貪多,但是每天都要練習。S.5787、BD9328+BD9354、S.4852、S.5657V 的書法較之 S.2703 要好很多。這一時期,書師僅在行首寫範字,讓學童臨習,臨習行數減少,普遍是兩行;書師還會注意到讓學童練習同字的不同寫法,甚至還要練習俗字。另外,書師選擇矯正的習字,有在第一行者,如 S.2703 中的"崐"字以及 S.5657V;有在第二行者,如 S.5787 和 BD9328+BD9354;也有在第三行者,如 S.4852,而以選擇每字最後一行中一字進行矯正的行爲比較普遍。

图 9　S.5723

　　隨着學童習字的進步，書師的範字會減少，並不再矯正。S.5723（圖 9），正面存 12 行，內容是"德建名立，形端表正（政），空谷傳"，行首是範字，字較大①，"建"字習寫兩行，其餘每字習寫一行，行 19～25 字，沒有矯正痕迹。仔細對比後發現，"空""谷"二字的範字和習字的寫法有區別，尤其是"谷"字，習字中部首"口"的上方多了一横，成了錯字，類似"答"字。寫本背面有"空谷"（"谷"字中"口"的上方多了一横，"空"的寫法與正面習字相同，推測這兩字是學童所寫）、《此是賢公到兄歌》②、書儀等，書寫者與正面習字的應該是同一人。此寫本的書寫者已經擁有不錯的書法水準，形成了自身的書風。

----

① 參東野治之《遣唐使と正倉院》，東京：岩波書店，1992 年，第 245 頁。
② 徐俊纂輯《敦煌詩集殘卷輯考》，北京：中華書局，2000 年，第 897 頁。

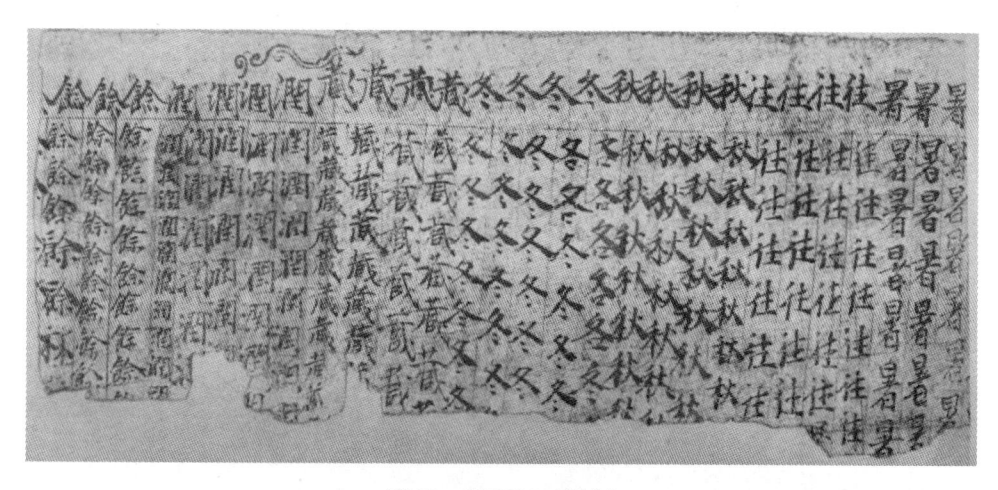

图 10 BD9326（部分）

　　敦煌本《千字文》順朱寫本中出現的書法以楷書爲主，但其中一些寫本的書法呈現隸楷的特徵，比如 BD9326、P.3114、BD13185AV＋BD13185BV＋BD13185CV＋BD13187＋Дx.1495。BD9326（圖 10），有界欄，正面存 39 行，内容是"張，寒來暑往，秋收冬藏，潤（閏）餘"；背面存 30 行，内容是"菓李柰，菜珎重芥壃（薑）"，每字基本上練習四行（僅有"冬""潤""珎"字練習了 5 行）。從形式來看，學童先畫了界欄，然後書師在界欄上寫了範字，接着學童在界欄裏習字。由於界欄較窄，範字較大，導致習字與範字不能完全對齊，部分字寫了五行。寫本中也有錯别字，比如學童把"往"誤作"徍"，然僅第一字寫錯，隨後改正；把"冬"誤作"各"，寫錯五字後改正，把"薑"誤作"薑"。從"秋""冬""芥"等字的寫法來看，該學童的習字頗具六朝時期隸書的特點。P.3114（圖 11）正面是《千字文》順朱，存 20 行，内容是"千字文勅員外散騎侍郎"，每字兩行，行約 15 到 23 字不等，行首字較大，是書師的範字。背面是《齋文》，筆迹與正面習字不同。寫本中有一個有趣的地方，"外"的範字下面，學童寫了"出"字，構成了"外出"，可見學童在習字的同時也注意到了字的運用。該寫本的書法亦頗有隸書之風。

圖 11　P.3114

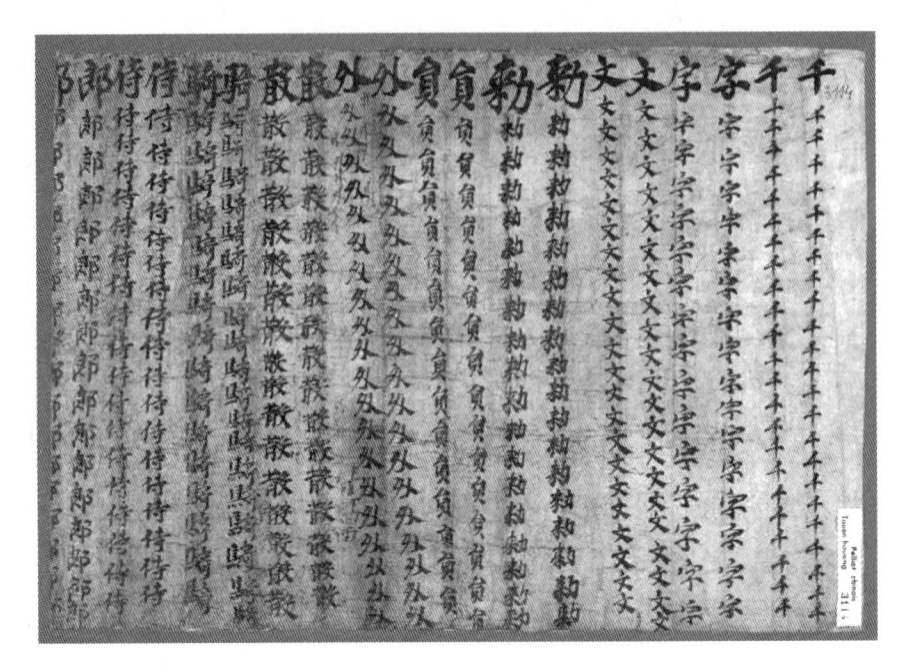

　　晚唐五代時期，楷書已經盛極而衰，沃興華認爲當時"一些書法家便歸真返璞，乾脆跳過初唐的輝煌，上溯六朝，吸取其爽辣放逸的用筆和雄奇角出的結體，另闢蹊徑"，"使個性得到充分發揮，風格趨向天真奇拙和自由奔放"①。所以這一時期學童習字也不拘一格，頗帶隸風。

　　除了上揭兩件寫本，敦煌本《千字文》中帶有隸風的寫本還有 BD13185AV（圖 12）＋BD13185BV＋BD13185CV＋BD13187＋Дx.1495。該寫本正面是敦煌縣事目殘歷、敦煌縣殘狀等，背面是《千字文》順朱，存 71 行，内容是"鑒貌辯色，貽厥，陵（凌）摩絳霄，晝眠夕寐，藍笋象，稽顙再拜，悚懼恐"，每字基本上是四行。該寫本與衆不同的是，範字不在行首，而是在第四字或者第五字後黑點的下面，在範字與下一字之間有間隔。爲什麽采用這種方式呢？筆者以爲，這樣做上方的黑點讓範字更加醒目，學童在習字的時候可以更容易看到，方便臨習。寫本中有一些有趣的地方。第一，比較明顯的是"眠"字，四行習字中居然有三種寫法"眠""眠""眠"，第一種和第三種皆是俗字，第二種是缺筆避諱字；第二，"貌"也有兩種寫法，一種是"貌"，一種是"䝟"（俗字）；第三，練習"摩"字的時候，先寫了"磨"字（錯別字）一行，然後寫了"摩"字三行，這可能是書師寫錯一個範字後，第二次寫範字的時候改正了；第四，"悚"的第二個範字，書師竟寫成了"頌"，緊接下一字改回了"悚"。同字不同寫法的練習在前揭 BD9328＋

---

① 沃興華《敦煌書法藝術》，第 120、128 頁。

BD9354 和 S.5657V 也有出現，這種現象與當時很多俗字的使用有關，由於俗字在日常生活中不可或缺，所以學童在習字之時已注重這方面的學習。

图 12　BD13185AV（部分）

還有一種順朱寫本，學童會用墨筆和朱筆兩色進行臨習。P.3849（圖 13），正面是《佛説諸經雜緣喻因由記》，存 4 行，與 P.3849V 的《佛説諸經雜緣喻因由記》是同一人所寫；背面是《千字文》順朱，存六行，内容是"宙洪"，行首字書法較好，是書師所寫的範字，學童先用墨筆練習，每字寫兩行，然後用朱筆再練習兩行，行約 22 字。使用兩種顏色來習字的原因，筆者推測爲學童用墨筆練習完後，爲了節省空間，把行與行之間的空白處也利用起來，但是如果繼續使用墨筆，難免造成混亂，難以分辨，所以使用了朱筆在空白處繼續習字。与此形式相近的寫本有 P.3305p5 和羽 664ノ2。P.3305p5 正面是不知名順朱，背面是《蘭亭詩》順朱，每行行首是書師的範字，習字的形式與 P.3849 完全相同。羽 664ノ2 正背面都是順朱，正面是《尚想黄綺帖》，背面是《蘭亭序》，但是在墨筆習字的下面覆蓋了相對比較模糊的朱筆習字。據海野洋平的校録可知，正面的朱筆習字是"流激湍，映帶左右，引以爲"，背面的朱筆習字是"情隨事遷，感慨系之矣，向"，都源自《蘭亭序》，而且朱筆習字在前，墨筆習字在後。① 這種朱墨相間的習字形式應該是爲了節省紙張。而這三件寫本之間可能存在一些聯繫，甚至可能是同一學童的順朱之作。

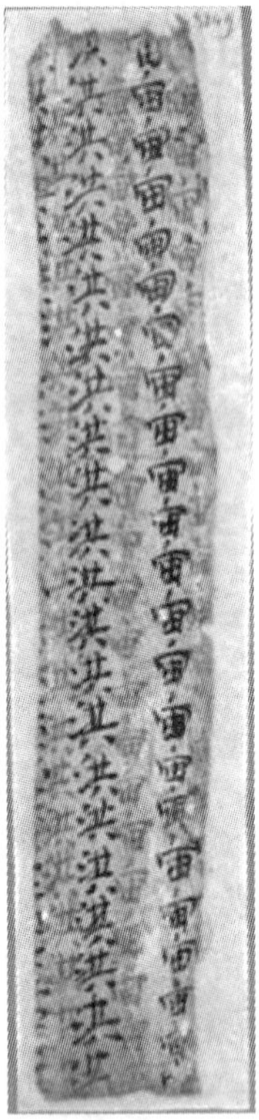

三、順朱中的錯别字

在上文介紹順朱寫本的時候，我們發現這些寫本中有很多錯别字（當時使用的俗字除外），既然順朱是書師指導下的習字行爲，爲什麽會出現錯别字呢？下面對出現的錯别字進行分類，分析其成因。

首先，因讀音相同且字形相近而致誤。比如 S.5787 "布射僚丸"中的"僚"誤作"遼"；BD9326 "閏餘成歲"中的"閏"誤作"潤"，"菜重芥薑"中的"薑"誤作" "；Дx.1495 "凌摩絳霄"中的"凌"誤作"陵"，"摩"誤作"磨"。

其次，因讀音相同而致誤。比如 BD9350V "侍巾帷房"中的"侍"誤作"市"；Дx.3095A "渠荷的歷"中的"荷"誤作"河"。

最後，因字形相近而致誤。比如 BD9328＋BD9354 中"馳譽丹青"的"譽"誤作"興"，BD16490A "秋收冬藏"中的"收"寫作"敗"，S.5723 "谷"寫作"答"（學童寫錯），BD9326 "秋收冬藏"的"冬"寫作"各"（學童寫錯）。

以上這些錯别字，除了 S.5723 和 BD9326 是學童粗心寫錯外，都是書師的範字錯誤，學童只是照樣臨寫。這些錯誤範字的出現，有書師粗心寫錯的可能，似乎可以説明一些民間書師的水平並不高明；也有可能是書師所據的帖本就是錯誤的，因爲書帖在傳播過程中出現錯誤在所難免。值得注意的是，"摩"誤作"磨"，"侍"誤作"市"，"荷"誤作"河"，此中後面的所謂别字也是出自《千字文》，可見把《千字文》中的音同、形近的字搞混是常見的現象。這些錯别字的出現暴露了當時習字教育存在的一個問題，即學童習字過多依賴書師的範字，一旦範字出錯，學童也只能延續其錯誤。

小　結

通過分析 12 件《千字文》順朱寫本，我們對唐五代時期順朱的具體方法和過

圖 13　P.3849

---

① 海野洋平《童蒙教材としての王羲之〈燔書论〉（〈尚想黄綺帖〉）：敦煌寫本・羽 662 ノ二 R に見るプレ〈千字文〉課本の順朱》，《杏雨》2017 年第 20 號，第 121 頁。

程有了一定了解。初學者幾乎每天都要在書師的指導下進行順朱，書師先寫日期和一個範字，學童臨習幾字後，書師再寫一個範字，學童再臨習，如此反復進行。每天練習四字左右，每字三到四行，每行字數不等。學童臨習的時候，書師一直在身旁細心指導，如果學童寫得不好，書師會多寫幾個範字，並且在習字上進行矯正，如果學童有進步，書師也會誇獎。隨着學童習字能力的提升，每天順朱的內容越來越多，而且每字練習的行數基本穩定在兩行，書師的範字也基本上寫在行首，不再在行中加入範字，書師依舊會對習字進行矯正。書師會把字的不同寫法教給學童，有書法的不同，也有正字與俗字的區別。到了一定階段，書師的範字會減少，亦不再矯正，這時學童便可逐漸脫離順朱，從基本的習字教育畢業。根據時代的不同，學童學習的書法出現了一些變化，唐中期的順朱偏重於正楷，晚唐五代時期書法更加自由，出現了不少帶有隸風的寫本。敦煌順朱寫本雖然是敦煌地區習字教育的展示，却能代表唐五代時期民間習字教育的一定樣貌，透過這些寫本，可知當時已經形成了一套嚴格、有序的習字方法，難怪有唐一代書法家輩出。宋代以後少見順朱，而多見描朱，應該與印刷術的普及、造紙術的提升有密切關係，關於習字方法的演變將是以後繼續探討的話題。

The Form of Calligraphy Practice Method Shun Zhu in the Tang and Five Dynasties
—Focusing on the Qian Zi Wen from Dunhuang Manuscripts

Ren Zhanpeng

Abstract: The Dunhuang Manuscripts preserved the Shun Zhu, which was an important method of calligraphy practice during the Tang and Five Dynasties. And the Qian Zi Wen was the most important Shun Zhu textbook at that time. This method is carried out under the teacher, and it mainly includes standard words, practice words. The specific process is teacher write standard words, students practice repeatedly under the teacher's words, and the teacher plus guidance at any time. In the early stage of writing, practice about four characters a day. With the improvement of ability, practice's quantity also increased. The practice is mainly regular script, and the style of calligraphy has changed with the times. Also pay attention to the practice of common words. Shun Zhu is so different from Miao Zhu which was be communed after the Song Dynasty, it reflects the method of calligraphy practice before the Song Dynasty, should deserve more attention.

Keywords: Tang and Five Dynasties; Dunhuang Manuscripts; Qian Zi Wen; Shun Zhu; Calligraphy education

［任占鵬，廣島大學教育本部客員講師］

"饅頭"一詞爲外來語

——"饅頭"名物再申[*]

高啓安

摘要："饅頭"早先又寫作"曼頭""饅餕""蝹頭"等，符合外來食物傳入後中原人據音擬名反映食物特性的規律。根據"曼"字本義考證該食物製作方法，無異於緣木求魚。佛經《十誦律》中有餅食名爲"曼提羅"，在《摩訶僧祇律》中又寫作"曼坻羅餅"，與"饅頭"讀音相同。維吾爾語和烏孜別克語將包子讀作 manta，柯爾克孜語讀作 mantu，哈薩克語作 manti。"曼提羅"在西方原爲烤制有餡類食物，傳入中土後，與傳統的蒸作方式結合，變爲蒸食，且出現了無餡的蒸餅，衍生了"籠餅""玉柱""灌漿""麵起餅""籠炊""起膠餅""包子"等中土化的名稱。最早的饅頭圖像出自漢魏時期的鬼灶，河西魏晋磚墓壁畫上有清晰的饅頭圖像，敦煌壁畫中供養僧人及前往寺院上供題材、婚禮宴飲畫面中均有饅頭圖像。

關鍵詞：饅頭　外來語　壁畫

引　言

關於"饅頭"，學界着墨多矣。一段時間内，宋人高承所著《事物紀原》中諸葛亮南征，以麵皮包餡充當人頭爲"饅頭"最早產生的觀點很流行。近二十年來，中日學界對此作了徹底否定。雖然一些通俗讀物、網絡上仍充斥着諸葛亮發明饅頭的説法，但學界應該没有人會相信："稗官小説云：諸葛武侯之征孟獲，人曰蠻地多邪術，須禱於神，假陰兵以助之。然蠻俗必殺人，以其首祭之，神則饗之，爲出兵也。武侯不從，因雜用羊豕之肉，而包之以麵，象人頭以祠，神亦饗焉，而爲

---

[*] 本文爲國家社會科學基金規劃項目"絲綢之路飲食文化研究"（11BZS075），甘肅省哲學社會科學重大研究基地"絲綢之路經濟帶建設研究中心"、蘭州大學"中央高校基本科研業務費專項資金資助"項目"北朝-唐代絲綢之路隴東寧夏段出土胡人實物遺存數據整理與研究"（16LZUJBWZX012）階段性成果。

出兵。後人由此爲饅頭。"① 高承雖言此說爲"稗官小說",但他又說"饅頭疑自武侯始也"。隨着研究的深入,多數學者認爲這是無稽之談,是"想象和附會",是小說家言。學者們認爲這一傳說在魏晉史籍中未見記載,而是出於後人想象。② 但對於"饅頭"之名的含義、饅頭之實究竟產生在何時,仍然不明所以。

十幾年前,筆者在《"餅"源"胡"說》③ 一文中始提出"饅頭"一詞爲外來語的觀點。並從音韻以及新疆少數民族中存在的讀音等方面加以論述。所論雖然根據"餅"以及眾多胡食如"餺飥""餶飿""饆饠"等讀音來探討小麥粉食的源頭,認爲"饅頭"亦如"餶飿""餺飥"一樣,其稱謂應同源。"饅頭"其名爲外來語,饅頭其實是"胡食"④。但仍有許多問題缺乏論證,觀點尚需更多資料的佐證。文章發表後,學界關注較少。筆者在研究佛經中飲食名物時注意到了一種飲食名物,相信與"饅頭"名物有關。果如是,則可確證"饅頭"爲外來物。今再撰文一申前論。

一、饅頭的研究史

饅頭爲華夏重要的食物品種。關於饅頭的史料,學界已經窮盡。研究饅頭的論文不下數十篇⑤,而其他飲食史類著作也繞不開"饅頭",均有論述。

以上研究涉及饅頭形狀、製作條件(小麥種植的播遷及普及、輪轉磨的出現及小麥粉的加工、過濾麩皮工具的出現及技術、發酵史、甑釜的應用)、文獻中出現

---

① [宋] 高承《事物紀原》卷九,《叢書集成初編》,上海:商務印書館,1937年,第332頁。
② 任百尊主編《中國食經·食史篇》,上海:上海文化出版社,1999年,第43頁。
③ 高啓安《"餅"源"胡"說——兼論數種麵食名稱的起源》,載《絲綢之路民族古文字與文化學術討論會文集》,西安:三秦出版社,2007年,第506~534頁。
④ "饅頭"乃波斯語小麥麵粉發音在中原的變异。[M] 與 [P]、[P'] 同屬雙唇音,一清一濁,在一些地區二者發音模糊,一些方言中 [P] 或 [P'] 或作 [M]。如敦煌文獻中就將"餺飥"寫作"没飥"(P.4906《年代不名某寺諸色破用曆》:"麵貳斗,没飥","白麵壹斗,造没飥")。"饃饃",一些地區稱作"餑餑"。至今在閩南方言中,"饅"讀作"ban"或"buan",也是一例。因此,"饅頭"和"餑飥""餶飿"一樣,也是一個外來音,而且就是"peste"或"pist"傳入不同地點、不同時間的一個變音。
⑤ 席尚之《饅頭與包子——古人飲食漫話之五》,《歷史知識》1987年第6期;葉春生《源遠流長說饅頭》,《風俗》1987年第1期;王仁興《饅頭起源新說》,《中國食品》1985年第9期;趙金炎《饅頭史話》,《民俗研究》1990年第2期;姚偉鈞《饅頭的傳說》,《江漢論壇》1990年第8期;李樹輝《manta 和饅頭——兼論民族間飲食文化的交流》,《語言與翻譯》1994年第2期,第117~120頁。"manta 爲維吾爾語和烏孜別克語,柯爾克孜語作mantu,哈薩克語作manti,意爲'包子',爲上述民族的主要食物之一";陳紹軍《從我國小麥、麵食及其加工工具的發展歷史試談饅頭的起源問題》,《農業考古》1994年第1期,第219~225頁;陳紹軍《饅頭及酵麵食品起源問題的再認識》,《農業考古》,1995年第3期,第218~220頁;吕一飛《饅頭與諸葛亮》,《西南民族學院學報(哲學社會科學版)》2001年第6期,第131~132頁;曾昭聰《"饅頭"的傳說及其語源辨證》,《民俗研究》2002年第1期,第191~193頁;閆豔《古代"饅頭"義辯證》,《南京師範大學文學院學報》2003年第1期,第128~130頁;朱偉《中國食史·考吃》,北京:中國人民大學出版社,2005年;蘇東民《饅頭的起源與歷史發展探析》,《河南工業大學學報(社會科學版)》2009年第2期,第14~18頁;彭心慧《東亞文化衝突的歷史性研究——以麵包傳播爲中心》,臺灣淡江大學亞洲研究所碩士學位論文,2015年;等等。其他還有許多,不一一具注。

"饅頭"一詞的不同寫法、文獻中的蒸餅、麵起餅諸方面,論述不可謂不詳,不僅廓清了研究當中的諸多關鍵史料,而且推動了小麥粉餅類食物發展史的研究。但在否定了諸葛亮發明"饅頭"①後,仍未給出其語源詞彙之來歷。一些學者從"曼"之字義出發,列幔、墁、謾等字,考訂其有"蒙覆"義,稱之爲"饅頭"似合乎情理。但如果真以麵粉製作頭顱,則不必以"蒙覆"釋義,直接稱爲"麵頭"不是更爲達意?因此,此說也難具説服力。

一些學者肯定了早期"蒸餅""麵起餅"就是現在饅頭的觀點。吕叔湘先生注《癸辛雜識》中的"籠炊"時說:"即籠餅,又稱蒸餅,宋仁宗名禎,語訛近蒸,故蒸餅改稱炊餅,即今之饅頭。"②

諸説均未中肯綮。

二、蒸餅、麵起餅、饅頭异同

欲考訂"饅頭"名實,必先搞清楚其與"蒸餅""麵起餅"之間同質异名的稱謂關係。

在其他史籍中,早期"饅頭"又寫作"曼頭""曼頭""饅䭃"等③,符合外來食物傳入中原後中原人據音擬名的規律:取一音符字,加一偏旁"食"或"麥"來稱謂。饆饠、餺飥、餶飿、餛飩等皆此類也。顯然,"饅頭"只是擬音。如果從"饅頭"字義去理解該食物,不免南轅北轍。

關於早期蒸餅、麵起餅與"饅頭"之關係,學界也持兩種意見:是或不是。需要稍加論述。"蒸餅"最早出自劉熙《釋名》,作者統言與蒸餅同列的髓餅、金餅等皆"隨形而名之"。顯然,蒸餅是以加工方式而名,如同燒餅、煮餅、烤餅等。筆者曾經分析諸食物,指出劉熙所列諸種食物,至少有四種方式得名:其一,以來源冠名,如"胡餅";其二,"隨形而名",即按其形狀得名,如索餅、蠍餅;其三,以加工方式得名,如蒸餅;其四,以特殊原料得名,如"髓餅"。髓餅肯定是加了動物脂肪的餅類食物。而蒸餅之稱謂,體現的是烹熟方式。其實,髓餅也是外來物。④關於蒸餅,史料其實不少,筆者舉三條材料:

第一,《晉書·何曾傳》:"性奢豪,務在華侈。帷帳車服,窮極綺麗,厨膳滋

---

① "這一説法似不確。"(黎虎《漢唐飲食文化史》,北京:北京師範大學出版社,1998年,第72頁)"此系妄説,不可從也。"(流沙河《三食考續二》,《四川烹飪》2000年第5期,第4頁)

② 吕叔湘《吕叔湘文集》第九卷,瀋陽:遼寧教育出版社,2002年,第111頁。曾昭聰《"饅頭"的傳説及其語源辨證》,《民俗研究》2002年第1期,第191~193頁。閆豔《古代"饅頭"義辯證》,《南京師範大學文學院學報》2003年第1期,第128~130頁。

③ [明]方以智《通雅》卷三九:"顧遜園載:'南唐烈祖受禪,有鶯鶯䭃、駝蹄䭃、瓏璁䭃、子母饅。'即饅頭。"(北京:中國書店出版社,1990年,第474頁)

④ 高啓安《"髓餅"來歷及流變》,《吐魯番學研究》2017年第2期,第99~103頁。

味,過於王者。每燕見,不食太官所設,帝輒命取其食。蒸餅上不坼作十字不食。食日萬錢,猶曰無下箸處。"① 如果有餡,則不會要求上面開花。蒸餅裂作十字,這是麵粉發酵充分蒸熟後的一種現象,今天有過蒸饅頭經歷者,不難理解。

第二是後趙石虎。"石虎好食蒸餅,常以乾棗、胡桃瓤爲心蒸之,使坼裂方食。及爲冉閔所篡幽廢,思其不裂者不可得。"② 以乾棗、核桃瓤爲餡,今日西部猶存,有些還加棗子、葡萄乾等。一些地方在喪事上有製作,稱之爲"棗山"。這種蒸食由於其所含棗子、核桃較少,主體仍爲麥麵,傳統觀念裏仍當作饅頭,與有餡的包子稍異。

第三,筆者曾詳細計算過唐五代時期敦煌的"蒸餅",每枚麵粉用量達一升,因此不會在其中加餡③。

以上三條説明蒸餅多無餡。但也有將有餡的蒸作食物稱爲"蒸餅"的史料。

"饅頭"的烹飪方式有別於异域。華夏大地很早就使用甑、釜作爲炊具。其原理是利用蒸汽傳導熱能將食物烹熟。雖然也有燒烤等,但主要方式是汽蒸。而西域以西,麵包類食物則多爲烤製。

那麼,從最早出現"蒸餅"一詞開始,其烹飪炊具究竟是新型炊具蒸籠(現代語),還是甑釜?孫機先生曾舉河南密縣打虎亭1號墓葬的灶間炊事圖,認爲其灶台右側釜上炊具爲"由十層矮扁疊合而成的大蒸籠",並附有綫圖,見圖1:

圖1④

但筆者對此有懷疑。原圖爲畫像石庖廚(圖2),雖然稍顯模糊,但可以看出

---

① [唐]房玄齡《晋書》卷三三,北京:中華書局,1974年,第998頁。
② [宋]李昉等《太平御覽》卷八六〇"飲食部"一八引《趙録》,北京:中華書局,1966年,第3819頁。
③ 高啓安《唐五代敦煌飲食文化研究》,北京:民族出版社,2004年,第107頁。
④ 孫機《中國古代物質文化》,北京:中華書局,2014年,第24~25頁。《密縣打虎亭漢墓》作者也認爲是"還有好幾層的蒸籠,正在蒸煮食物"。河南省文物研究所編《密縣打虎亭漢墓》,北京:文物出版社,1993年,第139頁。

此炊具下部有收縮，上部應爲甑蓋。筆者以爲仍是甑，而非屜籠。

圖2①

　　蒸籠（或稱"籠屜""屜籠"）究竟產生在何時代，暫未考究。日語漢字寫作"笹"，表明是竹器。目前我們所掌握的最早資料是敦煌文獻中的"咄籠"一詞（P.2613《唐咸通十四年（873）正月四日沙州某寺交割常住物點檢曆》："破咄籠壹。"②），其正是今日西部對蒸籠的稱謂。敦煌文獻中有食物名"籠餅"（P.2609《俗務要名林》），應該就是用竹木質材料製作的蒸作食物。竹木質的蒸籠產生的時代應該更早。下引《餅賦》中有"籠無逃肉"句，可見當時已有竹木質的蒸器。

　　唐人所著《太白陰經》中有給軍隊出師賞賜食物品種的記載："蒸餅一人一個，一萬兩千五百個，一斗麵作一百枚。"③ 則每枚用麵粉一合。若無餡則太小，因此，《太白陰經》中的蒸餅應該是有餡的。

　　據《酉陽雜俎》："蒸餅法，用大例麵一升，煉豬膏三合。"④ 其中"大例麵"殊難理解，或即發酵麵劑。甘肅一些地方流行一種豬油包子，即包子餡非爲肉及蔬菜，而是將豬油燒煉後加麵粉炒熟做餡。《酉陽雜俎》所列這款"蒸餅"很可能是此類食物。

　　因此，唐以前的"蒸餅"名物應有兩種，一種加餡，一種不加餡。二者均可稱爲"蒸餅"。兩種不同食物爲何會有相同的名稱？兩者的共同性在於均用屜籠蒸作。而在這之前，幾乎所有的小麥粉食類食物均被稱爲"餅"。

　　"麵起餅"是一種發酵後的蒸餅，這是學界共識。梁蕭子顯《南齊書》卷九："永明九年正月，詔：太廟四時祭，薦宣皇帝麵起餅、鴨臛。"⑤ 皇帝下詔四時以之祭祀太廟和宣帝，正合"盧諶《祭法》：春祠用曼頭、餳餅、髓、牢九（丸）；夏祠

---

① 《中國畫像石全集》編輯委員會編《中國畫像石全集六·河南畫像石》，鄭州：河南美術出版社，2000年，第73頁第九七圖局部。
② 唐耕耦、陸宏基編《敦煌社會經濟文獻真迹釋錄》第三輯，北京：全國圖書館文獻縮微複製中心，1990年，第10頁第23行。
③ ［唐］李筌《太白陰經》卷五《宴設音樂篇》，《中國歷代兵書集成》第1卷，北京：團結出版社，1999年，第482頁。
④ ［唐］段成式撰，方南生校注《酉陽雜俎》，北京：中華書局，1985年，第71頁。
⑤ ［梁］蕭子顯《南齊書·禮志上》，北京：中華書局，1972年，第133頁。

別用乳餅，冬祠用白環餅。荀氏《四時列饌》注曰：夏祠以薄夜代曼頭"①的規定。可證，"麵起餅"正是當時的饅頭。"餢飳，起麵也，發酵使麵輕高浮起，炊之爲餅。賈公彦以酏食爲起膠餅，膠即酵也。涪翁説：起膠餅即今之炊餅也。"②宋代程大昌在《演繁露》中解釋"麵起餅"："起者，入教麵中（俗書'教'爲'酵'），令鬆鬆然也。本朝讀'蒸'爲'炊'，以蒸字近仁宗御諱故也。"③

唐人韋巨源"食單"所列"婆羅門輕高麵"④，也可能是一種發酵後的蒸餅。

"饅頭"一詞最早出現在著名文人束晳的《餅賦》中："三春之初，陰陽交際，寒氣即消，温不至熱，於時享宴，則曼頭宜設。"⑤寫作"曼頭"或"糗頭"。而《玉篇》中尚無"饅"字。大約唐代，才有"饅"字出現。宋人張師正《倦遊雜録》："唐人呼饅頭爲籠餅。"⑥

《餅賦》還以敷陳、誇張的手法叙述了製作饅頭時的用料、拌餡、搏麵包餡、蒸作過程，其因味美而食客狼吞虎咽，行人聞香而流口水，僕人用舌頭舔唇、咽口水：

　　爾乃重羅之麵，塵飛白雪。膠黏筋韌，溢液濡澤。肉則羊膀豕脅，脂膚相半。嚼如蝡首，珠連礫散。薑枝葱本，萃縷切判。辛桂剉末，椒蘭是灑。和鹽漉豉，攪和膠亂。於是火盛湯涌，猛氣蒸作。振衣振裳，握搦拊搏。麵迷離於指端，手縈迴而交錯。紛紛駁駁，星分霓落。籠無迸肉，餅無流麵。姝嫺列敕，薄而不綻。弱似春綿，白若秋練。氣勃鬱以揚布，香飛散而遠遍。行人垂涎於下風，童僕空嚼而邪盼。擎器者舐唇，立侍者乾咽。

　　爾乃換增濯以玄醯，鈔以象箸。伸要虎丈，叩膝偏據。盤案財（才）投而輒盡，庖人參潭而促遽。手未及換，增禮復至。唇齒既調，口習咽利。三籠之後，轉更有次。⑦

其中食用時的調味料資料尤爲重要，"濯以玄醯"，吃帶餡饅頭時要蘸以醬醯，今日吃包子猶如此；"盤案財（才）投而輒盡，庖人參潭而促遽"者，因食美而進食速度很快，庖厨都來不及上食。

敦煌文獻中，S.2144《韓擒虎話本》記載官健僞裝成百姓："擔得一栲栳窠

―――――――――――

① [宋]李昉等《太平御覽》卷八百六十"飲食部"十八引《趙録》，第3820頁。
② [明]張自烈《正字通》卷一一，《續修四庫全書》第235册，上海：上海古籍出版社，1996年，第730頁。
③ [宋]程大昌《演繁露》續集卷六，《叢書集成新編》，臺北：新文豐出版公司，1985年，第636頁。
④ [宋]陶谷撰，李益民等注釋《清异録·飲食部分》，北京：中國商業出版社，1985年，第6頁。
⑤ [唐]徐堅《初學記》卷二六，北京：中華書局，1962年，第643頁。
⑥ [宋]張師正《倦遊雜録》，上海：上海古籍出版社，1993年，第8頁。
⑦ [唐]徐堅《初學記》卷二六，第643~644頁。"爾乃換增濯以玄醯"後一段，據《太平御覽》補。

頭，直到蕭磨呵寨內，當時便賣。"①

《太白陰經》中也有關於"饅頭"的記載："饅頭一人一枚，一萬二千五百枚，一斗麵作三十枚，用麵四十一石六斗七升。"② 則每枚用麵粉三合多，是"蒸餅"麵粉用量的三倍。《太白陰經》既列蒸餅，又列饅頭，則二物顯然有區別。蒸餅有餡，饅頭則應無餡。此時的"饅頭"，至少在作者李筌的知識系統當中，是無餡的純麥麵的發酵蒸作食。此條材料亦可證明唐代"饅頭"和"蒸餅"已經開始分化，無餡的蒸餅稱作饅頭了。

黃金貴先生在《古代文化詞義集類辨考》中認爲："'蒸餅'，早期是發酵蒸制麵食通稱，分化出'饅頭''包子'。"③

唐宋以後，蒸作食物衍生了更多的名稱。

宋人周密著《癸辛雜識·健啖》："趙溫叔丞相形體魁梧，進趨甚偉。阜陵素喜之，且聞其飲啖數倍常人。……一日召對便殿，從容問之曰：'聞卿健啖，朕欲作小點心相請，如何？'趙悚然起謝。遂命中貴人捧玉海賜酒，至六七，皆飲釂。繼以金柈捧籠炊百枚，遂食半。上笑曰：'卿可盡之。'於是復盡其餘，上爲之一笑。"④ 其中"籠炊"即"籠餅"，應有餡，不然，即使食量再大，也不可能食用如此多。

"蒸餅、籠餅：《名義考》：以麵蒸而食者曰蒸餅，又曰籠餅，即今饅頭。"⑤ 後又有名"玉柱""灌漿"："《匯苑詳注》：玉柱、灌漿，皆饅頭之別稱也。"⑥ "玉柱"應該就是"玉尖"。《清異錄》："趙宗儒在翰林時，聞中使言：今日早饌玉尖麵，用消熊、棧鹿尾內餡，上甚嗜之。問其形制，蓋人間出尖饅頭也。"⑦ 顧名思義，"玉柱"應該是有餡蒸食的另一稱謂，"灌漿"應即後世之灌漿包子。

蒸餅、麵起餅、饅頭三者的名物概念雖有相似之處，擬名方式卻各异，反映了"餅"類食物由早期的類稱到後來各自得名的演變。蒸餅得名於烹熟方式，麵起餅得名於其原料和製作方式，而饅頭不明所以，無法從字義上了解其本質。

那麼，饅頭是否爲外來語呢？拙文《"餅"源"胡"說——兼論數種麵食名稱的起源》考證了早期饅頭一詞並未寫作"饅頭"，而是"曼頭""曼頭""饅餟"。其讀音與學界公認爲從外域傳入的餢飳、餺飥讀音相同。應該"爲波斯古語'peste'或'pist'傳入不同地點、不同時間的一個變音"，而波斯古語"peste"或"pist"

---

① 中國社會科學院歷史研究所等合編《英藏敦煌文獻》第 4 冊，成都：四川人民出版社，1991 年，第 29 頁。
② [唐] 李筌《太白陰經》卷五《宴設音樂篇》，《中國歷代兵書集成》第 1 卷，第 482 頁。
③ 黃金貴《古代文化詞義集類辨考》，上海：上海教育出版社，1995 年，第 902 頁。
④ [宋] 周密《癸辛雜識》，北京：中華書局，1988 年，第 20 頁。
⑤ [清] 厲荃《事物異名錄》，長沙：岳麓書社，1991 年，第 234 頁。
⑥ [清] 厲荃《事物異名錄》，第 234 頁。
⑦ [宋] 陶谷著，李益民校注《清異錄·飲食部分》，第 25 頁。

是麵粉的意思。①

在閱讀佛經的過程中，我們找到了與其讀音相符的食物名稱，可驗證上述觀點。後秦弗若多羅與鳩摩羅什所譯《十誦律》中記載了諸多餅食名稱，其中有"曼提羅"餅：

> 佛在王舍城竹園中，諸居士辦種種帶鉢那，胡麻歡喜丸、石蜜歡喜丸、蜜歡喜丸、舍俱梨餅、波波羅餅、曼提羅餅、象耳餅、餛飩餅、閻浮梨餅。持是餅向僧坊，六群比丘早起在門邊立，見已問言："持何等物？"答："種種帶鉢那餅，所謂胡麻歡喜丸、石蜜歡喜丸、蜜歡喜丸、舍俱利餅、波波羅餅、曼提羅餅、象耳餅、餛飩餅、閻浮梨餅。"六群比丘言："我欲行去，先與我等胡麻歡喜丸、石蜜歡喜丸、舍俱梨餅、波波羅餅、曼提羅餅，汝持象耳、餛飩，持閻浮梨餅入與上座。"②

"曼提羅"餅在《摩訶僧祇律》卷第二九中又寫作"曼坻羅餅"：

> 如《本生經》中說。餅者，大麥餅、穬麥餅、小麥餅、米餅、豆餅、油餅、酥餅、摩睺羅餅、鉢波勒餅、牛耳餅、波利斯餅、芻徒餅、曼坻羅餅、歡喜丸、肉餅，如是比一切皆名餅。除肉餅、賓荼餅，餘一切餅，非別眾食、非處處食、非滿足食，是名餅法。③

雖然我們在經疏中沒有找到關於"曼提羅"（曼坻羅）餅的解釋，但相信其應該即"饅頭"的最初讀音。

這兩件佛經均翻譯較早，翻譯者屬同時代人。前者由後秦弗若多羅與鳩摩羅什（344—413）翻譯，後者由佛陀跋陀羅與法顯（334—420）翻譯，時間稍晚於束晳（261—300）。如何解釋這種現象呢？是翻譯者受了中原原有食物名物的影響，還是在這之前作爲外來食物的名物就已經傳入內地了呢？這就要對佛經當中與當時其他史籍中出現的相同食物名稱作一對比。

---

① 高啓安《"餅"源"胡"說——兼論數種麵食名稱的起源》，載《絲綢之路民族古文字與文化學術討論會文集》，第506~534頁。
② [後秦] 弗若多羅、鳩摩羅什譯《十誦律》卷三四，《大正新修大藏經》第23冊，臺北：新文豐出版有限公司，1983年，第249頁。
③ [東晉] 佛陀跋陀羅、法顯譯《摩訶僧祇律》卷二九，《大正新修大藏經》第22冊，第463頁。

經檢索，佛經中還出現了髓餅、捻頭①、蒸餅、歡喜丸②、餢飳等。它們都是已經在漢地流行的餅類食物。《大使咒法經》云：

謝法以水摩地作壇，作二肘壇圓如盤大亦得，取蒸餅五個、蘿蔔三顆，燒令熟，有花著華，並燒白膠香薰陸等安於壇中，咒入壇西面向東坐，誦大自在天咒一百八遍已。云慚愧好去。如是語已，壇中雜物盤盛，出門向西弃却……
尅相好安女手擎歡喜丸，男手把蒸餅，男左手身把女，女右手把男，以面相視，口鼻俱白似金剛形。然須有男女相：男象鼻長曲，女鼻微短，眼長身肥，皆如喜唉著拂稟衣。③

蒸餅之名最早也出現在《釋名》當中，《大使咒法經》出現其名，應與髓餅一樣，菩提流支也是按照與漢地相同食物的性質而意譯該名。學界均認同西亞古代小麥粉食文化中，其小麥粉食餅類（麵包）烹熟方式中没有蒸作，只有"烤制"④。

從以上佛經諸種食物得名情况看，佛經中食物名稱的翻譯有三種情况：一種是以漢地性質相似食物而借用其名；一種是直接音譯，如"波波羅""摩睺羅餅""鉢波勒餅""波利斯餅""芻徒餅""舍俱梨餅"，"曼提羅"亦應屬此類；第三種是意譯，如"歡喜丸""牛耳餅""象耳餅""肉餅"等。

"曼提羅"或"曼坻羅"，中古時期可擬音爲 [mantil]；"饅頭"，中古時期可擬音爲 [mandul]。饅頭之"頭"，度侯切，又寫作"餖"，中古音各人所擬稍有差别。高本漢擬音 [d'u]，王力擬音 [do]，鄭張尚芳擬音 [doo]，李桂芳擬音 [dug]，潘悟雲擬爲 [g-loo]。

日本學者也認爲"饅頭"一詞來自梵語。日吉良一在《たべものの語源》中謂："一個説法是饅頭的語源是梵語的'マンター'，是一种將小麦麵粉用牛奶和合後制作的圓形餜食。从印度傳入中國後讀作'饅頭'，传入日本後讀作'マンジュ

---

① 《玉篇》："䭾，乃帖切，䭾頭也。"實即敦煌文獻中"餂頭"的異寫。
② 關於"歡喜丸"，筆者已有專文論述，指出"歡喜丸"爲意譯。原爲印度等地的一種食物，有催情的藥物在內，故名。見高啓安《絲路名點"歡喜丸"鈎沉》，《絲路文明》第一輯，上海：上海古籍出版社，2017年，第169~180頁。
③ 南天竺菩提流支譯《大使咒法經》，《大正新修大藏經》第21册，第300~301頁。
④ 王仁湘《飲食與中國文化》："值得提到的是，蒸法是東方烹飪術所特有的技法，它的創立已有不下6000年的歷史。西方古時烹飪無蒸法，直到當今，歐洲人也極少使用蒸法。像法國這樣在烹調術上享有盛譽的國家，據説廚師們連'蒸'的概念都没有。"（王仁湘《飲食與中國文化》，北京：人民出版社，1993年，第11頁）彭心慧"西アジアのコムギ文化（パン）と東アジアにおける中国のコムギ文化（中華麵食）の發展は各自の特徵がある。西アジア起源のパンにおける加熱方法は焼くという一種類で、中華麵食は単式と複式の加熱方法を合わせて、少なくても7種類（蒸す、煮る、揚げる、「煎」、焼く、「烙」、複式）がある。"（彭心慧《東亞文化衝突的歷史性研究——以麵包傳播爲中心》，第44頁）

ウ'."① 但作者没有揭示"マンター"的梵語還原及其来源。

松崎寬雄的《饅頭博物志》引用了日吉良一的説法："'饅頭'の語源はインドの梵語に'マンター'といって麦粉を牛乳で練って丸めた菓子があり、そらが支邦に伝わってマントウになり、に日本に入ってマンジュウになったという。"②

清水桂一編《たべもの語源辞典》在羅列了"饅頭"語源諸説後談到："他に、インドに'マンター'という麦粉を牛乳で練って丸くした菓子があり、それが中國に入ってマントウとなり日本に入ってマンジュウとなるとの説もある。"③

日本學者還探討了爲何"饅頭"傳入日本後，其讀音發生了變化的問題，即由"マントウ"變爲"マンジュウ"或"マンヂュウ"。一個説法是唐代的"頭"音，讀作［tɕiu］（ヂュウ）。④ 如果我們審視佛經中"曼坻罗"的讀音，那麼日語讀作"マンジュウ"就很好理解了。

該讀音是一個外來語，則該食物也是一種外來食品。原來就指一種烤炙的有餡類食物。在《十誦律》中被翻譯爲"曼提羅"，在《摩訶僧祇律》中又被譯作"曼坻羅餅"。"曼坻羅"就是"饅頭"的讀音。早期史籍又寫作"饅飿"⑤，直到宋代，尚有寫作"饅飿"者。如《夢粱錄》多次寫作"饅飿"："炙焦饅飿。"⑥ "細餡大包子、賣米、薄皮春繭、生餡饅飿、餕子、笑靨兒、金銀炙焦牡丹餅、雜色煎花饅頭、棗箍荷葉餅、芙蓉餅……"⑦

饅頭之"饅"，又寫作"曼""糮""麬"。《廣韻》："糮，糮頭餅也。饅，俗。"⑧《集韻》："饅、麬，饅頭餅也，或從麥。"⑨ 唐人段公路《北戶錄》卷二："曼頭餅，《齊民要術》書上字；束晳《餅賦》作'糮頭'字。"⑩

"糮"字從米旁，顯示中原在小麥粉食傳入前已有米粉蒸作食。這是西方烤製的小麥粉食傳入中原後出現蒸作方式的前提。諸音韻字詞典籍已然注意到"饅"字的演變軌跡，今日之"饅"在早期被認爲是俗字。唐人徐堅《初學記》謂："曼頭，范汪祠制曰：夏薦下乳餅、膴；孟秋下雀瑞；孟冬祭下水引。盧諶《祭法》曰：春祠用曼頭、餳餅、髓餅、牢丸；夏秋冬亦如之；夏祠别用乳餅；冬祠用環餅也。"⑪

---

① 日吉良一《たべものの語源》，東京：柴田書店，1963 年，第 191 頁。
② 松崎寬雄《饅頭博物志》，東京：東京書房社，1982 年，第 198 頁。
③ 清水桂一編《たべもの語源辞典》，東京：東京堂，1980 年，第 283 頁。
④ 清水桂一編《たべもの語源辞典》，第 283 頁。
⑤ ［明］方以智《通雅》卷三九，第 474 頁。
⑥ ［宋］吳自牧《夢粱錄》卷一三，北京：中國商業出版社，1982 年，第 111 頁。《四庫》本作"饅飿"，今本多改寫爲"饅頭"。
⑦ ［宋］吳自牧《夢粱錄》卷一六，第 137 頁。
⑧ 周祖謨《廣韻校本》卷一，北京：中華書局，1980 年，第 128 頁。
⑨ ［宋］丁度等編《集韻》，上海：上海古籍出版社，1985 年，第 149 頁。
⑩ ［汉］楊孚等《异物志·北户录》，《叢書集成初編》，上海：商務印書館，1936 年，第 30 頁。
⑪ ［唐］徐堅等《初學記》卷二六，北京：中華書局，1962 年，第 642～643 頁。

"亥日:荀氏《四時列饌傳》曰:春祠有曼頭餅,夏祠以薄夜代曼頭,無能作以白環餅,《雜五行書》曰:十月亥日食餅,令人無病。"① 顯然,這是因爲該食物傳入中土以後,書寫者據音擬字各不相同,遂寫作不同的字,直到後來,才逐漸統一爲"饅頭"。這種據音擬字的方式,與"餺飥""餺䭔""餺飩"的書寫擬字過程完全相同。

"饅頭"從盧諶《祭法》起,就被列爲四時祭祀之供物,實際可能要早於晋代。而下揭高臺魏晋墓葬中出現的蒸作食物圖像,應該也表達了作爲祭品的用意。我們知道,祭祀所用供獻食物均爲當時最精美之食物,因此,蒸作食物在一段時間内取得了作爲祭品的資格,這是小麥粉餅食在中土取得正統地位的體現。而其數量據云與今河西人喪事上蒸盤數量相同(高臺一帶爲 7 枚,近代各地喪事送盤蒸餅數量不同,筆者所知有 7、8、12 個數之别),可見爲千年定俗。

"饅頭"的發展也經歷了一個從有餡類食物到没有餡的過程。史料曾記載早先的饅頭有餡,直到宋代猶存:"譬如吃饅頭,只吃些皮,元不曾吃餡,謂之知饅頭之味,可乎?"② "仁宗誕日,賜群臣包子,即'饅頭'。"③

三、饅頭的圖像資料

饅頭的圖像資料疑似者最早出自東漢至魏晋時期的鬼灶上。一些鬼灶灶臺上出現了圓形或方形盤中裝盛圓鼓體或橢圓體食物的模印圖像(圖 3、圖 4④),似亦與此類食物相關。但由於没有更多的史料予以證明,我們謹慎地認爲那或許就是饅頭。

圖 3　　　　　　　　圖 4

其二,在東漢魏晋時期蜀地出土的一些庖厨俑上,有類似的圓鼓形食物,一些學者認爲是"饅頭"。如圖 5、圖 6:

---

① [唐] 徐堅等《初學記》卷二六,第 643 頁。
② [宋] 黎靖德編,王星賢點校《朱子語類》卷三二,北京:中華書局,1986 年,第 822 頁。
③ [明] 方以智《通雅》卷三九,第 474 頁。
④ 兩鬼灶爲筆者收藏。采集於甘肅隴東、河西。

圖 5① 　　　　　　　圖 6②

由於水果類形狀亦爲圓形，極易與饅頭混淆。但庖廚操作案上不應出現水果，因此，我們認爲其爲蒸餅或饅頭的可能性較大。

其三，河西魏晉十六國時期墓葬磚畫中可信的蒸作食物圖像。

圖 7 　　　　　　　圖 8

圖 9 　　　　　　　圖 10

---

① 中間小盤上爲圓鼓形食物，不辨其爲水果還是麵食，解説謂"點心"。周圍是耳杯。現藏四川省博物館，重慶忠縣塗井崖出土。劉軍麗提供。

② 究竟是水果還是食物，難以定論。考慮到庖廚在几案上操作，爲食物的可能性大一些。1981年出土於重慶忠縣塗井崖（河南博物館編《大三國志展》，2010年，第64頁，第二單元第6圖）。

圖 11①　　　　　　　　　　　　　圖 12②

　　圖 12 畫像磚兩個長方形木案上高壘的食物爲蒸食。賈小軍認爲："在河西魏晋壁畫墓中，類似上述胡餅、饅頭的食物都有出現。據《嘉峪關壁畫墓發掘報告》，嘉峪關新城 1 號墓、3 號墓、5 號墓壁畫中，都有形似饅頭的圓錐形食品。"③

圖 13④　　　　　　　　　　　　　圖 14⑤

圖 15⑥

---

①　圖 7 至圖 11 五塊畫像磚出自高臺。館藏號分別爲：705（駱駝城南墓群）、720（駱駝城南墓群）、771（駱駝城南墓群）、1941（許三灣東墓群）、2029（駱駝城苦水口 1 號墓）。圖片由寇克紅先生提供，據他講，至今河西一些地方祭祀祖先或辦喪事時，供盤上仍是 7 個饅頭。因此，他們均肯定這些高足盤（豆）上的食物爲饅頭。

②　嘉峪關魏晋 1 號墓畫像磚。張寶璽攝影，胡之編選《甘肅嘉峪關魏晋一號墓彩繪磚》，重慶：重慶出版社，2000 年，第 1 頁。

③　賈小軍《魏晋十六國河西社會生活史》，蘭州：甘肅人民出版社，2011 年，第 239 頁。

④　嘉峪關 5 號墓上食圖。第一個女性手端一圓形盤，盤中高壘某種食物疑似蒸作食物。張寶璽攝影，胡之編選《甘肅嘉峪關魏晋五號墓彩繪磚》，第 37 頁。

⑤　嘉峪關 4 號墓上食圖。一女性右手端一圓盤，盤中盛放疑似蒸作食物，其腰間拴擊一繭形壺。據前人研究，其繭形壺爲裝盛調味料之用。張寶璽攝影，胡之編選《甘肅嘉峪關魏晋四號墓彩繪磚》，第 2 頁。

⑥　嘉峪關 5 號墓上食圖。一女性右手端一圓盤，盤上高壘疑似蒸作食物。張寶璽編《嘉峪關、酒泉魏晋十六國墓壁畫》，蘭州：甘肅美術出版社，2001 年，第 122 頁。

其四，敦煌壁畫中有幾十幅與飲食相關的圖像，其中莫高窟第 61 窟就有 6 幅信眾上山前往供養或還願的圖像，都是男性手擎大盤，盤中高壘圓鼓形蒸食。①

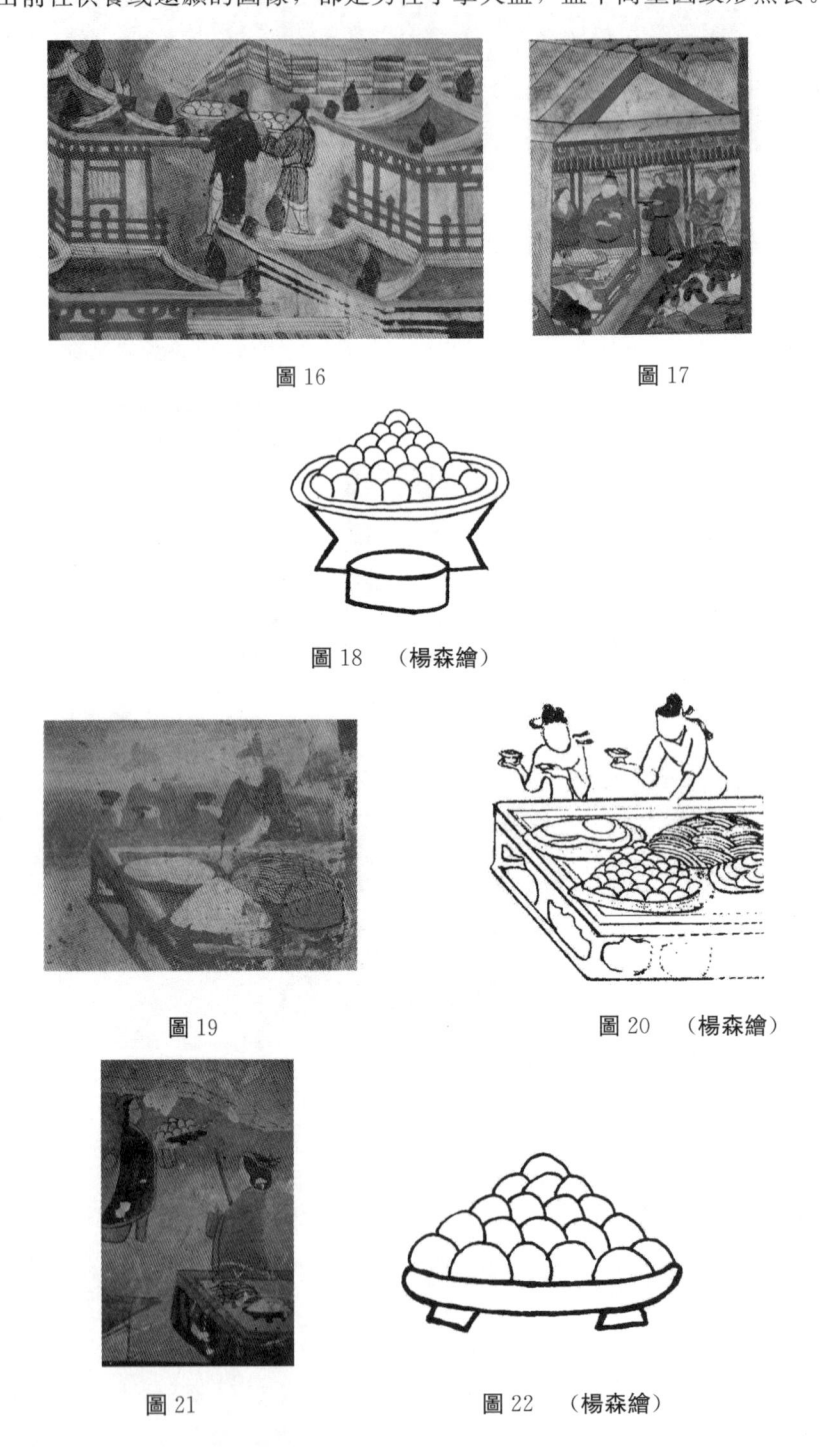

圖 16　　　　　　　　圖 17

圖 18　（楊森繪）

圖 19　　　　　　　　圖 20　（楊森繪）

圖 21　　　　　　　　圖 22　（楊森繪）

---

① 莫高窟第 61 窟《五臺山圖》中端盤上供、還願圖像，共六幅。其中第一件放大後甚至可以看到饅頭似桃，應該是無餡的蒸食。以上 61 窟圖采自敦煌研究院製作的數字化高清晰圖像，楊富學提供。

圖 23①

圖 24　（楊森繪） 　　　圖 25　（楊森繪）

敦煌文獻 S.0259V 有一幅宴飲草圖，可以清楚地看到食床上擺放的食物當中有蒸食：

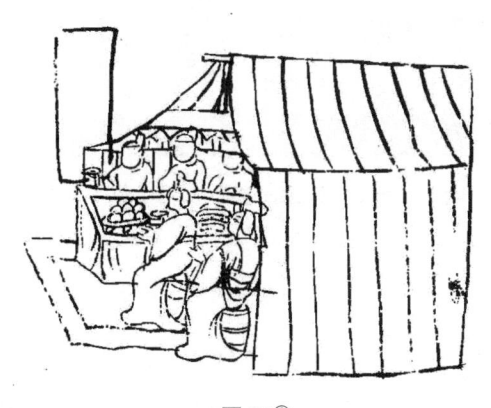

圖 26②

敦煌壁畫中的蒸作食物圖亦當有兩種，一種爲無餡的蒸餅，如第 61 窟《五臺山圖》中的上供食物；另一種可能爲有餡的饅頭（今俗稱"包子"），如婚禮上、齋僧飲食中所列，應該爲有餡的蒸食（P.3231 僧食中有"菜模子"一物）。

---

① 以上未注敦煌壁畫圖均采自譚蟬雪《敦煌石窟全集》第 25 册，上海：上海人民出版社，2001 年。
② 中國社會科學院歷史研究所等合編《英藏敦煌文獻》第 1 册，成都：四川人民出版社，1990 年，第 91 頁。

筆者在研究敦煌飲食時曾經引用藏經洞出土文獻，當時敦煌將素餡的蒸食稱作"菜餅"或"菜模子"①。可見，有餡的蒸作食物在各地還有一些不同的稱謂。

至宋代，墓葬壁畫中出現了蒸作包子和無餡饅頭的圖像，"包子"一名開始出現在史料中：

圖 27　湖北襄陽宋墓庖厨綫描圖②　　圖 28　巴林左旗遼代墓葬備宴圖③

圖 29　陝西寶雞寨子嶺村宋墓壁畫備宴圖

餘　論

無論"饅頭"還是"蒸餅"，都屬蒸作食物，而中亞、西亞等地，古代食物均爲烤製。既然"饅頭"一詞爲外來語，那麼小麥麵粉發酵類烤製食物與中國的蒸作食物爲何是同一個名稱呢？這應該和小麥粉餅類食物傳入初期得名方式有關。餅類食物傳入中原後，與中原傳統的蒸作方式相結合，雖然加工方式改變了，但仍然保

---

① 高啓安《唐五代飲食文化研究》，北京：民族出版社，2004 年，第 120~121 頁、第 159 頁。
② 襄陽市文物考古研究所《湖北襄陽檀溪宋代壁畫墓》，《文物》2015 年第 2 期，第 33~43 頁，圖二一，M196 庖廚圖局部。
③ 孫建華編著《内蒙古遼代壁畫》，北京：文物出版社，2009 年，第 121 頁，圖 12，敬食圖局部（摹本）。

留了原來的音譯名稱,只不過在發展過程中,中原人根據自己的理解增加了一個義符,使之看上去更像食物名稱。如,敦煌有一種食物,叫"蒸胡食"①,名稱頗有意思:"胡食"道其來源,"蒸"是改其加工方式。宋人周密《癸辛雜識》亦列有一物,名"蒸糊"。吕叔湘先生認爲:"米麵之粉,以水調和曰糊;蒸糊仍即饅頭。"②恐未確。"蒸糊"應即"蒸胡食"。還有一種食物稱爲"胡餑飿"③,"餑飿"即"餢飳",同音異寫,本爲胡食,該食物傳入漢地後,加工方式或形狀有所改變,而原有者被加一"胡"字,非常形象地反映了胡食在傳入過程中得名的狀況。

其實,這種經發酵的有餡類食物,加工方式改變後,除了保留音譯的"饅頭","蒸餅""籠餅""籠炊""麵起餅""起膠餅""炊餅"乃至到後來的"包子",都是在逐步中國化的歷程中,不同地方所顯示的不同名稱。

無論有餡還是無餡,無論叫"蒸餅"還是叫"饅頭",在製作過程中麵粉都應發酵。這也就是前揭史料中所記載的"麵起餅"或"起膠餅"得名之關鍵。韋巨源《食單》所記一種"婆羅門輕高麵",應即爲發酵後製作的蒸餅類食物。發酵技術公元前4000年即在埃及出現,而後希臘等地也已有該技術。④ 古代埃及拉姆西斯三世墓葬中有製作發酵麵包場面的圖畫。中國的發酵技術先秦時也已有記載。

關於傳入的時代,東漢劉熙《釋名》中雖然未列"饅頭"一詞,但已有蒸餅。由當時已流行的"胡餅"推知,"蒸餅"("蒸餅"爲漢語化的名稱,已由傳來地的烤炙改爲蒸作)傳入時代應和胡餅差不多。如果三國時期庖廚俑上的食物確非水果,則當時從西方傳入的就不只是胡餅,還包括蒸餅、䭔䭘、餢飳、餺飥、髓餅,《餅賦》中的薄特(史籍或訛寫爲"薄壯""薄夜""薄持""薄扞""薄衍"等,應爲"薄特"的形似而誤⑤,"薄特"即"餺飥"或"餢飳"的同音異寫)、豚耳、狗舌,極有可能也是意譯或受其影響所起的名稱(佛經中有"象耳餅")。

(本文寫作中曾請教李正宇先生相關古音問題;楊富學先生、劉軍麗女士提供了部分圖片。並致謝意!)

---

① 高啓安《唐五代飲食文化研究》,第164頁,名稱出自P. 2744文書。
② 吕叔湘《吕叔湘文集》第九卷,瀋陽:遼寧教育出版社,2002年,第111頁。
③ 高啓安《唐五代飲食文化研究》,第159頁。名稱出自S. 1366。
④ 1976年,瑞士比拉(PorlaIban)湖畔的"トウワン"(Twann)遺址出土了迄今最早的發酵麵包類食物,距今約5000年。舟田詠子《パンの文化史》,大阪:朝日新聞社,1998年,第73頁。
⑤ 高啓安《"餅"源"胡"説——兼論數種麵食名稱的起源》,載《絲綢之路民族古文字與文化學術討論會文集》,第506~534頁。

"Mantou" is a foreign word
—Discussion on the naming of "Mantou"

Qian Gao

Abstract: The food "Mantou" was in accordance with the way of terminology on the introduced food in the central plains of China. In the Buddhist scripture *Shisonglv* there was a food named as "Mantiluo" and in *Mokesengzhilv* it was read as "Mantiluobing", which are quite similar to "Mantou" in pronunciation. In addition, it is pronounced similarly as "Manta" in Uighur language and Uzbek language, "Mantou" in Kirgiz language and "Manti" in Kazak language. "Mantiluo" originally meant food with fillings. As introduced into China, it had evolved into many different kinds, such as "Longbing", "Yuzhu", "Guanjiang", "Mianqibing", "Longchui", "Qijiaobing", "Baozi". The earliest image of Mantou has been found on Guizao, unearthed from the tomb in Han and Wei dynasties. The images of Mantou were also frequently found in Wei and Jin dynasty' tombs in the Hexi area as well as in Dunhuang frescoes.

Key words: Mantou, The word, Foreign word

［高啓安，蘭州財經大學教授，中國敦煌吐魯番學會理事］

1980年以來國内排印本寶卷整理出版的現狀和展望[*]

尚麗新　王書麗

提　要：寶卷是繼唐五代敦煌手寫卷子之後，另一批大量保存下來的民間文獻。寶卷文獻的整理是寶卷研究的基礎。排印本寶卷的產生、發展與學術潮流和社會文化的變遷有關。1980年以來國内寶卷文獻整理中的南北排印本寶卷中存在定位模糊、整理過度、體例失當問題，已經不能滿足寶卷研究和寶卷文化普及的需求。排印本寶卷的整理必須客觀呈現寶卷的原貌，必須精選善本作爲底本，要對各卷的版本情況、故事内容、形式特點、自身特色加以説明，要特別關注方言、俗字，同時盡量多地呈現活態表演的元素，且在編排分類上要體現當地寶卷文化的特色。隨着社會、文化和學術的變遷，排印本寶卷的前景亦會越來越多元。

關鍵詞：寶卷　"非遺"　寶卷文獻　排印本寶卷

引　言

車錫倫先生認爲：中國寶卷是在宗教（佛教、明清民間宗教）和民間信仰活動中，按照一定的儀軌演唱的一種説唱文本。在中國文化史上，寶卷及其演唱活動已經延續發展了近八百年，其間經歷了佛教寶卷、教派寶卷和民間寶卷三個時期。它既是宗教和民間信仰的文化產物，同時也記録着民衆的哲學、歷史、宗教、文學、社會、政治觀念和活動，是繼唐五代敦煌手寫卷子之後，另一批大量保存下來並繼續活態存在的民間文獻。[①]

從20世紀20年代起，顧頡剛、鄭振鐸、向達、孫楷第、趙景深等諸位先生篳

---

[*] 本文爲國家社科基金重大項目"民間寶卷文獻集成及研究"（19ZDA286）階段性成果。
[①] 車錫倫《中國寶卷研究》，桂林：廣西師範大學出版社，2009年，第50頁。

路藍縷，開創了寶卷研究的新天地。經過幾代學者的不懈努力，已經積累了一批有價值的研究成果。尤其從 20 世紀 80 年代起，學術界越來越重視寶卷的研究。2005 年以來，有些地區的民間宣卷和寶卷被納入全國和各級地方的"非物質文化遺產"名錄，得到發掘和保護。寶卷的學術研究也因此更爲活躍。

不過寶卷研究中的諸多根本性問題仍然亟待解決，突出表現在寶卷文獻的整理之上。寶卷研究離不開寶卷文獻和活態的寶卷表演活動，近年來的"非遺"保護和寶卷研究的重點都偏重於寶卷表演活動，對於寶卷文獻的搜集、整理和研究明顯投入不夠。寶卷文獻散落各地，較普通古籍更爲難得，研究者基本上是依靠個人的搜集、個別單位的寶卷收藏和出版的寶卷集展開研究的。寶卷獲取多有不便，出版的寶卷集也存在諸多問題。

目前國內已出版的寶卷文獻可分爲影印和排印兩大類。影印出版的寶卷總集主要有《寶卷初集》、《明清民間宗教經卷文獻》及《續編》、《中國宗教歷史文獻集成·民間寶卷》、《中華珍本寶卷》、《中國民間寶卷文獻集成·江蘇無錫卷》等。影印本寶卷成本頗高，收錄有限，未能收入近年發現的未入編的珍貴寶卷，例如 20 世紀 50 年代俗文學家搶救下來的爲個人和某些單位收藏的大量南北各地民間寶卷。相比影印本，排印本的成本則低得多。從 20 世紀 80 年代至今，各地（主要集中在河西走廊和吳方言區）陸續出版的排印本寶卷集或單篇有 30 多種，如《酒泉寶卷》《金張掖民間寶卷》《山丹寶卷》《臨澤寶卷》《中國·靖江寶卷》《中國·河陽寶卷集》《中國·沙上寶卷集》《中國常熟寶卷》《中國·同里宣卷集》等。不過，比起影印本寶卷的成本高、收錄少，排印本寶卷中的問題更多，以下具體來談。

一、南北排印本寶卷現狀

筆者所知見的從 20 世紀 80 年代至今出版的排印本寶卷有以下 30 多部，按出版或公開時間的先後排列如下：段平編《孟姜女哭長城：河西寶卷選》（蘭州大學出版社 1988 年版），《中國民間曲藝文學集成·甘肅卷·嘉峪關市資料本》（甘肅省嘉峪關市群眾藝術館編印），江蘇省民間文學集成辦公室、靖江縣民間文學集成辦公室 1988 年編《三茅寶卷》（内部資料），《中國曲藝志·中國曲藝音樂集成·甘肅卷·張掖分卷》（甘肅省張掖地區文化處編印），郭義編《酒泉寶卷》上編（甘肅人民出版社 1991 年版），揚州市民間文藝家協會、靖江縣民間文學集成辦公室 1991 年編《大聖寶卷》（内部資料），方步和整理《河西寶卷真本校注研究》（蘭州大學出版社 1992 年版），段平編《河西寶卷選》（新文豐出版公司 1992 年版），段平編《河西寶卷續選》（新文豐出版公司 1994 年版），酒泉市文化館 2001 年編印《酒泉寶卷》中、下編，靖江市文化局 2001 年編印《靖江寶卷·聖卷選本》，何登煥編《永昌寶卷》上、下册（永昌文化局 2003 年版），西涼文學編輯部編《涼州寶卷·

民歌》(《西涼文學增刊》2003年)，靖江市文化局2003年編印《靖江寶卷·草卷選本》，程耀禄、韓起祥編《臨澤寶卷》(張掖市臨澤縣華光印刷包裝有限責任公司2006年印刷)，張旭編《山丹寶卷》(甘肅文化出版社2007年版)，徐永成編《金張掖民間寶卷》(甘肅文化出版社2007年版)，王奎、趙旭峰編《凉州寶卷》(甘肅武威天梯山石窟管理處2007年版)，梁一波編《中國·河陽寶卷》(上海文化出版社2007年版)，尤紅編《中國靖江寶卷》(江蘇文藝出版社2007年版)，李忠編《玉連環：錦溪宣卷》(上海人民出版社2007年版)，余鼎君編《余氏佛祖寶卷》(中國文史出版社2007年版)，宋進林、唐國增編《甘州寶卷》(中國書畫出版社2009年版)，高國藩、余鼎君主編《和諧常熟寶卷》(東亞文化出版社2009年版)，甘肅省民樂縣政協2009年編印《民樂文史資料·民樂寶卷（精選）》，王學斌編《河西寶卷集粹》(中國人民大學出版社2010年版)，俞前編《中國·同里宣卷集》(鳳凰出版社2010年版)，余鼎君編《余慶堂藏本選》(内蒙古人民出版社2010年版)，中共張家港市錦豐鎮委員會等編《中國沙上寶卷集》(上海文藝出版社2011年版)，何國寧編《酒泉寶卷》(甘肅文化出版社2011年版)，高德祥編《敦煌民歌·寶卷·曲子戲》(中國圖書出版社2011年版)，王吉孝編《寶卷》[准印證號：甘出准063字總780號（2013）015號]，王國良講述、整理《火龍王昇天記》(江蘇人民出版社2013年版)，徐兆格、鄭金開整理《仙姑寶卷》(平陽縣文化廣電新聞出版局2013年版)，劉正坤講述、整理《玉蟬女十二美》(古吴軒出版社2014年版)，常熟市文化廣電新聞出版局編《中國常熟寶卷》(古吴軒出版社2015年版)，介休市文化局2016年編《介休寶卷》(内部資料)。此外，尚有筆者未能目驗、作爲内部資料的排印本《常州寶卷》①，以及李正中所編《中國寶卷精粹》和趙旭峰主編《凉州小寶卷》。李正中《中國寶卷精粹》(臺北蘭臺出版社2010年版)在大量影印寶卷中雜有《佛説李公子救蛇寶卷》《佛説宋四大鬧禁張寶卷》《佛説簡帖僧寶卷》《佛説司馬貌鬧陰司寶卷》《佛説張古老種瓜娶文女寶卷》五種排印標點寶卷，殊爲可疑。②趙旭峰主編《凉州小寶卷》(中國文聯出版社2010年版)是否爲寶卷尚有疑問，"小寶卷"一名爲趙旭峰所創，當地實稱之爲"道歌子"。

從上述所列排印本寶卷可見其若干特點，我們總結爲四點：

第一，從發展歷程上來看，可以分爲"非遺"前和"非遺"兩個時段。"非遺"前，排印本寶卷的搜集出版是在編輯民間文學集成、民間曲藝集成的大背景之下展開的，各市、縣的文化部門是主力軍。2005年以來，一些地區的寶卷被納入全國

---

① 此種《常州寶卷》筆者未見，大約爲文化局所編，發行時間應在包立本、韋中權主編的影印本《常州寶卷》(珠海出版社2010年版)之前。

② 這五種寶卷改編自話本小説，僅見於《中國寶卷精粹》，殊爲可疑。

和各級地方的"非物質文化遺產"名錄，被發掘和保護；寶卷的學術研究開始升溫，寶卷文獻的整理和出版也因此活躍。"非遺"前，排印本寶卷集整理和出版集中在甘肅河西走廊和江蘇靖江，隨着"非遺"熱的升溫，整個吳方言區迅速成爲整理出版排印本寶卷的熱點地區。2007年是標志性的一年，是排印本寶卷出版的高潮期，這一年出版了五部地方性寶卷集《山丹寶卷》《金張掖民間寶卷》《涼州寶卷》《中國·河陽寶卷》《中國靖江寶卷》。

第二，所有的排印本寶卷集都有鮮明的地域性，總體上可劃分爲甘肅河西和江浙吳語區兩大區域。這兩大區域也是目前全國範圍內存在寶卷活態表演最多的區域，也是寶卷研究最活躍的地區。

第三，從編選形式來看，可分爲單篇、合集、選集三種。單篇如《三茅寶卷》《大聖寶卷》《仙姑寶卷》。合集即與其他民間文藝形式合編本，如李忠主編的《昆山民族民間文化精粹·文藝卷》選入錦溪宣卷的《玉連環》，《中國民間曲藝文學集成·甘肅卷·嘉峪關市資料本》《中國曲藝志·中國曲藝音樂集成·甘肅卷·張掖分卷》中僅選錄幾種寶卷。選集一般以地域命名，既有較大區域範圍內的寶卷選本，如方步和《河西寶卷真本校注》，段平《孟姜女哭長城：河西寶卷選》（蘭州大學出版社）、《河西寶卷選》（新文豐出版公司）、《河西寶卷續選》；亦有小區域的選本，如《民樂寶卷（精選）》《中國靖江寶卷》等。地域性的選集之外，還有宣卷人自選自編本，如常熟宣卷先生余鼎君所編《余慶堂藏本選》收錄《千聖小王寶卷》《雙忠寶卷》等9種寶卷，靖江佛頭王國良整理的《火龍王升天記》收錄4種聖卷、7種科儀、17種草卷，靖江佛頭劉正坤整理的《玉蟬女十二美》收錄2種聖卷、5種草卷。

第四，已出版的排印本寶卷集良莠有別、水準不一。一般來說，學者參與度較高的排印本寶卷集的學術水準相對會高一些，如《河西寶卷真本校注》是在方步和先生指導學生深入民間搜集資料、選擇善本、仔細錄入的基礎上完成的。《河西寶卷真本校注》說明了所收錄寶卷的版本情況，且在方言和一些難懂之處加了注釋。除了"校注"，又加了"研究"，雖然今天看來多有可商榷之處，但在當時，"研究"確實可以說是"校注"進一步深化的產物。再如《中國常熟寶卷》依照素卷、葷卷、冥卷、閑卷、科儀卷分類編排，恰如其分地體現了常熟寶卷的信仰特點。學者編選之外，宣卷先生自編自選的寶卷集也非常有特色，入編的寶卷都是宣卷先生宣演過的，還有少部分是宣卷先生的新編本。宣卷先生深諳宣卷之道，能選卷、編卷的先生文化水準不會低，故而宣卷先生的選編本通常是宣卷文化的精華。例如余鼎君對選入《余慶堂藏本選》的每部寶卷都說明其改寫、創作情況，對常熟方言也加了注釋，書末《略說常熟現在的寶卷與宣講》一文確爲方家之言，非個中人不能道出。同樣，靖江佛頭劉正坤在其編選的寶卷集《玉蟬女十二美》中加了附錄，詳細解釋靖江人"爲什麼要做會""老岸上的請佛""東沙的上茶""陽間的鋪堂""老人的明路""佛頭的切口""度關""懺悔文"。最爲遺憾的是,地方文化部門整理的大多數排印本寶卷集都停留在簡單的文本録入水準,對收録寶卷的版本情況不加介紹,校勘上爲了字句的通順不惜擅改底本,對地域特點、表演特點也缺乏說明,而這類寶卷集恰恰是數量最多的。

總之,雖然目前出版(或公開)的排印本寶卷總體水準偏低,在學術價值上要低於影印本寶卷,但排印本寶卷爲社會各界認識寶卷提供了很好的範例,對於普及寶卷文化有非常極積的意義。在地方性寶卷文獻尚不能通過圖書館等公共渠道獲得時,排印本寶卷尤其是高水準的排印本寶卷在客觀上也爲寶卷研究工作提供了便利。

二、南北排印本寶卷存在的問題

要探討排印本寶卷中存在的問題,首先需要解決什麼是寶卷、什麼是寶卷善本這兩個最根本的問題。劉曉蓉、張建强《論寶卷對孝道文化的弘揚——基於湘西寶卷的田野調查》一文中提到湘西有寶卷 100 種 2000 多册[1],筆者雖未親睹,但從其文中所引《香山法懺》《佛門香山金案科》《佛門香山寶卷正副案科》《元始説十重報恩真經》《十重孩兒十重恩》這些名目來看,很難判定其必爲寶卷。佛道二教的經書和科儀哪些是寶卷,哪些不是,這是一個非常棘手的問題。例如《中國河陽寶卷》收入了《朝真斗》的科儀,它究竟是不是寶卷,這需要田野調查才能確定。當地宣卷做會時有道士介入,道士在法會上做了《朝真斗》的科儀,所以《朝真斗》會混入寶卷之中。那麽,道士是在什麼情況下介入的呢?是誰請道士來的?道士和他的科儀在當地的宣卷做會中占多大比例?如果二者是真的融合了,那就要仔細看看是如何融合的;如果只是講經先生這邊人手不夠臨時喊幾個道士過來充充數,那就可以將《朝真斗》之類的科儀排除在外。由於近年來寶卷大熱,被稱爲"寶卷"的文獻有很多,至於是不是真寶卷,必須進行實事求是的調查。

寶卷善本的判定至今尚無定論。我們無法拿通行的古籍善本的標準來衡量寶卷。寶卷善本的標準是多元的。就筆者目前接觸到的卷子來看,北方民間寶卷中早期的(個别明代的、大量清代的)卷子多一些,而吴方言區則新抄的卷子多,兩個地區的善本並不能用統一的標準。而且,同樣是北方民間寶卷,有的是因爲時代古老而珍貴,有的是因爲内容全面和出錯少而珍貴,有的則恰恰是因爲抄得錯誤百出而珍貴。例如筆者見到的清末山西抄本《房四姐還魂寶卷》,錯别字極多,但恰恰

---

[1] 劉曉蓉、張建强《論寶卷對孝道文化的弘揚——基於湘西寶卷的田野調查》,《懷化學院學報》2017年第 10 期。

反映了一些時代和地域的特殊信息。在整理寶卷的過程中，選擇什麽樣的"善本"要具體問題具體分析，可能要等到將來寶卷文獻的研究成熟之後，才能給寶卷善本定標準、下定義。

在充分了解寶卷文獻和寶卷版本的複雜性之後，即可對20世紀80代至今出版的排印本寶卷中的問題進行更深入的探討。我們將這些問題歸納爲定位模糊、"整理"過度、體例失當三個方面，以下分而述之。

(一) 定位模糊

早在1998年，車錫倫先生就提出"精選善本、彙編影印"的出版原則，他在《中國寶卷文獻的幾個問題》一文中特別强調："寶卷文獻的整理、出版，是一項嚴肅的科學性極强的工作。鑒於寶卷的文獻特徵及其研究價值，筆者認爲應以精選善本、彙編影印爲宜。"[①] 供學術研究的寶卷文獻應該影印出版，只有這樣，才能保存古本之真，才能保證提供給學術界的是真實可信的資料。不可否認，寶卷研究首選的是影印本寶卷。在找不到影印寶卷的前提下，才會退而求其次使用排印本寶卷。而且，能供學術界使用的排印本寶卷必須在版本和校勘上非常專業，没有版本信息的排印本寶卷是不能用於研究工作的。因此，整理出版排印本寶卷如果定位在爲寶卷研究服務上，那必須在版本校勘上下足功夫。

毫無疑問，車先生提出的"精選善本、彙編影印"的原則是站在寶卷研究的立場之上，而非站在普及寶卷文化的立場上。相比之下，排印本寶卷更適合定位在普及寶卷文化之上。這種普及可以針對不同的讀者群作調整。如果是針對學界相關領域的學者，排印本的學術含金量要增加；如果是針對普通讀者群，則可降低標準，適當引導即可。

從已經出版（或公開）的排印本寶卷來看，很多編選者没有明確的定位，急於展示當地的寶卷文獻，對於入編寶卷的版本來源、流傳情況不作説明，最多只作簡單介紹，把整理工作的重心放在文本的録入之上，這説明當地寶卷文獻的整理停留在一個比較原始的、粗放的階段。

(二) "整理"過度

寶卷是民間文化的結晶。它既是一種集音樂與文學於一體的講唱藝術，又是民間宗教信仰的表達方式，更是民間社會生存、生活方式的一個組成部分。可以説，它是民間娛樂、審美、教化、信仰和生活的凝聚和折射。寶卷文本最大的特點就是它的民間性。這種民間性決定了寶卷文本的精糙雜糅，不管是思想内容，還是字句形式，都是良莠共存。落後的思想、大量的錯别字這些寶卷中常見的糟粕亦是寶卷

---

① 車錫倫《中國寶卷文獻的幾個問題》，《文獻》1998年第1期，第242頁。

最真實的一面。如果明確是作新時代的寶卷的改編創作,那可以去粗取精,進行合理的刪改;但是,如果是整理而不是改編民間寶卷文獻,就一定要實事求是,盡最大可能保持寶卷的原貌,絕不能將原卷的民間文化信息"整理"掉。

(三) 體例失當

民間寶卷和宗教寶卷(或教派寶卷)是性質不同的兩類寶卷。目前出版(或公開)的排印本寶卷所編選的寶卷絕大多數是民間寶卷,但偶有宗教寶卷混入的情況。宗教寶卷的遺存往往與當地歷史上的教派發展有關,這類宗教寶卷是研究教派史和當地宗教信仰的寶貴材料。因此,宗教寶卷不是不可以入選,但一定要與民間寶卷分列,要有清楚的說明。

目前出版(或公開)的大部分排印本寶卷在編排上非常隨意,而且很多排印本都沒有分類。排印本寶卷中在編排上做得最好的要數《中國常熟寶卷》。《中國常熟寶卷》依照素卷、葷卷、冥卷、閑卷、科儀卷分類編排,恰如其分地體現了常熟的民間信仰特點。《中國·同里宣卷集》在手抄校點本之外又增加了口頭演唱記錄本,強調了活態表演中臺本的重要性。

《中國常熟寶卷》和《中國·同里宣卷集》在編排分類上進行了有益的探索,這是很具啟發性的。寶卷最鮮明的特點是民間性和地域性,每一區域內的寶卷都有自身的特點,排印本寶卷的編選者們在實事求是的前提下,應該能夠做到通過分類編排來體現區域特點。

針對以上問題,我們提出整理排印本寶卷集的原則和基本方法。原則是不做違背底本之真的"整理"——在字句上不為通順而擅改,在思想内容上不去其"糟粕",必須客觀地呈現寶卷的原貌。基本方法是:第一,精選善本作為底本,對底本的版本狀況要作詳細的說明,如有參校本,對參校本的版本情況也要加以說明。第二,民間寶卷通俗易懂,不需要詳加注釋,僅在個別比較特殊的地方出注即可。第三,每卷加"說明"對該卷詳加介紹,包括版本情況、故事內容、形式特點、自身特色等。第四,寶卷是民間地域文化,方言、俗字是最為明顯的地域標誌,有一定歷史的積澱意味,是難得的研究材料。因此,在條件允許的情況下,應該對寶卷中的方言、俗字做專門的梳理,加注釋或附表進行說明。此點,《河西寶卷真本校注研究》《中國靖江寶卷》《中國常熟寶卷》已經或多或少做到了。目前,學界對"俗字"缺乏嚴謹的界定,南北俗字系統的異同、俗字的歷史變遷這些問題也無從談起,排印本寶卷的整理工作中加入俗字的說明,無疑是嘉惠學林的善舉。第五,盡量多地呈現活態表演的元素。大多數的排印本寶卷都附有"曲調",《中國·同里宣卷集》中又增加了口頭演唱記錄本,各地可根據自身特點做調整。第六,在編排分類上要因地制宜,找出最能體現當地寶卷文化特色的分類編排方式。

三、排印本寶卷的前景

隨着"非遺"工作的不斷深入，寶卷也開始走進大衆的視野。寶卷本身是俗文化，而寶卷研究是知識階層的學者對草根文化的研究，研究的目的和結果肯定不是單向的知識階層對下層社會和文化的解讀，而應該是雙向互動。也就是說，要將寶卷這種民間文化還給大衆。從這個層面來看，排印本寶卷比影印本寶卷承擔着更大的責任。排印本寶卷是搭建在寶卷的科研和普及之間的橋梁。

從目前出版（或公開）的排印本寶卷集來看，小範圍區域内的寶卷總集最多，較大區域範圍内的寶卷選本只有方步和《河西寶卷真本校注》、段平《河西寶卷選》（蘭州大學出版社）、段平《河西寶卷選》（新文豐出版公司）、段平《河西寶卷續選》，全國範圍内的寶卷選集只有尚麗新編選的《寶卷叢抄》，全書60萬字，選取南北民間寶卷中富有特色和代表性的26種寶卷加以點校，且每卷後有"説明"對其進行客觀的鑒定和解讀。①《寶卷叢抄》爲民間寶卷文獻的整理提供了一批範本，同時亦站在普及寶卷文化的立場上，既面向學術界，也面向大衆，幫助社會各界對寶卷感興趣的人士建立科學的、客觀的認識。打破小的區域範圍，編選大區域範圍乃至全國範圍的寶卷選集，客觀呈現寶卷歷史和地域的變遷，應當是排印本寶卷發展的一個趨勢。

除寶卷選集之外，和排印本寶卷密切相關的一個問題是新時期寶卷的改編新創問題。南北寶卷中都出現了改編或者新創的寶卷。例如常熟寶卷中余鼎君爲了配合當地的民間信仰又新創了幾部寶卷，再如王學斌在《拂塵增彩、推陳出新——河西寶卷研究淺論》一文中提出了整理寶卷要做到"拂塵增彩""推陳出新"，要"創造性繼承，對原來寶卷版本中糟粕的部分予以剔除，保留並且研究了其中的精華部分"。②當然，不管是新編，還是"創造性繼承"，只要能扎根群衆、繼續"運載民衆的生存情感與價值觀念"，那它就還有理由在嬗變中存在，可以代表民間寶卷發展的新方向。

顯然，整理出版排印本寶卷與精選、彙編影印善本寶卷並不矛盾。二者的側重點不同，服務對象也不盡相同，一是爲科研與普及搭建橋梁，重在普及寶卷文化或復興寶卷，二是比較純粹地服務於寶卷研究；但二者又是殊途同歸，都是服務於寶卷文化，爲寶卷文化的發展提供最基本的資料。提高排印本寶卷的品質，使之更好地服務於寶卷的研究與普及是當務之急。

---

① 尚麗新《寶卷叢抄》，太原：三晉出版社，2018年。
② 王學斌《河西寶卷集粹》，北京：中國人民大學出版社，2010年，第10~11頁。

結　語

　　排印本寶卷的產生、發展與學術潮流和社會文化的變遷有關。20世紀二三十年代，隨着俗文學研究的推進，寶卷也受到關注，開始出現一些零星的點校整理。1924 年《歌謡》周刊的"孟姜女故事研究專號"連載了《孟姜仙女寶卷》（1915 年嶺南永裕謙刊本）。① 出版於 1938 年的鄭振鐸先生的《中國俗文學史》第十一章專論寶卷，摘錄了《藥師本願功德寶卷》（明嘉靖二十二年刊本）開卷部分、《目連救母出離地獄生天寶卷》（元末明初寫本）的下册、《銷釋萬靈護國了意至聖伽藍寶卷》（清初刊本）的第二品、《藥王救苦忠孝寶卷》（版本不詳）的第五分和第六分、《先天原始土地寶卷》（明末清初刊本）的第五至十一品。② 這一章末尾所列的參考書目中還有鄭先生編的《變文與寶卷選》，可惜該書未能面世。到了 20 世紀五六十年代，杜穎陶編《董永沉香》合集收有《沉香寶卷》（1873 年朱柏尤本）的校訂本③，路工編《孟姜女萬里尋夫集》收有《孟姜仙女寶卷》（上海翼化堂1912 年刻本及文益書局石印本）、《長城寶卷》（清同治忍德館抄本）標點本④，傅惜華編《白蛇傳集》收入《浙江杭州府錢塘縣雷峰寶卷》（1887 杭州景文齋刻本）的點校本⑤，关德棟《曲藝論集》之"寶卷漫錄"中介紹了四種寶卷，全文錄入了小卷《螳螂做親寶卷》⑥。可見在當年的俗文學研究領域，寶卷亦被視爲重要的研究資料，當年的寶卷文獻多在私人藏書家手中，這些排印本的公開爲學術界提供了寶貴的研究資料。隨後寶卷研究停滯，到了 20 世紀 80 年代，寶卷的排印整理工作大致是"非遺"前依附於民間文學研究，"非遺"開始後進入多元化發展時期。

　　國内外學術界不同的認識角度，民間、學者、官方的不同追求目標，多元的需求必然會催生多元的資料整理方式。例如日本學者用影印、翻譯、注釋相結合的方式整理寶卷⑦，在我們看來未免過於煩瑣；不過影印與排印相結合的方式倒是可以借鑒，畢竟影印成本太高，可以影印最具版本價值的，排印一些各具特色的。隨着社會、文化和學術的變遷，排印本寶卷的前景亦會越來越多元。

---

　　① 《歌謡》周刊"孟姜女故事研究專號"，1924 年 11 月 23 日第 69 期至 1925 年 6 月 21 日第 96 期，分六次刊載。
　　② 鄭振鐸《中國俗文學史》（下册），上海：上海書店出版社，1984 年，第 312～344 頁。
　　③ 杜穎陶《董永沉香集》，上海：上海出版公司，1955 年，第 167～181 頁。
　　④ 路工《孟姜女萬里尋夫集》上海：古典文學出版社，1958 年，第 219～309 頁。
　　⑤ 傅惜華《白蛇傳集》，北京：中華書局，1960 年，第 191～263 頁。
　　⑥ 关德棟《曲藝論集》，上海：上海古籍出版社，1958 年，第 19～20 頁。
　　⑦ 筆者所知影印、翻字、注釋相結合整理的寶卷有以下幾種：《烏金寶卷》（東京：中國古籍文化研究所，2003 年）、《梅花戒寶卷》（東京：中國古籍文化研究所，2004 年）和《搶生死牌寶卷》（東京：中國古籍文化研究所，2005 年）、《蘇州大學圖書館藏寶卷五種》（金澤大學人間社會研究域，2011 年）。

Discussion about some Issues of Sorting and Publishing the Printed Baojuan from the 1980s in China

Shang Lixin　Wang Shuli

Abstract: *Baojuan* is the folk files massively protected and kept alive till now as well as the handwritten *Juanzi* in Tang Dynasty. The organization of *Baojuan* is completely the important basic part of researching and analyzing. This thesis analyses some issues like confusing positioning, over organization and impropriate system in organizations the printed *Baojuan* of South and North. Besides, it offers the principle and basic methods of properly organizing *Baojuan*, points out its development in future.

Key words: *Baojuan*; Intangible cultural heritage; *Baojuan* documents; printed *Baojuan*

［尚麗新，山西大學文學院教授；王書麗，山西大學文學院碩士研究生］

Pursuing Scholars' Studies

學人治學

潘重規先生敦煌學研究及其與四川的因緣

鄭阿財

一、生平傳略

潘重規先生（1908—2003），安徽省婺源縣（今江西婺源）人。1908 年 2 月 14 日（陰曆戊申年正月十三日）生。本名崇奎，小名夢祥。章太炎先生爲之易名爲"重規"，黃季剛先生因易其字爲"襲善"①，石禪則先生自號也。1924 年畢業於贛州第四中學，後即考入南京國立東南大學中文系，從王伯沆、黃季剛諸先生學。黃氏精於小學（文字、聲韻、訓詁）、經學、文選學、《文心雕龍》，王氏兼及《紅樓夢》，於是道途蕩蕩，廣心博騖。

1930 年中央大學畢業後，任教於武漢湖北高中，1934 年奉師命返回母校中央大學中文系擔任助教。1937 年抗日戰爭爆發，隨學校西遷重慶，流離入蜀，後轉任川北三台國立東北大學中文系副教授，之

圖 1

---

① 己巳年（1929）十一月卅日太炎先生生辰，季剛先生偕石禪師赴滬祝壽。太炎先生見石禪師而喜之，爲之易名曰重規，季剛先生因易其字爲襲善。黃季剛先生"襲善重規"名字題篆云："重規襲善：己巳十一月晦爲吾師 太炎先生六十二生日，偕石禪如上海祝之。師見石禪而喜之，爲之易名曰重規，所以愛之者深矣；予因易其字曰襲善。烏虖！名字之美，抑盡之矣，將何以副之哉？襲善兔之。 黃侃書於上元石橋賃居。"又季剛先生《讀古籀拾遺日記》："（己巳十二月）三日壬子 屬石禪（余爲易字襲善，以太炎師易名重規也）致書來青云，春在堂全書配補，又點壞，只予價八十元也。"

後應聘成都國立四川大學中文系教授、系主任。抗戰勝利後，任上海國立暨南大學中文系教授、安慶國立安徽大學中文系教授兼主任，繼而泛海講學於香港文化書院，渡海來臺後，任臺灣師範學院（即今臺灣師範大學）國文系教授、系主任。

1951 年，每周周日上午八時至十時，先生於師範大禮堂爲社會大眾開講《四書》，並輔導成立"人文學社"，傳播文化之功，騰於眾口，劉真院長稱譽有加。又編纂《民族文選》《正氣文選》等，宏揚中華五千年民族精神、人倫之美，深受稱道。

先生研究《紅樓夢》，引申民族大義，1951 年 5 月 23 日應臺灣大學中文系邀請講演，講題"民族血淚鑄成的《紅樓夢》"，舉座感動。胡適執舊説，先生斥之不顧也。又與羅家倫辯簡體字，擇善固執，至今仍多有維持正體字者，先生之卓識可知矣。

之後，爲接滯留大陸老家的母親，遂赴新加坡，任教南洋大學，幾經周折，終得如願，迎奉太夫人寓居臺北。隨後應錢賓四先生聘請，轉任香港新亞書院教授、文學院院長，直到退休。1973 年秋應聘法國巴黎第三大學博士班客座教授，並籌設漢學研究所博士班。1974 年春應文化大學創辦人張其昀先生之邀，返臺出任中文研究所教授、所長兼文學院院長，迄 1987 年退休，獲聘東吳大學講座教授。

先生晚拾敦煌散帙，致力尤勤，遠涉英、法諸國圖書館，勘對原卷，自詡"敦煌石窟寫經生"①，甚至隻身遠役，深入俄國列寧格勒（今聖彼得堡）披閲敦煌寫卷與《紅樓夢》抄本。1974 年，法國法蘭西學術院有見於先生敦煌學研究的卓越成就，特主動頒予代表法國漢學最高成就的茹蓮獎。1976 年韓國嶺南大學贈予名譽文學博士學位。1992 年，中國敦煌研究院爲推崇先生在倡導敦煌學研究上投注的心力及貢獻，特由院長段文杰先生率團來臺頒贈敦煌研究院榮譽院士頭銜（見圖 2）。

---

① 先生《雜詩》一首有云："微茫孔思與周情，入海遺編照眼明。錫我頭銜新署印，敦煌石窟寫經生。"有小序云："門人盧人俊爲治一印，文曰敦煌石窟寫經生。"

圖 2

  1995 年，臺灣地區行政部門爲表彰先生發揚中華文化的卓著貢獻，及在敦煌學研究的輝煌成就與倡導敦煌學的不遺餘力，特頒贈"中華文化獎"。2000 年 7 月，中國國家文物局、甘肅省人民政府及敦煌研究院爲慶祝敦煌藏經洞發現一百周年，表彰先生的成就與貢獻，特頒予"敦煌文物保護研究貢獻獎"。先生於 2003 年 4 月 24 日辭世，享年九十有七。

圖 3

二、先生敦煌學初發與四川的因緣

  章黄弟子對於小學、經學、龍學、選學等傳統學術素有傳承。先生承繼季剛先生之精髓，博雅淹通，而在新興的紅學、敦煌學方面研究成果豐碩，影響深遠。敦煌學研究更是跳脱傳統學術而獨樹一幟，成就輝煌。

先生於1925年考入南京東南大學中文系，1930年畢業於中央大學，至武漢任湖北高中教員，1934年奉師命回南京中央大學中文系任助教，1937年隨中央大學西遷重慶沙坪壩，隔年晋升爲講師，主講《詩經》《文心雕龍》。1939年轉任三台東北大學中文系教授。其在中央大學長達10年，有學生的學習生活，有擔任助教協助教學的工作，還有教師身份的授課。學生時期，有王伯沆、吴瞿安、胡小石、汪辟疆、汪旭初等國學大師的調教，特別是追隨季剛先生研經窮理，名師高徒，相得益彰，傳爲美談。奉師命返校任助教親炙季剛先生的日子裏，治學爲文、山水遊賞、文人雅集，更是先生厚植治學根柢，開闊學術視野，成就淵博學識的關鍵期。

雖然先生自己説第一篇敦煌學論文是在東北大學學報《志林》發表的《敦煌唐寫本〈尚書釋文〉殘卷跋》。不過，據我所知，先生在中央大學那段悠遊學海的歲月中已埋下敦煌學研究的根苗。我們從季剛先生的日記中見到不少購買、抄寫有關敦煌圖書的記載，如《戊辰十二月日記》："十七日壬申：周君來鈔書，以《國學叢刊》中敦煌出佚籍屬其鈔。""廿三日戊寅：蟫隱廬書到，計十五種，錢九十二元有奇。"十五種中便有《鳴沙石室佚書》四、《續編》一、《（鳴沙石室）古籍叢殘》六、《隸古定尚書》一、《敦煌零拾》一。"廿四日己卯：另求羅刻《敦煌碎金》。"《己巳治事日記》："十一日丙申：得穎民書云，爲求得《敦煌石室碎金》。"《寄勤閑室日記》（庚午四月）："九日丁巳：石禪爲買得新出敦煌本《净名經集解關中疏》一部二册，聞尚有《稻芊經疏》，未知何處出售也。"《量守廬日記》（甲戌三月）："八日壬戌：假資出遊，過中央研究院之門，忽思買《敦煌掇瑣》，遂買得上輯二册（三元五角）中輯二册（二元）、《敦煌劫餘録》六册（四元）。……夜觀電影。歸遇雨。看《敦煌掇瑣》。"諸如此類，可見當時已埋下了日後研究敦煌學的根苗。先生携荷露拜謁季剛先生的隔天，《閱嚴輯全文日記》（戊辰五月）："十六日甲辰（七月三日禮拜二）八時餘，容自滬還，帶來江西本阮刻《十三經》（價四十八元），又鷹若托帶《涵芬樓秘笈》第四集（内有唐寫本《尚書釋文》）。"廿六日壬子（九月九日）："小石來，晚飯後借去景印《隸古泰誓》、景鈔《商書般庚》至《微子》，景鈔吴檢齋《唐寫本舜典釋文校記》。潘石禪來，示以宋拓《皇甫碑》。"可見先生對唐寫本《尚書釋文》早有接觸，並沉潛於心。因此，1939年當姜亮夫出示法藏敦煌寫本《尚書釋文》的照片時，先生如獲至寶，旋即商借照片，連日抄校，撰文發表。若非早已養成識寶的見識，恐怕即使得以入寶山，也是空手而還。

（一）第一篇敦煌學論文與四川三台的因緣

先生第一篇敦煌學論文的撰寫與發表，確實與四川三台東北大學有着密不可分的因緣。先生《己卯八月廿一日夕初到三台口號》詩一首有云："平楚遥岑晚更妍，客懷吟思滿山川。難追杜老驚人句，也擬鄳江住一年。"自注有云："杜詩：五載客蜀郡，一年居梓州。今三台即漢郪縣、唐梓州地。"此詩作於 1939 年（見圖 4）。

先生在《我探索敦煌學的歷程》一文 "初寫論文" 一節中說："民國二十六年，抗日軍興，我隨中央大學到重慶任教。敵機疲勞轟炸，震壞了我市郊土瓜灣的木屋寓所。到民國二十八年秋，我應聘往川北三台縣東北大學中文系任教。系主任姜亮夫教授從巴黎帶回敦煌資料很多，有一次，他把最得意的敦煌唐寫本《尚書釋文》殘卷的照片見示，使我大開眼界。後來姜氏出版的《敦煌——偉大的文化寶藏》一書中一再提及，這個卷子是 '《尚書》最要寶典，爲隸古定最早之本'。我當時借得姜氏照片後，發現可以訂正清代段王諸儒的失誤非常的多。於是興高采烈地寫成第一篇有關敦煌學論文，在東北大學學報《志林》發表。四川大學中文系主任向宗魯先生看見拙文，來信大加獎勵，但從此却不再有見到姜氏珍藏資料的機會，使我感到傷心。"①

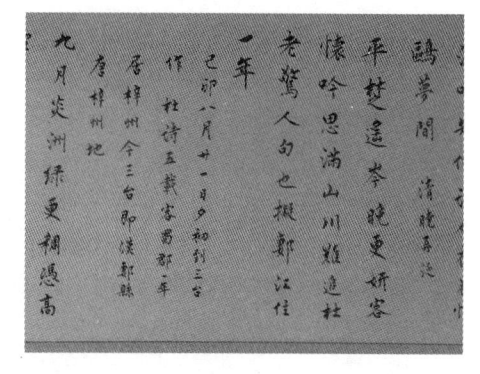

圖 4

從初見照片、摹寫、抄校、撰文到刊載，詳細歷程，先生《三台日記》中多所記載。如：

  民國二十九年一月三日（十一月廿四星期三）：晡鈔燉煌唐寫《舜典釋文》一葉。

  一月六日（十一月廿七星期六）：晨鈔燉煌唐寫《舜典釋文》半葉。

  一月七日（十一月廿八星期日）：晨鈔《舜典釋文》畢。燉煌瓌寶忽在插架中，可以自慶。……

  一月二十四日（十二月十六星期三）：午鈔燉煌古寫本《尚書》校記三葉。

  案：校勘記引日本足利學所藏古本多與燉煌卷子相合。阮氏疑之，以爲字體太奇，間參俗體，不足信。其實此本六朝一時之風氣，非日本人所能僞造也。

  二月四日（十二月廿七星期日）：鈔燉煌卷子《尚書》校記三葉。予前爲日本足利學古本不僞，今又得二證……規案：巴黎藏燉煌卷子二五三三號《禹貢》皆與古本和，集解所引正同古本。……

  二月廿四日（正月十七星期六）：飯後鈔燉煌卷子校記至夕，得六葉。

---

① 《我探索敦煌學的歷程》（上、下），《中央日報》1982 年 10 月 3~4 日，又載《創新週刊》410 期，第 2~6 頁。

二月廿五（正月十八星期日）：晨鈔校記二葉。

二月廿六日（正月十九日星期一）：晨繙校課。鈔燉煌《尚書》校記一葉。全書告成，首尾閱二月矣。

從日記中看到排日摹寫，一月三日開始鈔寫，早晚從事，一月七日"鈔《舜典釋文》畢。燉煌瓌寶忽在插架中，可以自慶"，可見其喜悅之情（見圖5）。

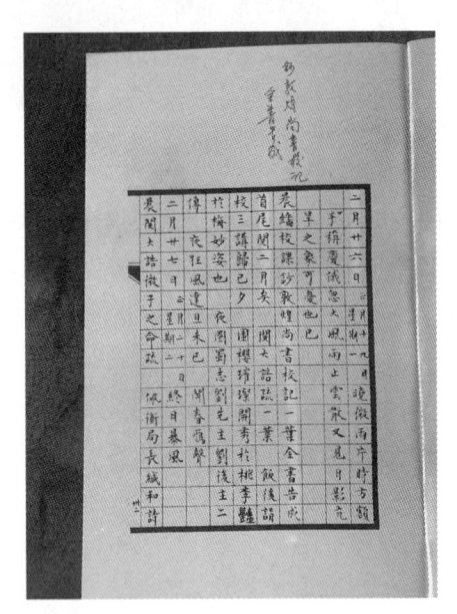

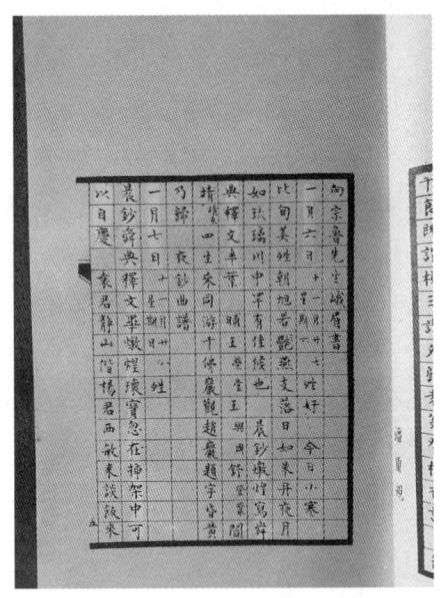

圖5

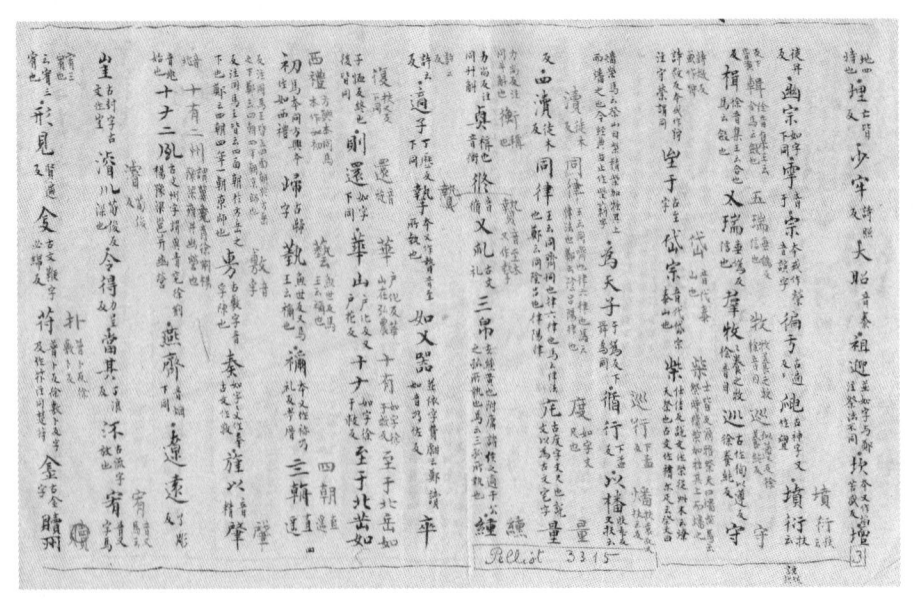

圖6

除依照原卷照片，逐字逐句，一筆一畫地摹寫抄録法藏 P. 3315《尚書釋文》外，還逐日撰寫校記。如：

四月六日（二月廿九日星期六）：午校燉煌《舜典釋文》。

四月十日（三月初二日星期三）：午校所鈔燉煌《尚書》卷子校記。

五月五日（三月廿八日星期日）：夜振奮精神作燉煌寫本釋文殘卷跋，屬艸兩葉。

五月八日（四月初二日星期三）：夜鈔釋文與燉煌卷子比勘。

五月廿九日（四月廿三日星期三）：三校所鈔《尚書音義》卷子並爲之跋。

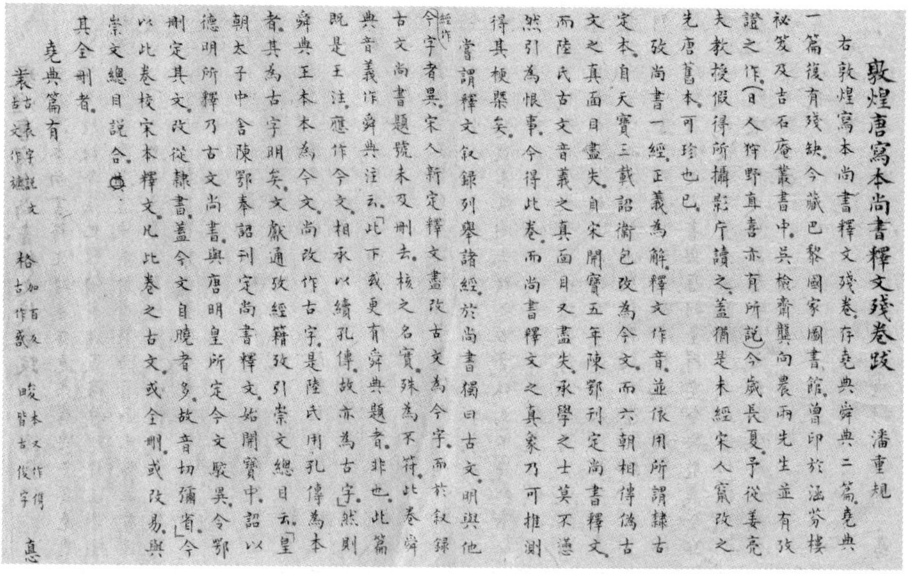
敦煌唐寫本尚書釋文殘卷跋　潘重規

右敦煌寫本尚書釋文殘卷，存堯典舜典二篇。堯典一篇復有殘缺。今藏巴黎國家圖書館。曾印於涵芬樓秘笈及吉石庵叢書中。吳檢齋龔向農兩先生並有攷證之作。（日人狩野直喜亦有所說）今歲長夏，予從姜亮夫教授假得所攝影片讀之。蓋猶是未經宋人竄改之先唐舊本。可珍也已。

攷尚書一經，正義為解，釋文作音，並依用所謂隸古定本。自天寶三載詔衛包改為今文，而六朝相傳偽古文之真面目盡失。自宋開寶五年陳鄂刊定尚書釋文，而陸氏古文音義之真面目又盡失。承學之士莫不憑然引為恨事。今得此卷，而尚書釋文之真象乃可推測得其梗槩矣。

嘗謂釋文敘錄列舉諸經，於尚書獨曰古文。明與他（經作）今字者異。宋人新定釋文盡改古文為今字，而於敘錄古文尚書題號未及刪去。核之名實，殊為不符。此卷舜典音義作舜典注云「此下或更有舜典題者，非也。此篇既是王注，應作今文，相承以續孔傳，故亦為古字。」然則舜典王本本為今文，尚改作古字，是陸氏用孔傳為本者，其為古字明矣。文獻通攷經籍攷引崇文總目云「皇朝太子中舍陳鄂奉詔刊定尚書釋文。始開寶中，詔以德明所釋乃古文尚書，與唐明皇所定今文駁異，令鄂刪定其文，改從隸書。蓋今文自曉者多，故音切彌省。」今以此卷校宋本釋文，凡此卷之古文，或全刪，或改易，與崇文總目說合。

其全刪者。

堯典篇有

表　格　晙　悳

圖 7

由於先生對於諸經注述及《經典釋文》夙有鑽研，尤爲關注《尚書》傳疏竄改問題，因此，當東北大學中文系主任姜亮夫出示其從巴黎帶回的法藏敦煌寫卷《尚書釋文》殘卷照片時，先生表現出極大的興趣，在借得殘卷照片的短暫期間，先生不但排日摹寫，逐日撰寫校記，還完成了第一篇有關敦煌學的研究論文《敦煌唐寫本〈尚書釋文〉殘卷跋》。該文發表於 1941 年 2 月出刊的東北大學學報《志林》第 2 期。“也擬郪江住一年”的三台是先生敦煌學研究的起始點。

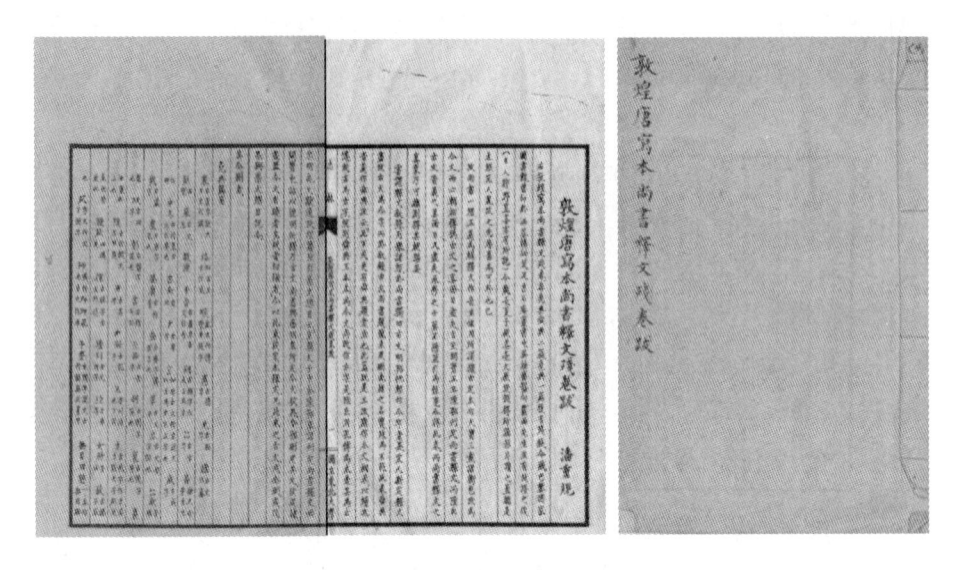

圖 8

（二）從三台東北大學到成都四川大學中文系

由於向宗魯對先生在經學方面的研究，如《尚書疏證》《經典釋文》《公羊傳疏作者考》等多所肯定，先生也常與向宗魯問學。《三台日記》記載了二人書信往來論學的情形，如：

> 民國二十九年一月五日（十一月廿六日星期五）：得向宗魯先生峨眉書。
> 一月十一日（十二月初三星期四）：夜復向宗魯先生及王禹卿書。
> 一月二十七日（十二月十九星期六）：晡入城發信，並校《志林》稿。得向宗魯先生書懇懇可感，謹録存之。"石禪仁兄先生左右：本月奉到惠書，許以貴校所刊《志林》賜讀，感荷之情，曷其有極。大箸《公羊疏作者考》，亟欲快睹，出版時希即寄也。承訊宋人改竄《釋文》事，謹就所知録呈如下：（下略）"
> 三月十七日（二月初九星期日）：晨寫辟疆、宗魯兩先生信各一通。
> 四月廿五日（三月十八星期四）：得宗魯先生三月初十書，節鈔於此：前辱手示，因所寄《志林》尚未領得，故未即奉復。今日始得《志林》，諷誦大箸，精搞詳密，無任佩仰。近人之論此事者，有吳君檢齋及日人狩野直喜、重澤俊郎。重澤之説尤爲詳盡（中略）①，未能如尊箸之明净也。
> 五月二日（三月廿五日星期四）：復宗魯先生書。

---

① 凡標"下略""中略"者，蓋因録文較長，加以省略。

五月廿三日（四月十七日星期四）：奉　大人諭及宗魯先生賜書又得周鼎書。

　　五月廿六日（四月廿日星期日）：夜上書向宗魯先生。

　　按：向宗魯（1895—1941），原名永年，後更名承周，字宗魯，以字行。重慶巴縣龍鳳鄉人。自幼聰明好學，入書院，進中學，成績優异。1915 年畢業於四川存古學堂（後爲國學院），受到當時蜀中經學名家廖平的賞識。1922 年遊武漢，結識黃季剛（侃）、徐行可（恕），交往甚密。1931 年還重慶，執教於重慶大學，任中文系主任。1935 年秋，重慶大學文、農兩院併入四川大學，1937 年任四川大學中文系教授。1939 年，四川大學遷至峨眉山，1940 年就任四川大學中文系主任，1941 年 11 月 11 日逝世於峨眉川大宿舍。

　　向氏專治校勘學，致力於《周易正義》《春秋左傳正義》《史記》《史通》《淮南子》《管子》《説苑》《文選》等典籍的研究，著有《文選理學權輿續補》《説苑校證》《校讎學》《周易疏校後記》《月令章句疏證叙録》等書。弟子中，繼承其衣鉢而成就斐然者，如屈守元、王利器等皆爲四川大學著名教授。

　　基於與黃季剛先生的關係，潘師入蜀在三台期間與向宗魯先生書信往來頻仍，《三台日記》中多見論學請益之記載。時先生撰寫《公羊疏作者考》於《志林》第 1 期（1940 年 1 月）刊出，寄請向先生指正，深獲肯定，以爲"精塙詳密，近人對此論題雖頗有論述，國人如吳承仕有《公羊徐疏考》，日人如狩野直喜有《〈公羊疏〉作者年代考》，重澤俊郎《〈公羊傳疏〉作者時代考》等①，然均未能如先生此文論述明凈"。

　　先生還請教宋人改竄釋文事，向先生詳爲答覆，更不厭其煩地録示《玉海》卷四十三内容，以爲言宋代校勘釋文事者以此爲最詳，自《尚書》外，無所謂竄改也。又詳録《宋史》《崇文總目》《宋史藝文志》《五代會要》等相關材料，細爲解説。1941 年 2 月先生第一篇敦煌學論文《敦煌唐寫本〈尚書釋文〉殘卷跋》刊於《志林》第 2 期，宗魯先生披閲此文獎勵有加，還邀請先生轉任四川大學中文系教授。② 這段從三台東北大學到成都四川大學的過程，無疑是先生與巴蜀關係的殊勝因緣。1941 年 11 月向先生歸道山，之後出任國立四川大學中文系教授、系主任，與川大學風的相續相承，尤其展現在《文心雕龍》與敦煌學的研究發展上。

---

　　① 因向宗魯先生的推介，先生特將日本重澤俊郎《〈公羊傳疏〉作者時代考》原著譯成中文，1955 年 12 月發表在《學術季刊》第 4 卷第 2 期，第 1～12 頁。

　　② 《向宗魯先生年表》中亦提及，見曹順慶、羅鷺主編《向宗魯先生紀念文集》，成都：巴蜀書社，2015 年，第 7 頁。

三、先生敦煌學研究的成就

回顧先生敦煌學的研究歷程，早年跟隨在黃侃先生身邊，打好小學、經學根基，後購買披閱敦煌學圖書，先生敦煌學暖身竟在青年。1939年首次接觸敦煌文獻寫本照片。1941年2月，發表第一篇有關敦煌學的論文《敦煌唐寫本〈尚書釋文〉殘卷跋》，至2001年於《敦煌學》23輯發表《敦煌變文集新書訂補（三續）》爲止，有關敦煌學的論著，總計專書15種、論文86篇。

圖9

圖10

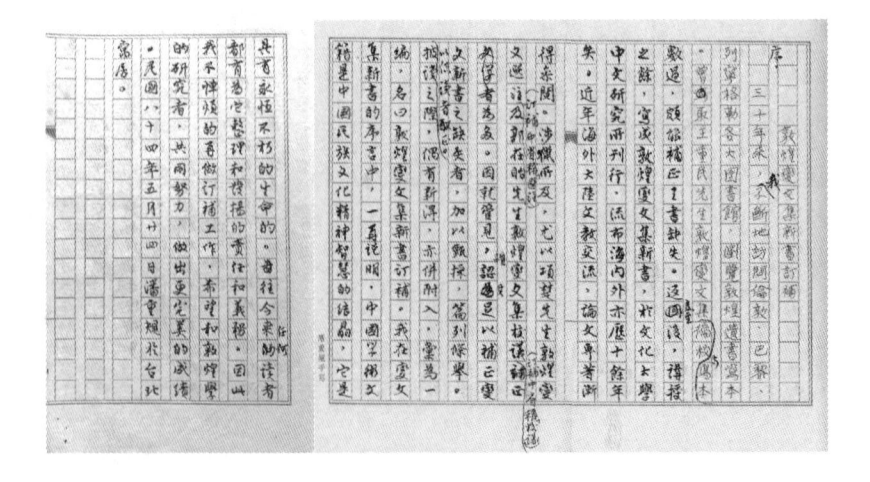

先生有關敦煌學的論著自來深得學界重視，如法國戴密微（Paul Demiéville）於《通報》（T'oung Pao），陳新雄、林炯陽於《華學月刊》分別撰文評介先生的《瀛涯敦煌韻輯新編》，曾錦漳在《明報》月刊，郭在貽、黃征、張涌泉在《杭州師範學院學報》撰文評介先生校注的《敦煌變文集新書》等。有關先生敦煌研究總體成就與貢獻，我曾先後撰寫專文進行概括。① 2004 年爲紀念先生逝世週年，《敦煌學》第二十五輯出版特刊，學者們分就各自關切的主題對潘先生敦煌學不同的領域進行分類述介，如鄭阿財、朱鳳玉合撰的《潘重規先生敦煌文學研究成果與方法之考察》，汪娟、梁麗玲合撰的《潘重規先生與佛教研究》、洪藝芳的《潘重規先生在敦煌音韻整理研究上的貢獻》、蔡忠霖的《論潘重規先生對敦煌俗字研究之貢獻》等，可資參考。

本文依據"巴蜀學人敦煌學"文庫體例與篇幅，選錄先生敦煌學研究論著四十五篇，内容性質涵蓋敦煌學總論、寫本文字、經學文獻與韻書、文學文獻（包含變文、曲子詞、雲謠集、詩歌），以及佛教典籍與佛教文化等。以下分別從經學、文學、佛教典籍、語言、文字等幾方面概述先生敦煌學研究的成就，並就所知簡要論述先生敦煌學研究的態度精神與特色，闡述先生在敦煌學研究上的主要貢獻與影響。

（一）經學

經學乃中國傳統學術之重心，自來學者研究莫不以經部要籍爲先。先生對敦煌寫卷的整理與研究，最先接觸即爲《尚書釋文》殘卷的照片。其後置身英倫、巴黎，披閱原卷時，亦從經部要籍開始。

1939 年，先生在四川三台東北大學自姜亮夫處首次接觸敦煌寫卷，他發現巴黎殘卷存《堯典》《舜典》二篇，與今本《經典釋文》多所出入，以爲今本經宋刻竄改，致失原貌，此敦煌寫卷當是先唐寫本，正可據以訂正清代段、王諸儒之訛誤。與宋本相校，發現凡此卷之古文，或全删，或改易，其情形與《崇文總目》載"陳鄂奉詔刊定《尚書釋文》"之說正合。

1957 年，先生任教於新加坡南洋大學，受邀參加在德國漢堡舉行的國際漢學會議及在慕尼黑舉行的"國際東方學會"，趁此機緣得以到歐洲各大圖書館訪書，目睹敦煌寫卷。此後，每年寒暑假便奔走於倫敦、巴黎，盡情披閱敦煌卷子。由於中國傳統學術首重經學，而敦煌寫卷中存有大量《詩經》卷子，有白文本、有詁訓傳本、有經音，大抵皆唐前手寫。1967—1969 年三年間，先生三遊巴黎、倫敦，盡讀英、法所藏敦煌《詩經》卷子，以爲"六朝唐人講習之《詩經》卷子，佚存於

---

① 如《潘重規教授與敦煌學研究》，《中國唐代學會會刊》1996 年第 7 期，第 27~43 頁；《潘重規先生敦煌學研究成果與貢獻》，《敦煌研究》2000 年第 2 期，第 113~122 頁。

世者，具萃於斯。取與《釋文》《正義》相校，多可印證發明，良由《釋文》《正義》即取材於此等卷子也"，"若敦煌卷子其爛壞不全，遠過於宋元傳本，其獨善絶佳處，亦迥非宋元傳本所能及"，乃遍校敦煌《詩經》卷子，將其考索所獲，先後撰成《巴黎藏伯二六六九號敦煌〈毛詩詁訓傳〉殘卷題記》《巴黎倫敦所藏敦煌〈詩經〉卷子題記》《王重民題敦煌卷子徐邈〈毛詩音〉新考》《倫敦藏二七二九號暨列寧格勒藏一五一七號敦煌〈毛詩音〉殘卷綴合寫定題記》《倫敦斯一〇號〈毛詩傳箋〉》殘卷校勘記》。1970 年結集成《敦煌詩經卷子研究論文集》一書，並附原卷照片於後。總結諸篇所論"敦煌所遺《詩經》卷子，有可確知爲六朝人寫本，有可確知爲唐代人寫本，且有可推知爲出於南朝或北朝舊本者，要皆傳寫毛傳鄭箋。其中獨有一疏本，即孔氏之正義。間有注音，亦皆附麗於詁訓傳本，是則六朝唐人之詩學，實毛鄭大一統時期"，吾人由敦煌《詩經》卷子可睹六朝唐代詩經學之風氣。敦煌《詩經》卷子序文與經文每篇皆相連屬，置序於每篇經文之前，乃承詁訓傳舊式；寫卷章句或在篇前，或在篇後，可知經卷章句，標題前後，初無定式；《五經正義》自唐迄北宋，皆與經注別行。倫敦藏斯四九八號《毛詩正義》殘卷，即其舊式；敦煌《詩經》卷子，詩音多爲別行，亦有書於卷背者，有書於字側者，注音字側，最便誦讀，實宋人注疏本與釋文合刻之先河。1979 年，於巴黎敦煌卷子入藏裝裱剝落碎片中，披覽所得《詩經》殘篇 P.4072-4 及 P.4634-b 二篇迻寫付印，公之於世，撰成《敦煌〈詩經〉卷子拾零》。其鉅細靡遺、細心認真之研究態度，由此即可窺知。

1986 年 8 月發表《簡論幾個敦煌寫本儒家經典》一文，論述極具特色的敦煌卷子 P.3573《論語皇侃義疏》殘卷及 P.3378《孝經注》殘卷。P.3573 殘卷不著撰人，校以知不足齋《論語義疏》知即皇侃義疏之單疏本。南宋以前所傳皇疏爲單疏本，後人始合疏於注。今日本所傳皇侃義疏每攙入邢昺正義及他説，且合疏於注之本於皇疏未盡采入，割弃者尚多。以 P.3573 相校，則可發現删去部分。此外從數千碎片中檢得 P.3573-5，此在重裱前原粘貼於寫卷邊沿，有題字"儀鳳三年十月廿七日於開遠"，因疑此爲唐高宗儀鳳三年（678）的寫本。P.3378《孝經注》殘本亦不著名氏，其書雜引故事，發揮經義，所引故事頗似小説家言；顯係《孝經注》之儒生受佛教俗講風氣之刺激，而采取佛教用故事講經之方法以注經。

（二）文學

敦煌寫卷中之文學作品有歷代詩文集，然而最具特色且最受學界關注者則係其中之俗文學作品。先生關注傳統詩文集，對於俗文學亦極爲重視，舉凡敦煌曲子詞、《雲謡集》、通俗白話詩、變文、敦煌賦等，莫不投注相當之時間與心力；既作總結整理，又多開創之論。兹舉其要者，述之如下：

英藏 S.5478 唐人草書《文心雕龍》殘卷，僅存《原道篇》至《諧讔篇》，但爲現存最早之本子。因此自發現以來即深受學者矚目，或撰校記，或加題記，不一而足；然以正文章草難識，或未見原卷，或據影本中有脱漏，致有見所據參差，因疑原卷或有异本。1970 年，先生特擷録諸家題記，詳列校文，並附原卷攝影，成《唐寫〈文心雕龍〉殘本合校》一書，用以闡明唐寫本之勝處，並袪學者莫衷一是之惑，且省讀者繙檢之勞。

敦煌《雲謡集》寫本，自 1912 年日本狩野直喜録得英藏《雲謡集》部分録文，王國維據狩野録文撰寫跋文開始，之後董康旅歐在倫敦録下了 S.1441《雲謡集雜曲子》十八首，彊村老人朱祖謀據以刻入《彊村叢書》卷首。後羅振玉得伯希和寄來 S.1441《雲謡集》照片，於 1924 年據以刻入《敦煌零拾》。1925 年，劉復將他在巴黎披閲敦煌寫卷輯録的資料彙印成《敦煌掇瑣》出版，收録有 P.2838 寫本，其後研究《雲謡集》者衆多。1976 年 8 月，先生赴巴黎參加漢學會議，原擬繼續進行變文校録工作，却因航空公司遺失行李之因緣，轉而對敦煌《雲謡集》此一中國最早詞集進行研究。在與原卷細校之後，發現長久以來之諸多問題，如《鳳歸雲》二首題爲"閨怨"，却分寫在二首詞下，羅振玉將"閨"誤作"偏"字，乃誤"鳳歸雲偏"爲詞牌名；王重民則以爲"怨"字係正文，而誤將第一句作"怨緑窗獨坐"。先生遂將原卷的全部照片加以影印，附上摹本，並參校各家，作成定本，撰成《敦煌雲謡集新書》①，全書約三萬言，計分"緒言""雲謡集卷子解説""雲謡集校箋""雲謡集雜曲子新書""雲謡集雜曲子摹本""雲謡集雜曲子照片"六部分（見圖 11）。

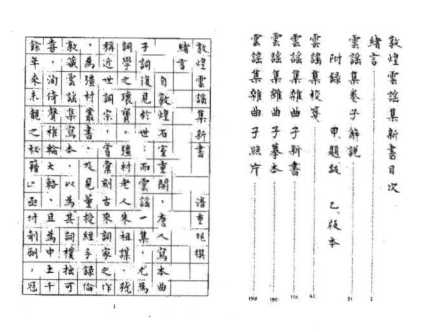

圖 11

過去有關敦煌《雲謡集》的研究雖多，然由於學者大多没有看到原卷，或憑輾轉抄録，或據照片影本，不識俗字，以致多有誤會、誤校與誤改。不但國學大師羅振玉、文獻學家王重民、詞學名家任二北有錯，甚至所有校《雲謡集》曲子詞的學者都留下了不少錯誤。1977 年先生親手抄寫完成了《敦煌雲謡集新書》摹本、校本、清本，附原卷照片一併印刷出版，"前人所留雲翳，一掃而空"。先生此一完美

---

① 潘重規《敦煌雲謡集新書》，臺北：石門圖書公司印行，1977 年，第 202 頁。

的整理方式，遂成校理敦煌文獻之法式。

繼《敦煌雲謠集新書》完成之後，先生每有獨到見解，陸續撰文發表於報章雜誌，1981年並將其部分成果結集成《敦煌詞話》一書。全書計12篇，除《任二北敦煌曲校錄補校》外，餘均發表於1979—1980年各報章雜志，以豐富之學養及對敦煌寫卷文字獨到之詁定功夫，訂正了大家對於敦煌曲子詞的許多誤認、誤校與誤改，提供敦煌曲子詞研究者正確之文本憑藉。

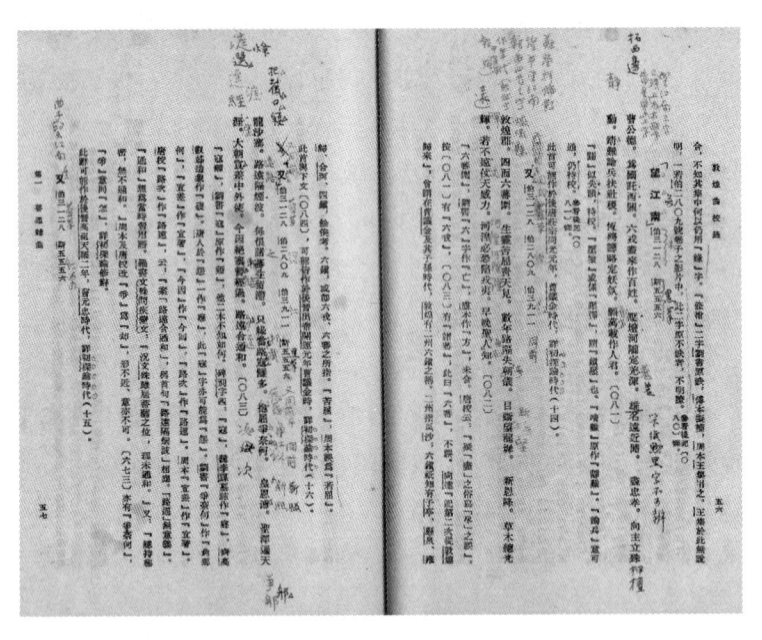

圖12

圖13

若以中國文學立場來評估，敦煌卷子中，內容最重要者當是絕傳已久的變文。由於變文之發現解答了中國俗文學上的許多疑問，因此其自發現以來即成海內外研究敦煌文學之焦點。早期，由於寫卷流散，只能依據各國披露之片段進行研究；因此對於變文難有整體而全面之認識，以致稱呼不一：或稱佛曲，或叫俗文，或稱通俗小說，或叫唱文……直至鄭振鐸以"變文"稱此類講唱體之俗文學作品，變文始成爲中外學者所普遍接受而確定之稱呼。但近年來有以此類作品體制、內容、性質不盡相同，因而主張應將不同類型之作品加以區分，不可統稱爲變文。致有分爲詞文、故事賦、話本、變文、講經文五類，以及押座文附類者。此論一出，咸以爲新說而蔚然成風，大有取代以變文稱呼敦煌講唱文學之勢。先生對此深不以爲然，1979年《敦煌變文新論》一文，舉出《大唐慈恩寺三藏法師傳》卷九提及之《報恩經變》一部，應是《報恩經》之俗講經文，可見"講經文"亦可稱爲"變"。而列寧格勒藏之《雙恩記》，內容即《報恩經變》，則變文亦可稱"記"。所以變文是一時代文體的通俗名稱，它的實質便是故事；講經文、因緣、緣起、詞文、詩、賦、傳、記等不過是它的外衣。譬如一位某甲，穿着中裝、西裝、和服乃至運動衫、游泳衣等的寫真照片，我們不能以服裝的不同，而斷定這不是某甲的寫真照片。變文之所以有種種異稱，正因爲它說故事時用種種不同的外衣來表達。

又變文之迻錄校勘工作，學者已多有進行，其中彙集變文材料最爲豐富者當推1957年北京人民出版社王重民等六人合編之《敦煌變文集》，此書一出，頓時成爲海內外研究變文之主要依據。全書78篇，資料極爲豐富，然迻錄校勘不免錯漏，學者據以研究，無端增加不必要之困擾，甚至襲其錯漏而產生錯誤推論。

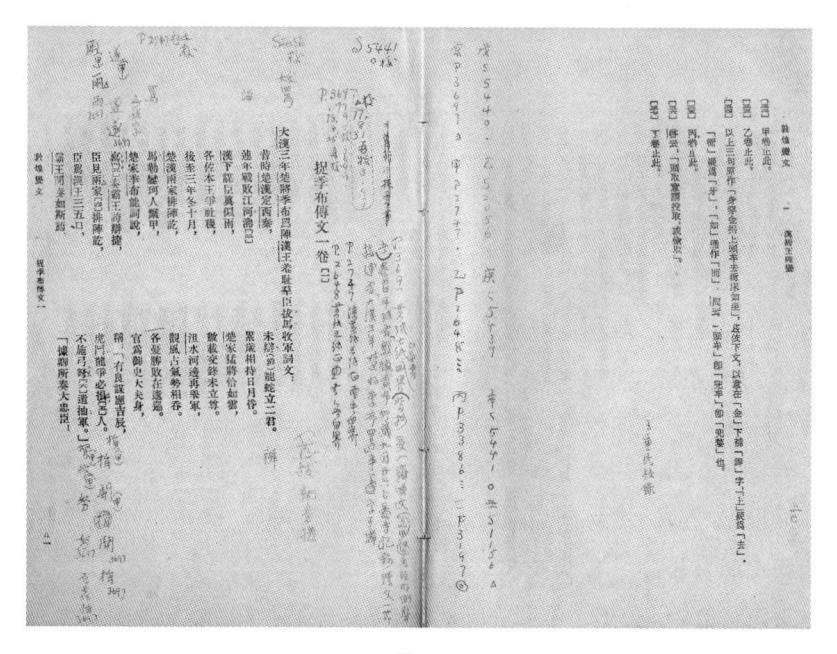

圖14

先生乃以變文集爲基礎，一一覈校原卷，變文集有誤，則加以訂正，變文集漏脱，則加以補充，遂於 1983 年完成《敦煌變文集新書》，不僅增添舊書以外之新材料，更提出個人之新説法，爲學人研究和參考提供了方便正確之材料。《敦煌變文集新書》除在《敦煌變文集》基礎上加工，訂正其脱誤外，在編次上復按照唐代俗講之發展過程加以改編，並增收了列寧格勒、臺北圖書館以及日本龍谷大學所藏的變文 8 篇，書後更附録有《敦煌變文論文目録》《敦煌變文新論》及“圖版”，成爲繼《敦煌變文集》之後研究變文者之主要文本依據。

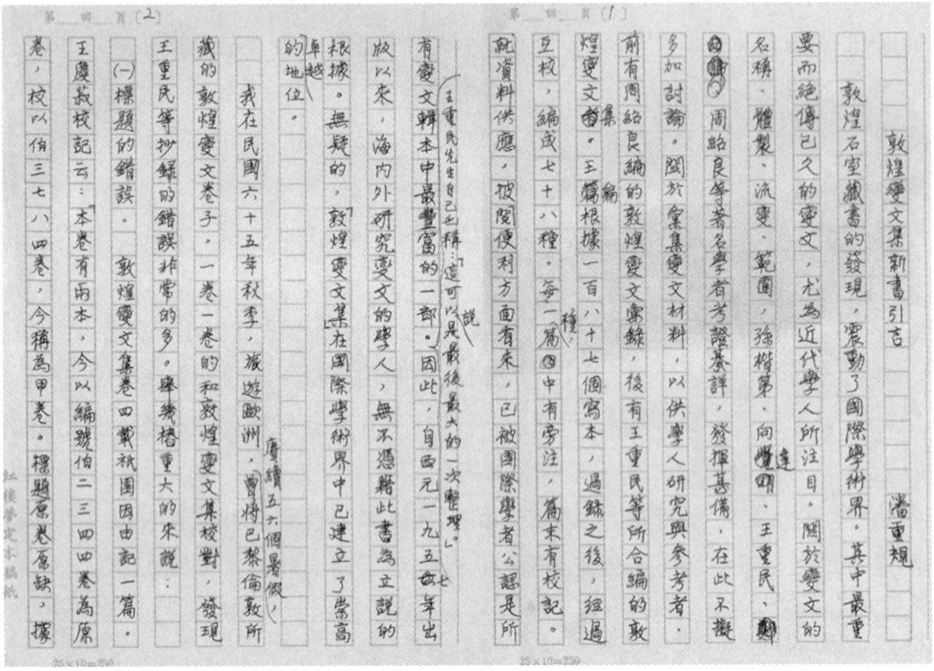
敦煌變文集新書引言
潘重規
敦煌石室藏書的發現，震動了國際學術界。其中最重
要而絕傳已久的變文，尤為近代學人所注目。關於變文的
名稱、體製、流變、範圍，孫楷第、向達、王重民、
周紹良等著名學者考證綦詳，發揮甚備，在此不擬
多加討論。關於彙集變文材料，以供學人研究與參考者，
前有周紹良編的敦煌變文彙錄，後有王重民等所合編的敦
煌變文集。王編根據一百八十七個寫本，過錄之後，經過
互校，編成七十八種。每一種中有旁注，篇末有校記。
就資料供應，披閱便利方面看來，已被國際學者公認是所
有變文輯本中最豐富的一部。王重民先生自己也說：「這可以說是最後最大的一次整理」。因此，自西元一九五七年出
版以來，海內外研究變文的學人，無不憑藉此書為立說的
根據。無疑的，敦煌變文集在國際學術界中已建立了崇高
卓越的地位。
我在民國六十五年秋季，旅遊歐洲，曾將巴黎倫敦所
藏的敦煌變文卷子，一卷一卷的和敦煌變文集校對，發現
王重民等抄錄的錯誤非常的多。舉幾樁重大的來說：
(一)標題的錯誤。敦煌變文集卷四載祇園因由記一篇。
王慶菽校記云：本卷有兩本，今以編號伯二三四四卷為原
卷，校以伯三七八四卷，今稱為甲卷。標題原卷原缺，據

圖 15

又敦煌變文中有“押座文”一類，歷來學者如向達、孫楷第、那波利貞、金岡照光等均曾詳加研究，然其名義、性能，各家説法頗多歧异。先生特據敦煌卷子中十二個押座文及 P. 3770、P. 3849、S. 4417 三個俗講儀式卷子，探討押座文之名義與性能，分析押座文之類别，並廓清緣起一類的變文和押座文之溷淆。

在敦煌詩歌方面，先生發現王重民《補〈全唐詩〉》誤認與未能辨認之字爲數頗多，乃據原卷一一詳加校訂，於 1981 年撰《補〈全唐詩〉新校》一文，希望使據敦煌殘卷補《全唐詩》之工作能更臻完善。又敦煌寫本白話詩人王梵志及其詩篇是海内外敦煌詩歌研究的熱門論題。張錫厚《王梵志詩校輯》一書成爲學界之主要參考，然張輯頗有訛誤，致失王梵志詩原貌，影響極深。先生特據原卷進行更精細、更正確之考訂，於 1984 年發表《簡論〈王梵志詩校輯〉》及《〈王梵志詩校輯〉讀後記》，訂正張錫厚《王梵志詩校輯》中之誤認，大大恢復了王詩原貌。

此後又發表了《王梵志出生時代的新觀察——解答〈全唐詩〉不收王梵志詩之謎》及《敦煌王梵志詩新探》。王梵志生平事迹僅見於《桂苑叢談》《太平廣記》，許多研究者將其視爲神話式之記載，特舉陸羽之身世與戴震"十歲始能言"爲證，認爲王梵志乃一弃嬰。《桂苑叢談》中王梵志出生於隋代之記載可信，先生證以P.4987《王道祭楊筠文》，推知王梵志出生時期最遲爲隋代晚期，甚至可能在隋文帝初年，編《全唐詩》者認定王梵志是隋代人，此乃《全唐詩》編者不收錄"王梵志詩集"之真正原因。

《秦婦吟》乃唐代韋莊以詩記黃巢寇亂以來之實錄，其詩萬口傳誦，後世失傳，現幸敦煌石室寫本尚多，千載之下，賴以保存不墜。自王國維開始，從事校勘，先後箋釋、校注者甚多，然統觀諸校本，文字頗多分歧，箋釋復多异說。先生有感於此，乃遍觀今存16件寫卷，博稽眾議，細覈原卷，校定异文，手寫一遍，並擷錄諸家注釋，兼陳己見，於1984年成《敦煌寫本〈秦婦吟〉新書》。

對於敦煌寫卷中的唐人詩集，王重民曾做了大量整理工作，其中P.2555爲唐人佚詩七十二首，王氏逝世後，夫人劉脩業交由弟子白化文等整理，以舒學之名發表，題名爲《敦煌唐人詩集殘卷》，以爲此七十二首詩乃中唐時被吐蕃俘虜之敦煌漢人所作，因此一般稱爲陷蕃詩。諸家研究者不少，然由於寫卷複雜，諸家校錄文字未盡精審。爲不使貶損陷蕃詩人之價值，先生披閱原卷，重加校定。自1979年起，先後發表了《敦煌唐人陷蕃詩集殘卷研究》《敦煌唐人陷蕃詩集殘卷作者的新探測》《續論敦煌唐人陷蕃詩集殘卷作者的新探測》三篇，論證卷中作者"馬雲奇"實非陷蕃詩作者之一，並對馬雲奇《懷素師草書歌》加以考證，考明懷素生卒年歲與交遊，推斷馬雲奇之年齡，判斷《懷素師草書歌》與後十二首風格不同，肯定爲馬雲奇在江南送懷素之作品，非陷蕃詩，並指出真正陷蕃詩之作者則是落蕃人毛押牙。

敦煌文學之研究以變文、曲子詞、白話詩等最受學界矚目，相較之下，敦煌賦則乏結集整理。先生對此每興滄海遺珠之慨，因於1978年將分別庋藏於各地之敦煌賦寫卷，巴黎十三件十三篇、英倫四件五篇，去其重複，共得十五篇，一一檢閱原卷，細心推勘，力索冥搜，得其文理，彙鈔合校，寫成《敦煌賦校錄》，此實敦煌賦之第一次結集。自此，敦煌賦之風貌始大體可觀。文中並闡明文辭好采口語、內容多寫實事等敦煌賦之特色。

（三）佛教典籍

巴黎藏P.3747爲唐前寫本。王重民考證爲《眾經別錄》之殘卷，而其叙錄却誤作P.3848。先生以爲王氏叙錄雖有小疵，然考定此爲劉宋時《眾經別錄》則確然無疑。1979年，先生於巴黎細校此卷，益加確信王說無誤，特撰成《敦煌寫本〈眾經別錄〉之發現》一文，除詳加校訂全文之外，更進一步闡述此經錄寫本之優勝，以爲此録早祐録數十年，是現存最早藏經目録。並透過精密的論證與闡述，揭示劉宋《衆經別録》之特殊意義與價值，以爲"《衆經別録》每經詳辨其文質者，意在因文以明道；每經必揭其宗旨者，期明道以篤行。研精教乘，孰有先於明道篤行者！然則此録之特色，不獨諸録之所無，抑亦諸録之所不及，是此卷之發現，得不謂爲經録一大發現歟"。

敦煌本《六祖壇經》記録六祖自説求法經過云："人即有南北，佛性即無南北。獦獠身與和尚不同，佛性有何差別。"丁福保《六祖壇經箋註》解釋説："獦音葛，獸名，獠音聊，稱西南夷之謂也。"自來均以六祖爲"獦獠"是西南夷的少數民族之一。先生以爲"獦獠"爲一詞，蓋始見於《壇經》寫本，非爲西南夷之一種，乃田獵之獠夷。因於1992年撰《敦煌寫本〈六祖壇經〉中的"獠"》一文，列舉諸史皆不見"獦獠"之名號，其詞惟見於寫本之《六祖壇經》。若如丁福保之解，是五祖輕鄙獠族有异於常人，揆之祖師悲心無乃不類。故"獦"字實乃"獵"之俗寫，並以敦煌寫卷《父母恩重經》《正名要録》等證明"獦"確爲"獵"字，獦獠即獵獠。獠夷常事田獵，六祖曾長年過着獵人生活。

《六祖壇經》爲中國人撰著佛教典籍而唯一被尊稱爲"經"的一部。以往通行本是明藏本，敦煌本《壇經》的發現使《壇經》研究進入一個新階段。但近代中、日學者，咸以其書寫文字與後世不同，而認爲是抄寫訛誤，甚至鄙視爲"惡本"。先生以爲敦煌寫本使用文字乃當時通行文字，於是廣泛徵引敦煌俗寫文字之例證，撰成《敦煌〈六祖壇經〉讀後管見》，發表於1992年。文中説明敦煌本《壇經》不但不是近代學者眼中之"惡本"，而且還是接近於六祖原本之抄本，並詳舉力證駁斥胡適之主張《壇經》爲神會僞造之説，論據確鑿，極見功力。

敦煌寫本《壇經》只有一萬二十字，惠昕本則有一萬四千字，而明藏本竟增至二萬一千字，足見後世《壇經》版本不乏後人增補。近代發現之敦煌本，正可讓世人重睹《壇經》原貌。唯以敦煌本俗寫文字不易確認，致使真本不彰。1991年先生以年近九十的高齡，於兩次膽囊開刀後，發心據北京8024號、S.5475、敦煌博物館及大谷光瑞舊藏等之敦煌本《壇經》，細爲校定，並工楷手録定本，力求恢復《壇經》原貌，以提供研究禪宗歷史與《壇經》者重要而正確之資料。"凡兹所爲，惟欲破除讀敦煌《壇經》的文字障，俾百世以下，讀者如親聆大師音旨。"其用心可知。

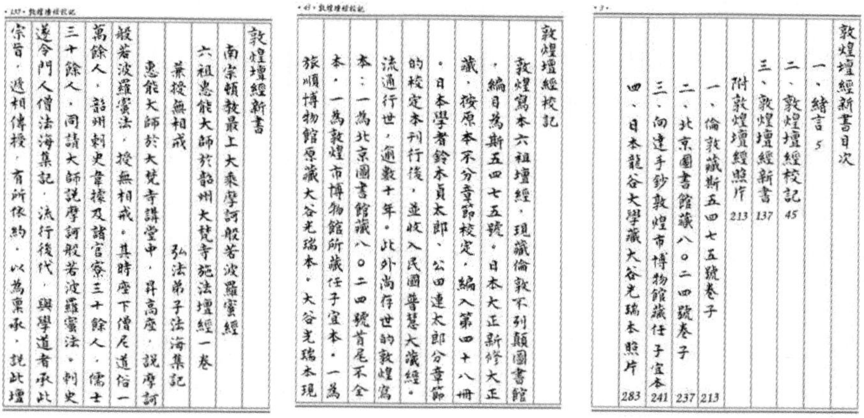
·3·

敦煌壇經新書目次

·45· 敦煌壇經校記

敦煌壇經校記

敦煌寫本六祖壇經，現藏倫敦不列顛圖書館，編目為斯五四七五號。日本大正新修大正藏，按原本不分章節校定，編入第四十八冊。日本學者鈴本貞太郎、公田連太郎分章節的校定本刊行後，並收入民國普慧大藏經。流通行世，逾數十年。此外尚存世的敦煌寫本：一為北京圖書館藏八〇二四號首尾不全本，一為敦煌市博物館所藏任子宜本，一為旅順博物館原藏大谷光瑞本。大谷光瑞本現

·137· 敦煌壇經校記

敦煌壇經新書

南宗頓教最上大乘摩訶般若波羅蜜經
六祖惠能大師於韶州大梵寺施法壇經一卷
兼授無相戒　弘法弟子法海集記

惠能大師於大梵寺講堂中，昇高座，說摩訶般若波羅蜜法，授無相戒。其時座下僧尼道俗一萬餘人，韶州刺史韋璩及諸官寮三十餘人，儒士三十餘人，同請大師說摩訶般若波羅蜜法。刺史遂令門人僧法海集記，流行後代，與學道者承此宗旨，遞相傳授，有所依約，以為稟承，說此壇

圖 16

（四）語言

敦煌寫卷中有關語言之資料，最多也最早受到注意的則推《切韻》殘卷。王國維曾得到法國巴黎藏三件《切韻》殘卷之照片，並加以臨摹；劉半農留學巴黎，亦曾抄入《敦煌掇瑣》；而規模最大者則是姜亮夫《瀛涯敦煌韻輯》四册。1967 年，先生於巴黎國家圖書館研究時，因見鄰座日本馬淵和夫教授正以原卷校對姜亮夫《瀛涯敦煌韻輯》，心想姜書中每卷均經臨摹、抄寫、拍照，回國又重新校對，尤其指出了王國維錯誤三百五十餘條、劉復訛誤兩千條，應是精密之作。然在好奇之下，嘗試選擇該館所藏最重要之一份《切韻》殘卷 P. 2129 與姜書進行對校，却意外發現原卷“刊謬補缺《切韻》序，朝議郎衢州信安縣尉王仁昫字德温新撰定”，姜書不但漏抄，更在序文前擅加“王仁昫序”四字，而將原可解決《切韻》作者問題之最重要證據抹去，大爲吃驚，於是决心通校姜書。直至 1969 年，寫成《瀛涯敦煌韻輯新編》一書，改正姜書錯漏不下兩千條。

其後龍宇純曾撰《英倫藏敦煌〈切韻〉殘卷校記》一書，針對姜書失收之英倫藏敦煌切韻殘卷 S. 5980、S. 6012、S. 6013、S. 6156、S. 6176、S. 6187 等十二片進行校訂。1983 年先生取龍氏校記對勘原卷，頗有訂正之處，依新編之例，撰成《龍宇純英倫藏敦煌〈切韻〉殘卷校記拾遺》。又因獲不列顛博物館典藏者之助，以原卷拍照，清晰遠勝龍氏所據微卷影片，特複印附後，可供學者參核。

（五）文字

先生以爲敦煌學研究“目録是門徑，文字是基礎”。敦煌寫本文字存在字形無定、偏旁無定、繁簡無定等現象，給讀卷人造成莫大困擾，因此研究敦煌寫卷文字與文書解讀實爲首要之務，乃將其數十年披閱寫卷、解讀文書的經驗撰成《敦煌卷子俗寫文字與俗文學之研究》一文，將寫卷中俗、訛、繁、簡等複雜問題歸納出字形無定、偏旁無定、繁簡無定、行草無定、通假無定、標點符號多异等條例，並列

舉變文、曲子詞等敦煌俗文學寫卷的書寫文字相互印證，説明敦煌俗寫文字與俗文學之關係，成爲研究敦煌俗文學必備的條例，進而爲協助研究者解除俗寫文字之迷障，特於 1978 年鳩集學生編纂《敦煌俗字譜》以爲導路之明燈。此編以當時所能掌握的敦煌寫卷影本資料、台北圖書館藏一四四卷及《敦煌秘笈留真新編》所收之法國巴黎寫卷影本爲主，以原卷影本剪貼編纂，所錄俗字雖爲數不多，但文字條例已具，序文對俗字發展説解尤爲精到，觀念尤爲清晰，對敦煌文書的解讀極具貢獻。

其後先生更發現遼代行均編《龍龕手鑒》一書，係根據寫本編纂而成之字書。此是先生在學術上的另一項重大發現。他認爲此書應係遼僧行均根據寫本《佛藏音義》編纂而成，而其所據文字正與敦煌寫本相同，均爲俗寫文字之淵藪。唯此書歷代評價不高，甚至有直視爲廢書者。清儒如錢大昕、李慈銘、羅振玉等，多誤解此書，而未能給予正確的評價。先生則以其情況正與敦煌俗寫文字混亂之情形一致，足證行均是據當時流行的寫本加以編纂，因而此書恰可成爲校讀敦煌寫卷的工具。爲使便於翻檢，1980 年鳩集學生重加編纂，成《龍龕手鑒新編》。標舉"正、俗、通、古、今、或、誤"等字例，確立字頭；編纂索引，以便檢索，末附《龍龕手鑒》敦煌寫本字體相同表"以資參考。此論一經發表，震撼學界，《龍龕手鑒》遂由無用廢書成爲幫助解決敦煌寫本文字障礙不可或缺的工具書。

1983 年又撰《〈龍龕手鑒〉與寫本刻本之關係》，1984 年撰《〈龍龕手鑒〉及其引用古文之研究〉》，除説明此書編成的背景、原因、價值與影響外，更列舉敦煌寫卷中之俗字、隸古定、武后新字與《龍龕手鑒》所引者相互印證，證明了《龍龕手鑒》確實是閱讀敦煌寫卷不可或缺的工具書。1991 年又撰《用敦煌俗寫文字校釋〈文心雕龍〉刊本中殘存俗字考》，申明了《龍龕手鑒》的真正價值，開創了敦煌俗文字學的研究。

1995 年撰《敦煌寫卷俗寫文字之研究》一文，更進一步推求俗寫文字紊亂的種種現象，非但民間如此，實乃肇端於書家。除以書聖王羲之《蘭亭序》爲例證外，更提出六朝以降，周興嗣《千字文》作爲識字的讀本與習字範本，因而智永《千字文》真書之寫法與敦煌寫本同樣出現俗寫，一千字中竟幾達二三百字之多，實爲最佳明證。

四、先生對敦煌學研究的精神與特色

以上簡述，僅能略窺先生敦煌學研究成果之梗概，關於先生之研究歷程，則可參看先生自撰之《我探索敦煌學的歷程》。至於其治敦煌學之態度、精神與特色，約而言之，略陳如下：

1973 年 8 月，先生爲快睹俄國列寧格勒藏敦煌寫卷，不惜隻身遠役，克服種種困難，終於邁進俄國東方學研究院列寧格勒分院（今聖彼得堡）"敦煌特藏庫"，成爲我國第一位親自披閱、抄錄、介紹和研究俄藏敦煌寫本的敦煌學者，對推進世界敦煌學研究發揮了極大的作用。其葆愛文化，篤好真理，發爲一種大無畏之精神，更足爲後學之楷模。①

陳寅恪先生《敦煌劫餘錄序》曾説："吾國學者，其撰述得列於世界敦煌學著作之林者，僅三數人而已。夫敦煌在吾國境内，所出經典又以中文爲多，吾國敦煌學著作較之他國轉獨少者，固因國人治學，罕具通識。"先生對此很受感動，深深以此爲我國學術界之痛，又有感於敦煌是我國學術的傷心史。敦煌學雖是中國的學問，但由於文物外流，成爲國際顯學，我國研究反較各國起步晚且成果少。如果我們抱着學術報國的決心，認定從事學術即是保衛國家；再加上小心、耐心，對以往學者的研究成果生尊敬心，一步一步地深入探索，最後必定有更新更多的發現。於是多年奔走籌劃，與國內外友人合力創刊《敦煌學》雜志，以圖光大斯學。歷來有關敦煌學著作，幾乎都用外國文字發表，好像那是中國以外的一門學問，故立定宗旨，來稿一律用中文撰寫；即使邀請外國學者執筆，也必譯成中文。務期研究中國的文獻，用中國文字發表，呈獻於世人之前。

圖 17

同時還以謝靈運"不惜去人遠，但恨莫與同"的詩句與後學共勉，並題寫"萬國朋從倍友情，只憐客主未分明。周彝夏鼎英靈在，漢學終當作漢聲"詩篇，表達期盼能有更多身手不凡的園丁來共同從事敦煌學的墾殖工作！其奮起努力之精神，令人敬佩。

要發皇一門學問，必須有優秀的人才，通力合作方有成功之望。先生自 1976 年開始，在文化學院中文研究所開設"敦煌學研究"課程，這是我國大學從未開設過的科目。敦煌學是以資料爲核心的一門新興學科，本身不是孤立的，而是有系統之學問。所以先生"敦煌學"課第一講，特以"野餐與名菜"開場，他説："正常的課程，是上有名的餐廳，品嘗有名的菜色。敦煌學這一從未列入正式菜單的課程，可以説是一群好事之徒，登山涉水，在四顧蒼茫中吃的野餐，是大家動手、大家合作、大家摸索做成的野餐。這份野餐可能粗劣不堪入口，可能是凡間未得曾有的異味。不管收穫是好是壞，是多是少，同甘苦，共勞逸，有飯大家吃的精神，總是可以肯定的。"其披荆斬棘的開創精神溢於言表。"但開風氣不爲師，成功不必在我"，是先生勇於另闢蹊徑的治學精神。

---

① 詳參潘重規《列寧格勒十日記》，臺北：學海出版社，1975 年；又臺北：東大圖書公司，1993 年。

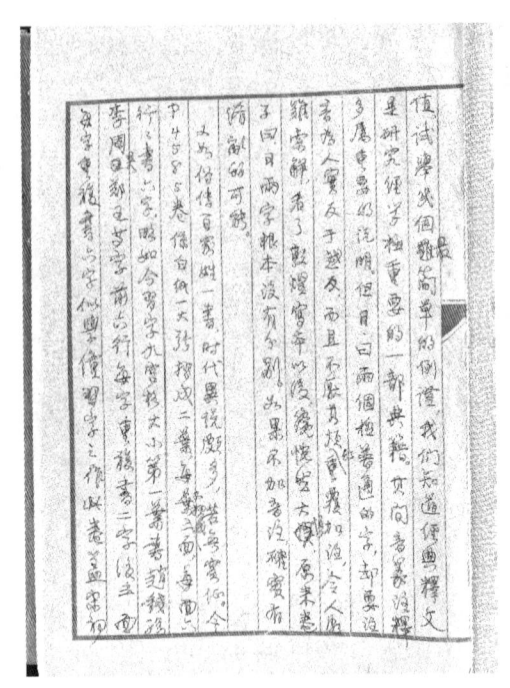

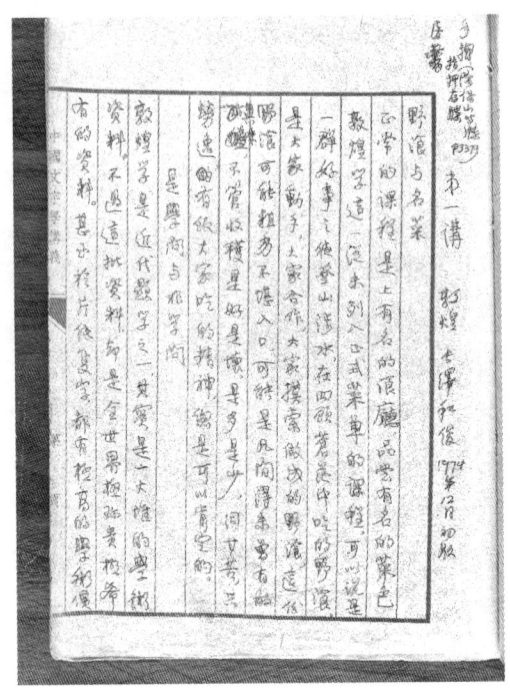

圖 18

　　努力不懈是先生敦煌學研究的根本精神。先生自詡爲"敦煌石窟寫經生",整理經卷,必手校摹寫,孜孜矻矻,從不間斷。八十六歲時,於兩次手術後,尚且遍校敦煌本《壇經》,年近九十時更將全帙工楷手錄出版。九十三歲時,仍舊從事《敦煌變文集新書》之訂補工作,其努力不懈之研究精神實爲後學典範。

　　敬謹、務實與求真的態度是先生在敦煌學研究上重要的展現。當面對敦煌寫卷俗寫文字與俗文學時,先生主張必須有尊重原卷與原文之敬謹態度,不可逞意妄改。他說:"凡欲研究一時代之作品,必須通曉一時代之文字;欲通曉一時代之文字,必須通曉書寫文字之慣例。"因此遇到讀不通處,絕不可自以爲是,擅自改動,各逞臆說。又其著作中每多以"新編""新書"爲名,其《敦煌變文集新書》引言即說:"新書以舊書爲基礎,舊書也包含在新書之中。不僅增添舊書以外的新材料,也提出我個人的新說法。新舊同時陳列,讀者展卷了然。新舊材料的異同,自可明察;新舊說法的是非,自易判斷。"由此可見其肯定自己、不薄前賢的敬謹態度。

　　又如英藏S.4332,正面抄錄有《別仙子》及《菩薩蠻》兩首曲子詞,其中《菩薩蠻》可能是歷史上最古老的《菩薩蠻》,王重民《敦煌曲子詞集》及任二北《敦煌曲校錄》中均有收錄。王重民親見原卷,任二北看過照片,然皆把"且待三更見日頭"的"日頭"認作"月頭"。爲了省去後學不必要的揣測和猜疑,先生特於1979年10月赴倫敦不列顛圖書館調閱原卷,見到原卷工整清楚地寫作"日"字,因此確認"月頭"者誤,當作"日頭"。爲了校正一個差之毫厘、謬以千里的關鍵字,他在倫敦小住,旅館費用總計花費新台幣一萬元,真可謂"一字萬金",這獲見作品真面目的代價,或可說是先生求真精神的側面。

此外,先生以爲"古之不舊,今之不新"。凡所研究無論總結整理或開創新說,均不事標新立異,唯務是非。例如撰《敦煌變文新論》與新說相抗衡,力挽狂瀾,支持鄭振鐸以"變文"爲敦煌講唱文學共稱之舊說;《〈秦婦吟〉新書》一文,多與敦煌學前輩陳寅恪看法不同;《敦煌〈六祖壇經〉讀後管見》一文則駁斥胡適之《壇經》爲神會所僞造之說。凡此均顯示其"同之與異,不屑古今"之嚴謹的治學態度,所有立論,自有定見,絕不與世浮沉。

至於先生敦煌學研究的特色,當首推倡導"文字是基礎,目錄爲門徑"爲研究根基。先生長期涉獵敦煌寫本後,有了一個客觀而深入的看法,以爲:"語言文字,是心靈思想的符號,人人都有表達心思的慾望,人人都有創造語文的權利。所以《荀子·正名篇》說:'名無固宜,約之以命,約定俗成謂之宜,異於約者謂之不宜。'"他發現,敦煌的俗文學寫本,文字訛俗滿紙,但訛俗之中自有條理。如不小心推敲,擅作主張,便會陷於錯誤之中而不自覺。

先生以爲"文字是基礎,目錄爲門徑"蓋爲從事敦煌學研究的不二法門。我們觀察先生的研究成果,無論是《詩經》卷子、《雲謠集》、曲子詞、變文、王梵志詩、陷蕃詩、敦煌賦,還是《瀛涯敦煌韻輯》《六祖壇經》,在在顯示出其凡有重大之發現,莫不奠基於篤實正確之文字基礎;而其編纂《敦煌俗字譜》《龍龕手鑑新編》更見呼籲敦煌學研究應以文字爲基礎之苦心。其敦煌俗文字學開創之功,爲世人所推崇,此可從先生九秩華誕香港饒宗頤教授所撰壽聯"龍龕開字學,唐草酌文心"得到明證(見圖19)。

圖 19

從事敦煌學研究者多矣,然能同時進行文獻目錄編目整理工作的則不多見。先生不僅強調"目錄"的重要,更親自於1968年完成臺灣圖書館所藏敦煌卷子題記,正是"目錄是門徑"的具體實踐與最佳寫照。1973年發表《敦煌的現況和發展》時,更誠摯呼籲,希望聯合國際學術界力量,編纂一部"寫卷的聯合目錄"及"研究論文著作目錄"。"寫卷的聯合目錄"王三慶教授持續著手進行,"研究論文著作目錄"則由本人從事。1986年先生規劃在臺北舉辦"第一屆敦煌學國際學術研討會",並囑我將所收集的敦煌學研究篇章配合臺北圖書館藏敦煌寫卷於會場一併展出。會後,漢學研究中心出版了我與朱鳳玉編的《敦煌學研究論著目錄》,2000年更完成《1908—1997敦煌學研究論著目錄》，著錄11650篇，2006年續成《1998—2005敦煌學研究論著目錄》，是爲提供檢索敦煌學研究成果方便的工具。從中既可掌握敦煌學的學術前沿，又可窺見研究課題的轉變與研究方法的趨向。

五、先生對敦煌學研究發展的貢獻與影響

除了上述先生在敦煌學研究之成就，以及敦煌學研究的精神與特色外，其在敦煌學研究之貢獻與影響，約可概括爲以下幾點：

第一，首創《敦煌學》專刊，使中國之學還歸中國之文，積極推動敦煌學研究之發展。

第二，倡印敦煌寫卷影本，鼓吹影印全部臺北圖書館館藏敦煌卷子，促使資料流通，方便學術研究。

第三，開設"敦煌學課程"，積極培養研究人才，其中撰寫博士學位論文者，如鄭阿財、林聰明、朱鳳玉[1]，撰寫碩士學位論文者，如陳世福、宋新民[2]、王三慶、鄭阿財、朱鳳玉的學生如汪娟、洪藝芳、梁麗玲、蔡忠霖、周西波、林仁昱、劉惠萍、簡佩琦、廖秀芬、陳淑萍、張家豪、許絹惠、陸穗連等也分別在敦煌文獻、文學、佛教、道教、語言文字及圖像壁畫方面有所鑽研，爲臺灣地區敦煌學研究打下厚實的基礎，開墾出臺灣地區敦煌學研究的一片園地。

第四，鳩集人力編纂《敦煌俗字譜》《龍龕手鑒新編》[3]等解讀寫卷的工具書，掃除文字解讀之迷障，提供閱讀敦煌原卷的一把鑰匙。鼓勵鄭阿財、朱鳳玉等編纂《敦煌學研就論著目錄》[4]，實踐了"文字是基礎，目錄爲門徑"的理念。

雖然先生辭世已17年，然由於生前的倡導與推動，其所培養之弟子遍及各地，皆有所成，目前臺灣地區從事敦煌學研究者幾乎皆出於先生門下，薪火相傳，代代相續，足見其於敦煌學貢獻之巨大，對促進臺灣地區敦煌學研究的發展影響極其深遠。

2000年7月，中國國家文物局、甘肅省人民政府及敦煌研究院爲慶祝敦煌藏經洞發現一百周年，表彰先生的成就與貢獻，特頒予先生"敦煌文物保護研究貢獻

---

[1] 鄭阿財《敦煌孝道文學研究》，文化大學中文研究所博士學位論文，臺北：石門圖書公司，1982年；林聰明《敦煌俗文學研究》，東吳大學中文研究所博士學位論文，中國學術著作獎助委員會，1984年；朱鳳玉《王梵志詩研究》，文化大學中文研究所博士學位論文，臺北：學生書局，1986年。

[2] 陳世福《敦煌賦研究》，文化大學中文研究所碩士學位論文，1978年；宋新民《敦煌因緣類變文研究》，文化大學中文研究所碩士學位論文，1981年，此外尚有十多篇。

[3] 潘重規主編《敦煌俗字譜》，石門圖書公司，1978年；潘重規主編《龍龕手鑒新編》，石門圖書公司，1980年。

[4] 鄭阿財、朱鳳玉合編《1908—1997敦煌學研究論著目錄》，臺北：漢學研究中心，2000年。《1998—2005敦煌學研究論著目錄》，臺北：樂學書局，2006年。

獎"。先生在敦煌學的影響，不僅呈現在對臺灣地區敦煌學研究的開創，更在於他對 21 世紀敦煌學術發展的高瞻遠矚。2001 年 11 月，爲慶祝潘重規教授九五華誕暨從事敦煌學一甲子，並展望 21 世紀的敦煌學，中正大學中國文學系特聯合中正大學歷史系、逢甲大學中文系、四川大學中國俗文化研究所、唐代學會、漢學研究中心，舉辦以研究敦煌文獻爲中心的學術會議，邀請海内外敦煌學者與會，會中宣讀了 54 篇論文。其中大多深受先生影響與啓迪，也頗有對先生先知先見之闡發。如柴劍虹《關於俄藏敦煌文獻整理與研究的幾個問題——兼談學習潘重規先生在"新亞"演講的體會》，榮新江《入海遺編照眼明》[①]。

2003 年 3 月初，在日本京都召開了敦煌學國際聯絡委員會的成立大會暨第一次執行委員會。敦煌文獻研究信息檔案之建立，是大會成立的主要宗旨與未來努力的目標之一。事實上，早在三十多年前先生便已對敦煌學"未來的發展"提出了三個具體工作："第一，我們應該聯合國際學術界的力量來編纂一部敦煌遺書總目錄。……第二，我們應該聯合國際學術界的力量，來編纂一部敦煌論文著述總目錄。……第三，我們現在應該成立一個研究資料中心，做好敦煌寫本攝影、臨摹、楷寫的工作。"[②] 這雖是將近五十年前所宣示的，然如今看來依舊深具時代意義，似乎先生早已爲我們敦煌學國際聯絡委員會的成立宗旨與發展目標提出了指導方針，即使在今天，也不失爲敦煌學界共同的展望。[③]

[①] 柴劍虹《關於俄藏敦煌文獻整理與研究的幾個問題——兼談學習潘重規先生在"新亞"演講的體會》，載項楚、鄭阿財主編《新世紀敦煌學論集》，成都：巴蜀書社，2003 年，第 1～6 頁；榮新江《入海遺編照眼明》，同前引，第 14～26 頁。

[②] 1972 年 12 月 16 日在新亞研究所的學術演講，題目爲《敦煌學的現況和發展》，講詞載《新亞生活》1973 年 15 卷 9 期，第 1～4 頁，又收入《列寧格勒十日記》附録，臺北：學海出版社，1975 年，第 133～150 頁。

[③] 2020 年郝春文在《用新範式和新視角開闢敦煌學的新領域》一文中也説："以往公布的敦煌遺書圖版的主體部分都是黑白圖版。由於敦煌寫本中有很多朱筆校改或句讀，這些朱色墨迹在黑白圖版上很難看清；又由於敦煌寫本寫於幾百年乃至一千多年前，有的墨迹已經脱落；有的寫本有很多污漬，或遮蔽了原來的文字。這類文字在黑白圖版上也很難辨識。如果是高清彩色圖版或紅外攝影圖版，可以在很大程度上解决黑白圖版存在的問題。"（載《光明日報》2020 年 8 月 17 日）

附錄

潘重規先生敦煌學論著目錄

鄭阿財、朱鳳玉整理

一、專著

《敦煌〈詩經〉卷子研究論文集》,香港:新亞研究所,1970年。

《唐寫〈文心雕龍〉殘本合校》,香港:新亞研究所,1970年。

《瀛涯敦煌韻輯新編》,香港:新亞研究所,1972年。

《瀛涯敦煌韻輯別錄》,香港:新亞研究所,1973年。

(臺北文史哲出版社1974年曾將《瀛涯敦煌韻輯新編》《瀛涯敦煌韻輯別錄》合編,影印發行)

《列寧格勒十日記》,臺北:學海出版社,1975年。又臺北:東大圖書公司,1993年。

臺灣圖書館藏《敦煌卷子》,臺北:石門圖書公司,1976年。

《敦煌雲謠集新書》,臺北:石門圖書公司,1977年。

《敦煌俗字譜》,臺北:石門圖書公司,1978年。

《敦煌唐碑三種》,臺北:石門圖書公司,1979年。

《龍龕手鑒新編》,臺北:石門圖書公司,1980年。

《敦煌詞話》,臺北:石門圖書公司,1981年。

《敦煌變文論輯》(編)臺北:石門圖書公司,1981年。

《敦煌變文集新書》(上),臺北:中國文化大學中文研究所,1983年。

《敦煌變文集新書》(下),臺北:中國文化大學中文研究所,1984年。

《敦煌變文集新書》(修訂版),臺北:文津出版社,1994年。

《敦煌〈壇經〉新書》,臺北:佛陀教育基金會,1994年。

《敦煌〈壇經〉新書附冊》,臺北:佛陀教育基金會,1995年。

二、期刊論文

《敦煌唐寫本〈尚書釋文〉殘卷跋》,《志林》1941 年第 2 期,第 1~13 頁;又載《學術季刊》1955 年第 3 卷第 3 期,第 15~29 頁。

《略談巴黎所藏敦煌卷子題記》,《新亞生活》1968 年第 10 卷第 13 期,第 1~3 頁。

臺灣圖書館所藏《敦煌卷子題記》,《新亞學報》1968 年第 8 卷第 2 期,第 321~373 頁;又載《敦煌學》1975 年第 2 輯,第 1~55 頁。

《敦煌〈毛詩詁訓傳〉殘卷題記》,《新亞學術年刊》1968 年第 10 期,第 1~36 頁。

《王重民題敦煌卷子徐邈〈毛詩音〉新考》,《新亞學報》1969 年第 9 卷第 1 期,第 71~192 頁。

《巴黎藏〈毛詩詁訓傳〉第廿九第卅卷題記》,《東方文化》1969 年第 7 卷第 2 期,第 158~162 頁。

《巴黎倫敦所藏敦煌〈詩經〉卷子題記》,《新亞學術年刊》1969 年第 11 期,第 259~290 頁。

《敦煌〈詩經〉卷子之研究》,《華岡學報》1970 年第 6 期,第 1~19 頁。

《倫敦藏斯二七二九號暨列寧格勒藏一五一七號敦煌卷子〈毛詩音〉殘卷綴合寫定題記》,《新亞學報》1970 年第 9 卷第 2 期,第 1~47 頁。

《倫敦斯一〇號〈毛詩傳箋〉殘卷校勘記》,《敦煌詩經卷子研究論文集》,1970 年。

《敦煌〈詩經〉卷子研究論文集序》,《華僑日報》1971 年 12 月 1 日;又載《木鐸》1975 年第 3、4 期合刊,第 21~25 頁;《華學月刊》1976 年第 52 期,第 1~3 頁。

《敦煌學的現況和發展》,《新亞生活》1973 年第 15 卷第 9 期,第 1~4 頁;又收入《列寧格勒十日記》附錄,1975 年。

《〈瀛涯敦煌韻輯〉別錄》,《新亞學報》1973 年第 10 期下,第 1~92 頁;又收入《〈瀛涯敦煌輯韻新編〉別錄》,臺北:文史哲出版社,1974 年。

《變文〈雙恩記〉試論》,《新亞學術年刊》1973 年第 15 期,第 1~8 頁;又收入《列寧格勒十日記》,1975 年。

《我國在列寧格勒的國寶》,《幼獅月刊》1973 年第 38 卷第 6 期,第 2~3 頁;又收入《列寧格十日記》,1975 年。

《〈敦煌學〉第一輯發刊辭》,《敦煌學》1974 年第 1 期,第 1~2 頁;又載《華學月刊》,1974 年第 34 期;《創新月刊》1974 年第 138 期,第 2~3 頁。

《〈瀛涯敦煌韻輯〉拾補》,《新亞學報》1974 年第 11 期上,第 37~38 頁。

《敦煌寫本〈祇園圖記〉新書》,《敦煌學》1976 年第 3 輯,第 103~110 頁。

《韻學碎金》,《幼獅學志》1977 年第 14 卷第 2 期,第 38~41 頁。

《敦煌〈雲謠集〉之研究——中國第一部詞的總集之發現與整理》,《中華文化復興月刊》1977 年第 10 卷第 5 期,第 2~5 頁。

《敦煌學的瞻望與創新》,《嶺南大學開校三十週年紀念國際會議發表論文》,1977 年;又《華學月刊》1977 年第 69 期,第 33~36 頁。

《敦煌賦校錄》,《華岡文科學報》1978 年第 11 期,第 275~303 頁。

《敦煌變文新論》,《幼獅月刊》1979 年第 49 卷第 1 期,第 18~41 頁;又收入《敦煌變文集新書》附錄,1984 年。

《"偶然"的影響》(上、下),《臺灣日報》1979 年 5 月 14~15 日。

《敬悼戴密微先生》,《敦煌學》1979 年第 4 輯,第 1~8 頁。

《敦煌〈詩經〉卷子拾零》,《敦煌學》1979 年第 4 輯,第 9~13 頁。

《"不知名變文"新書》,《敦煌學》1979 年第 4 輯,第 14~23 頁。

《敦煌寫本〈眾經別錄〉之發現》,《敦煌學》1979 年第 4 輯,第 69~79 頁;又載《華學月刊》1980 年第 97 期。

《敦煌變文集〈四獸因緣〉訂定》,《大陸雜誌》1979 年第 59 卷第 4 期,第 1~3 頁。

《敦煌俗字譜序》,《華學月刊》1979 年第 95 期,第 25~26 頁。

《一字萬金》,《中華日報》1979 年 11 月 7 日。

《完整無缺的〈山花子〉詞》,《臺灣時報》1979 年 11 月 14 日。

《敦煌寫本曲子孟姜女的震蕩》,1979 年 11 月 28~29 日;又載《東方宗教》1980 年第 55 期。

《敦煌唐人陷蕃詩集殘卷研究》,《幼獅學志》1979 年第 15 卷第 4 期,第 1~22 頁;又載《敦煌學》1988 年第 13 期,第 79~111 頁。

《〈長興四年中興殿應聖節講經文〉新書》,《木鐸》1979 年第 8 期,第 1~28 頁。

《天真質樸的敦煌曲子詞》,《中華日報》1979 年 12 月 12 日。

《敦煌詞不可輕改》,1979 年 12 月 17 日。

《敦煌寫本唐昭宗〈菩薩蠻〉詞的新探》,1980 年 1 月 26~27 日。

《瀛涯敦煌詞話》,《華學月刊》1980 年第 98 期,第 17~19 頁。

《敦煌愛國詞》,1980 年 3 月 5 日。

《從敦煌遺書看佛教提倡孝道》,《華岡文科學報》1980 年第 12 期,第 197~267 頁。

《論敦煌本唐昭宗〈菩薩蠻〉詞：答毛一波先生》，1980 年 4 月 1～2 日。

《敦煌學研究論著目錄分類索引序》，《文藝復興》1980 年第 111 期，第 25～26 頁。

《變文〈雙恩記〉校錄》，《幼獅學志》1980 年第 16 卷第 1 期，第 16～50 頁；又載《東洋研究》1980 年第 57 期，第 53～92 頁。

《敦煌詞史》，1980 年 7 月 5 日。

《敦煌卷子俗寫文字與俗文學之研究》，《孔孟月刊》1980 年第 215 期，第 28～46 頁；又載《木鐸》1980 年第 9 期，第 25～40 頁。

《〈龍龕手鑒新編〉引言》，《文藝復興》1981 年第 119 期，第 11～16 頁。

《補〈全唐詩〉新校》，《華岡文科學報》1980 年第 13 期，第 171～227 頁。

《敦煌變文與儒生解經》，《靜宜學報》1981 年第 4 期，第 47～52 頁；又收入《唐君毅先生紀念論文集》，1983 年，第 47～52 頁。

臺灣圖書館所藏《敦煌卷子影印流通的貢獻》，《漢學研究通訊》1982 年第 1 卷第 1 期，第 1～3 頁。

《敦煌押座文後考》，《華岡文科學報》1982 年第 4 期，第 79～100 頁。

《了解敦煌獻詞》，《自立晚報》1982 年 6 月 7 日。

《敦煌閩人詩篇》，《自立晚報》1982 年 6 月 11 日。

《〈敦煌變文集新書〉引言》，《敦煌學》1982 年第 5 輯，第 63～69 頁。

《我探索敦煌學的歷程》（上、下），1982 年 10 月 3～4 日。

《〈龍龕手鑒〉與寫本刻本之關係》，《敦煌學》1983 年第 6 輯，第 87～92 頁。

《龍宇純〈英倫藏敦煌切韻殘卷校記〉拾遺》，《華岡文科學報》1983 年第 15 期，第 177～213 頁。

《〈龍龕手鑒〉及其引用古文之研究》，《敦煌學》1984 年第 7 輯，第 85～96 頁。

《敦煌寫本〈秦婦吟〉新書》，《敦煌學》1984 年第 8 輯，第 1～44 頁。

《簡論〈王梵志詩校輯〉》，《明報》1984 年第 8 期，第 34～36 頁；又載"文藝評論"第 21 期，1984 年 8 月 16 日。

《〈王梵志詩校輯〉讀後記》，《敦煌學》1985 年第 9 輯，第 15～38 頁。

《王梵志出生時代的新觀察——解答〈全唐詩〉不收王梵志詩之謎》，"文藝評論"第 54 期，1985 年 4 月 11 日。

《敦煌唐人陷蕃詩集殘卷作者的新探測》，《漢學研究》1985 年第 3 卷第 1 期，第 41～54 頁。

《張曉峰先生對敦煌學之啓導》，《敦煌學》1985 年第 10 輯，第 1～18 頁。

《書評——〈法國國家圖書館藏敦煌寫本目錄〉第一册》，《敦煌學》1985 年第 10 輯，第 57～58 頁。

臺灣圖書館《選展館藏敦煌卷子叙錄》，《圖書館訊》1986 年第 8 卷第 4 期，第 416~417 頁。

《讀〈雲謠集考釋〉》，《敦煌學》1986 年第 11 輯，第 59~68 頁。

《簡論幾個敦煌寫本儒家經典》，《孔孟月刊》1986 年第 25 卷第 12 期，第 21~24 頁。

《敦煌王梵志詩新探》，《敦煌學國際研討會論文》，1986 年；又載《漢學研究》1986 年第 4 卷第 2 期，第 115~128 頁。

《續論敦煌唐人陷蕃詩集殘卷作者的新探測》，《國際敦煌吐魯番學術會議論文》，1987 年；又收入《敦煌文藪》（上），臺北：新文豐出版公司，1999 年，第 147~158 頁。

《〈敦煌學研究論著目錄〉序》，《漢學研究通訊》1987 年第 2 期，第 61~62 頁。

《關於敦煌〈雲謠集新書〉敬答任半塘先生》，《明報月刊》1988 年 10 月，第 97~101 頁；又載《中國敦煌吐魯番學會研究通訊》1989 年第 1 期，第 1~7 頁。

《〈長興四年中興殿應聖節講經文〉讀後記》，《敦煌學》1989 年第 14 輯，第 1~7 頁。

《敦煌寫本最完整的一篇講經文的研究》，《孔孟月刊》1989 年第 28 卷第 1 期，第 2~26 頁。

《讀項楚著〈敦煌變文選注〉》，《敦煌學》1990 年第 16 輯，第 1~8 頁。

《敦煌卷子俗寫文字之整理與發展》，《1990 年敦煌研究院敦煌學國際研討會論文》，1990 年；又載《敦煌學》1991 年第 17 輯，第 1~10 頁。

《用敦煌俗寫文字校釋〈文心雕龍〉刊本中殘存俗字考》，《第二屆敦煌學國際研討會論文集》，臺北：漢學研究中心，1991 年，第 155~170 頁。

《敦煌寫本〈六祖壇經〉中的"獦獠"》，《敦煌學》1992 年第 18 輯，第 1~10 頁；又載《中國文化》1994 年第 9 期，第 162~165 頁。

《敦煌〈六祖壇經〉讀後管見》，《敦煌學》1992 年第 19 輯，第 1~14 頁；又載《中國文化》1992 年第 7 期，第 48~55 頁。

《敦煌寫卷俗寫文字之研究》，《中正大學全國敦煌學研討會論文集》1995 年，第 1~12 頁；又收入《1990 年敦煌石窟研究國際討論會文集》1995 年，第 343~356 頁。

《敦煌變文集新書訂補》，《敦煌學》1995 年第 20 輯，第 1~22 頁。

《敦煌變文集新書訂補》（一續），《敦煌學》1998 年第 21 輯，第 1~28 頁。

《敦煌變文集新書訂補》（二續），《敦煌學》1999 年第 22 輯，第 1~34 頁。

《敦煌變文集新書訂補》（三續），《敦煌學》2001 年第 23 輯，第 1~19 頁。

圖 1

圖 2

图 3

图 4

圖 5

從《辨思録》到《溯論稿》
——佛教文學座談分享

彭華（主持人）：各位來賓大家好。第 19 屆上海市社會科學普及活動周——佛教文學座談分享現在開始。這也是"悦悦沙龍"舉辦的第 300 場活動，在此特別感謝悦悦圖書，也感謝上海市古典文學學會。首先給大家介紹一下兩位嘉賓。陳允吉老師，復旦大學中文系教授、博士生導師、前復旦大學中文系系主任。張煜老師，上海外國語大學文學研究院中國文學研究員。感謝兩位老師來參加我們的活動。接下來，作爲責編的我給大家講一下這本新書。它收録了新的篇目《賈島詩"獨行""數息"一聯詞義小箋》，該文寫於 2018 年。其次是兩篇訪談録，談季羨林先生和饒宗頤先生。再看裝幀，陳老師是把它作爲《唐音佛教辨思録》（修訂本）的姊妹篇推出的。

《唐音佛教辨思録》原是 1988 年 10 月由上海古籍出版社出版的，初版是簡體字。當時上海古籍出版社的老編輯對它評價很高，說這本書運用了很多實證材料，善於就一個小的話題進行縱深開掘，分析非常細緻，又很有獨創性。果然，這本書在 1992 年的時候獲得了全國第二屆古籍優秀圖書一等獎。這也是上海古籍出版社對境外國家與地區進行版權輸出的案例，它向中國臺灣地區輸出了一個繁體字版，後來復旦大學出版社獲得了這本書的版權，就推出了繁體修訂版。我抛磚引玉的環節就到此爲止，接下來由張煜老師接着講講書中的精彩篇目。

張煜：大家好！今天到這裏來，主要抱着學習的態度。對陳老師的書我並不敢進行點評。書中最具有代表性的一篇就是《關於王梵志傳說的探源與分析》。這篇文章能夠展現出陳老師從事俗文學研究的功力。書裏陳老師也談到了他和饒宗頤先生的一些學術往來，饒先生對這一篇評價很高，說這篇文章通過對王梵志傳說的探源與分析，從而對王梵志詩的作者問題做了很有價值的探索，"基本上是一錘定音的"。多數學者認爲王梵志實有其人，而入矢義高和戴密微認爲王梵志是神話故事中的人物，不具有記録或暗喻真人真事的史實價值。項楚在入矢義高、戴密微的基礎上有所拓展，並援引了類似的材料，具有很高的學術價值，但最終還是從"伊尹生空桑"的角度理解王梵志降生故事。陳老師從佛經中找到源頭,給出了很有説服力的分析解釋,並且通過實證的方法來證明自己的觀點。

《王維的輞川〈華子岡〉詩與佛家"飛鳥喻"》這篇文章是發在《文學遺産》上的。陳老師的文章有個特點,經常都是從非常具體的、小的問題入手,比如這首詩,它就是一首非常短小的詩:"飛鳥去不窮,連山復秋色。上下華子岡,惆悵情何極。"陳老師把它和佛經裏面的一些譬喻相聯繫。因爲在佛教譬喻中,爲了善巧方便,會有"Avadāna"。陳老師的文章除了能夠找到這些中國文學表述在佛經中具體的出處,還都寫得非常優美,我覺得這篇文章也是一個代表。他說:"故當詩人向晚偕裴迪登上華子岡、目送衆鳥相繼高飛遠去漸至影踪消匿之際,憑他平時研習佛典積累的體驗,能借用這些譬喻於介爾一念間契入悟境,由鳥飛空中之次第杳逝而了知世上所有事物的空虛無常。就同樹木百草春榮秋謝、含生群品死亡相逼一樣,人縱爲萬靈之長,亦安能歷久住世。它們全都處在刹那相續的生滅變化之中,猶如飛鳥行空不稍停歇。"陳老師的文章並不是只有學理。他平時對我們的要求也是這樣,既要有義理,同時還要有考據,另外還要有辭章。就是說文章需要寫得從容,同時也要優美。

《王維的〈鹿柴〉詩與大乘中道觀》也是陳老師自己感覺寫得比較好的。陳老師的單篇論文,幾乎每一篇都會有新意,包括這一篇有關"大乘中道觀"的文章。羅宗强先生認爲像這篇文章所作的細緻分析"海内無第二人"。這篇文章主要談到王維經常喜歡寫一些瞬間的變幻,比如朝露,或者像一些很細微的光綫、聲音,忽隱忽現的一些東西,他這種很細微的感觸覺知與"大乘中道觀"之間,比如説"空"和"有"之間是一種什麽樣的關係?文章裏面聯繫到龍樹的《中論》,説到"衆因緣生法,我説即是空。亦爲是假名,亦是中道義"。我這樣講聽上去是枯燥的,但是陳老師他能夠用很優美的語言,非常從容地來論述,最後得出結論,即王維詩歌和這些哲學思想之間的關係。陳老師經常跟我們說,研究哲學的人很多,研究詩歌的人也很多,怎樣能夠把宗教和文學結合起來研究,就好像做衣服一樣,你要把它縫在一起,需要很多極其細密的針綫,而不是牽强附會地把它們凑在一起。既要有精細的分析,還要有透闢的感悟。

講李賀的這一篇《説李賀〈秦王飲酒〉中的"獰"——兼談李賀的美感趣味和心理特徵》,我覺得大家也可以關注一下。這篇文章從"獰"這個字出發,有些人認爲這是一個錯字,而陳老師認爲這個地方没有錯。事實上正是這個用字,反映出李賀那種非常特别的詩風,他有一句話叫作"筆補造化天無功",就是説他的藝術實踐能夠創造出一個高於我們所看到的真實的世界,帶有他非常强烈的主觀色彩的世界。大家可以看到"獰"這個詞在李賀的詩歌裏面出現次數很多。

另外書中還談到大目犍連小名"羅卜"的問題,現在很多人都學過梵文,我也學過一點梵文。在梵文裏面，目連就是一種類似豆子的東西，但是你怎麼樣把豆子變成"羅卜"，會梵文的人也不一定能夠找到這些資料。而陳老師就通過《一切經音義》《翻譯名義集》《文殊師利問經》等典籍，深入探討了這些問題。他並沒有停留在對具體問題的探討，而是繼續向前推，說其實變文並不一定是唐代才有的，很有可能在東晋的時候已開始流行。所以我的同門馮國棟曾經這樣稱贊陳老師的一些文章，他說："讀先生文，如涉險道，山環路轉，百折千回，造勝入微處，忽雲開雨霽，冰解的破。始知先生布局之巧妙、結撰之用心、針脚之細密、析辨之精微。故其文不特爲文史考據之作，以美文視之，無愧也。昔柳河東讀昌黎文，嘆云：若捕龍蛇、搏虎豹，急與之角而力不敢暇。吾于先生之文得之矣。"大家看陳老師的文章，能夠從裏面感受到這樣一種非常驚心動魄的過程，就像是在跟龍虎搏鬥一樣，深入這些材料之中，一步一步地推導，最後得出結論。我就講這麼多。謝謝。

陳允吉：今天很高興，以這種沙龍的形式跟同學們見面。接下來我想談談我的唐代文學研究，以及跟上海古籍出版社的關係。我研究佛教，是在痛苦當中做出的抉擇。大概大學三年級的時候，聽王運熙先生給我們上"唐宋文學史"，我是課代表，所以有較多機會向王先生請教。從那時候開始就專門讀唐代文學的東西。我記得讀的第一本唐代文學專書，就是王琦注《李太白全集》。讀下來以後覺得古書浩如烟海，應該要系統地讀一些書了。所以後來再讀《唐人選唐詩》《唐詩紀事》《唐詩品匯》《唐賢三昧集》，讀唐代的一些筆記小說和文學史著作，又讀《全唐詩》，到大學畢業的時候，《全唐詩》看了一百五十多卷。還看《歷代詩話》《歷代詩話續編》，那時候《清詩話》已經出來了，我都看了一遍。後來留校了，王先生是古典文學教研室的領導，他跟我說你唐代文學看得倒蠻多，也應該多看點歷史，多看點哲學，多接觸一些古代文化。我當時下了一個決心，我不僅看《史記》《漢書》，而且要看《後漢書》，要看《三國志》，最好把二十四史全部讀一遍。顧頡剛先生把二十四史從頭至尾讀了兩遍。這個還不算多，吕思勉先生曾將二十四史從頭至尾讀過三遍。

我定下來的研究方向還是唐代文學。但是碰到一個主要的問題，自己寫不出什麼有新意的東西，不管哪一個詩人，李白、杜甫或者劉禹錫，寫的東西好像人家都已經談過了。後來一個偶然的機會讀了任繼愈先生的《漢唐佛教思想論集》，對我的影響很大。我開始的時候呢，什麼都讀不懂的。比如《五燈會元》是本什麼書？很想得到解釋。但條件艱苦，資料匱乏，一度没有人可問。後來偶然碰到機會，在學校附近一家小飯店裏請教郭紹虞先生，才知道這是一本記載禪宗僧侣言論的燈録。這時我就開始學習佛教相關的東西了。

1971年春開始參與點校二十四史裏的《舊唐書》。點校二十四史給我們帶來一個很大的機遇。當時圖書館是封起來的，不能借書。點校二十四史要查大量的書，我們二十四史組有一張集體借書的卡，可以到書庫裏面隨便去挑。在"文化大革命"時期，我居然有機會能夠讀到佛經，這是很好的條件。所以我有一長段時間，白天點校二十四史，晚上看佛經——《妙法蓮華經》《思益梵天經》《維摩詰所説經》《大般涅槃經》《金剛般若經》《楞伽經》《華嚴經》等，逐漸對佛教的教義有所了解。開始的時候一定讀不懂的，又沒有人指導你。有一個辦法，這個辦法也是很笨的辦法，不管懂不懂，只管看下去。有些概念，有些名相，經過多次接觸就慢慢曉得它是個什麼意思了。

到了"文化大革命"後期，我開始鑽研一個問題：佛教思想同王維的山水詩究竟有什麼關係？當時中國科學院文學研究所出了本文學史，説王維的佛教思想主要體現在説理的詩歌中，至於他那些刻畫自然美形象的代表作呢，就没有什麼佛教的思想了。我當時就不以爲然，覺得王維的山水詩受佛教思想的影響主要應表現在那些最有名的、寫得最好的代表作當中。但文章不容易寫，一方面是抽象的哲理，王維的山水詩是通過具體的形象來展現的。但是談到大乘佛教的"中道觀"，或者説是"中觀"，這個問題就比較好談了。就是你要表現"空"啊，你不能直接講"空"的，要從他寫"有"的當中來看他的"空"。他同樣可以寫這種美景，但這種美景在他看來是一種"假有"。"假有"即"真空"。倘然直接從"空"裏面談"空"，永遠也談不出來。在"文化大革命"當中，白天都要做二十四史點校，晚上才有時間寫這篇文章。

開始的時候就是這麼困難，在不知不覺中水準就提高了。在此過程中也得到了上海古籍出版社社長魏同賢的支持，他向我約稿。我寫文章進度很慢，有的文章前後加起來花了兩年時間才寫出一篇。到了20世紀80年代中期，魏社長説和我的稿約依然有效。《唐音佛教辨思錄》就是在這種情況下交給上海古籍出版社的。加上現在繼續出的那一本《佛教中國文學溯論稿》，可以説是花了上海古籍出版社四代領導的心血——魏同賢社長、李國章社長、趙昌平總編輯、高克勤社長。高克勤先生就是《唐音佛教辨思錄》的責任編輯。今天參加這個會，我要感恩上海古籍出版社。

第二點，談談我對自己那些文章的特點的認識。我很少寫題目跨度很大的文章。一般都是題目比較小，還比較注意深挖。古典文學界有老師把它概括成兩句話，"突破一點，縱深開掘"。我想這個是我自己掌握得比較熟練的一種方法。有的文章寫作時間很長，比如《論唐代的寺廟壁畫對韓愈詩歌的影響》和《從〈歡喜國王緣〉變文看〈長恨歌〉故事的構成》，這兩篇都花了大量的時間。

我自己的研究方法，就像我在《唐音佛教辨思錄》的後記中講的，一是注意辨明事實的情況，就是"辨"。"思"呢，也就是你思維空間要擴大一點，能夠有一種宏通的想法。所以在80年代的時候，中國社會科學雜志社《未定稿》有個編輯訪問我，説85年是方法論年，對這個問題有什麼看法。我説新方法當然要注意運用，這樣我們的學術研究才會進步，但是有些東西不能拋弃掉，比如實證研究。所以，我的研究方法比較簡單，一方面要擴大思維，另一方面也要堅持實證研究。我的文章中考證的部分是相當多的，但考證不能枯燥無味，要跟思辨結合起來，要把文章盡量寫得漂亮些，就是所謂有義理，有考據，也有辭章，這是我覺得比較理想的一個文章境界。

這個過程中得到很多人的幫助，我想總結一下自己所接受的前代人的影響和幫助。首先是復旦的老師。我這些文章裏面有很多觀點都來自復旦的老先生。比如講韓愈的"以醜爲美"，原話出自清人劉熙載的《藝概》，但與此相同的話我第一次是聽陳子展先生講的。他説《元和聖德詩》寫劉闢一家在長安被殺掉，前面的小嘍囉被砍殺，他的兒子還是小孩子被腰斬，劉闢被凌遲，肉一塊一塊被割下來，最後再被剁成肉醬。這都是很恐怖的東西，但是韓愈把他當美的東西來寫。我寫文章談及地獄變相意象對韓詩的影響時，就把陳子展先生的這個意見吸收進去了。又比如講《長恨歌》受變文的影響，實際上也是我們老先生的意見。朱東潤先生在"文化大革命"後期寫了《杜甫叙論》，實際上他寫的就是杜甫傳記。朱先生特别欣賞杜甫的《哀江頭》，但是不喜歡《長恨歌》，認爲《長恨歌》寫楊貴妃的美寫得太露骨了。他説《哀江頭》是事變發生以後没有多久，詩人杜甫在長安得到消息後寫下的感受，《長恨歌》不過是事變數十年以後的一篇變文。

除了復旦的老師以外，還有兩位前輩對我影響非常大，陳寅恪先生和饒宗頤先生。我的《唐音佛教辨思録》所受最大的影響來自陳寅恪先生。陳寅恪《論韓愈》是1949年以後寫的，這篇文章所論及的韓愈與佛教的關係對我啓益非常大。這一問題，清代沈曾植《海日樓劄叢》較早談及韓愈詩歌受佛畫影響。後來包括饒宗頤先生，也對韓愈詩歌受佛教影響這一問題有所推進。陳寅恪先生的研究特點，不單是傳統的考證，其中包含着諸多他個人的天才成分。人特别聰明，悟性特别好。所以他談有些問題，雖然給你羅列大量的證據，有不少論點都是根據他天才的預判，但此種建立在個人遠見卓識基礎上所作的研判，猶如"金針度人"，一下子切中腠理。他講過以後，往往需由後人來給他做補充論證。比如像《四聲三問》，開始時他從《高僧傳》等材料中所記當時很多審音僧人給梵唄定音的活動談起，由此而觸發了他對中土聲律的形成問題產生的聯想，這一份學術敏感顯得極其難能可貴。但是接下去他講印度的圍陀三聲和中國四聲的關係却没有什麼根據，對此郭紹虞、羅常培等先生都作了很多中肯的批評。像陳先生這樣的大學者，雖然有的時候難免犯錯，但其新見在很多情况下是振聾發聵的，給人的啓發是特别强烈的。

到後一個階段，饒宗頤先生跟我接觸比較多一點，因爲當時我在系裏工作，聘請饒宗頤先生來當我們復旦的顧問教授。我寫《韓愈〈南山詩〉與密宗"曼荼羅畫"》時，因爲若干年前饒先生在京都大學的《中國文學報》上發表過一篇《韓愈〈南山詩〉與曇無讖譯馬鳴〈佛所行贊〉》，對我有很大的幫助。隔了幾年我有機會細細地讀了一下韓愈的《南山詩》，覺得這首詩裏有"曼荼羅畫"的痕迹。剛好到1996年，饒宗頤先生80歲，他的老家潮州市政府辦了個學術研討會。我參加這次研討會提交的文章，就是論韓愈的《南山詩》同密宗的"曼荼羅畫"之關係的，想在饒先生的研究基礎上有所推進。這篇文章的論題饒先生早就知道，到我發言的那天下午，饒先生説："今天看你的哦！"會議閉幕的那一天，饒先生最後作總結，他説了這麽一段話："陳允吉先生在陳老的基礎上對韓愈的繼續研究，我們是同意的。"過數月後，設在潮州開元寺内的嶺東佛學院有一個研究刊物叫《人海燈》，就把這篇文章發表了。同時還給我寫了一封信，説你這篇文章在饒先生的基礎上有新的發現，我們給你刊登出來了。應該説，20世紀八九十年代以後，饒先生對我幫助很大。特别是寫王梵志降生故事那一篇，一開始有點想法的時候，就向他請教過。饒先生説："你談到的這些想法，是從根本上去觀察問題的，這件工作可以去做。"到第二年再見面時，他又提示我"要從複雜的材料中理出頭緒來"。1993年秋，我到香港中文大學翻譯系訪問，順便去中國文化研究所拜訪饒先生，饒公同我講了兩件事，我覺得很有意思。第一件事，他早年到歐洲去，曾見過一位德國的老太太，一生都在研究王梵志詩。她收集了很多很多的材料，還同饒先生交流過。可是一直到現在，她的成果還没有發表。第二件事是説他去日本做訪問研究時，曾去旁聽入矢義高教授給研究生上課。入矢教授把王梵志的重要作品選了好幾首，分給研究生每人負責一首。第一個禮拜，由甲來談王梵志這首詩的體會，其他同學輪流發表意見，最後由入矢義高教授來總結，下個禮拜再繼續這樣討論。他講"Iriya（入矢義高名字的日語發音）厲害！"言談之中透溢着欽佩之情。入矢義高先生在日本有很多學生，比如跟我比較熟悉的關西大學森瀨壽三教授，他在21世紀初過訪復旦時，嘗話及入矢先生對饒公旁聽他的課程感到非常高興，也經常和他的弟子們講起這件事。《關於王梵志傳説的探源與分析》這篇文章，動筆寫的時間倒不太長，但醖釀的時間有十多年。在這個過程中，饒先生對我的幫助顯得彌足珍貴。

我對李賀的認識受弗洛伊德精神分析學的影響很顯著。我有一段時間接觸精神分析學，很少看其他人的著作，但弗洛伊德翻譯過來的著作我基本上都讀過。我寫關於李賀的文章從來没有引過弗洛伊德的一句話，但細心閱讀仍能看出它們曾經受到弗洛伊德某些想法的沾益。比如張煜剛才講到"筆補造化天無功"，本來它是李賀對韓愈詩歌創作特點的稱頌，但反過來考察李賀本人的詩歌創作也同樣適用。李賀年紀很輕就掉頭髮了，不僅掉頭髮，而且有白頭髮。本來掉頭髮的人頭髮不太會白，白頭髮的人頭髮不太會掉，但他又掉頭髮又少年白頭。他對時光的流逝與生命的短暫特别敏感，極善於借助幻想和豐富多彩的直覺，把自身對於缺失的抱憾靈敏地轉換到它的相反方向，使這種補償以一種想象性的願望形態出現。所以他喜歡寫"綠鬢少年"的頭髮，更喜歡寫青年女子濃密的頭髮。他自己頭髮白了或者快掉沒啦，就通過在詩中寫濃密的頭髮來補償，這也是"筆補造化天無功"。所以有的時候我感到精神分析學的理論對了解李賀的創作思想非常有幫助。我的第一篇討論李賀的文章，叫《李賀詩中的"仙"與"鬼"》。粉碎"四人幫"以後，我們中文系第一次開學術報告會時，我以此爲題作過報告。該文不久後在《光明日報》的《文學》專欄上發表，當時北方高校的一位老師撰文跟我進行辯論，說李賀怎麼會一天到晚擔心人有沒有死亡的問題呢？因爲按照當時通常的理解，李賀對政治非常關心，是應該把他作爲一個法家來看待的。這本書中還有一篇《李賀——詩歌天才與病態畸零兒的結合》。我在動手寫作之前，把茨威格寫的《巴爾扎克傳》非常仔細地讀過一遍。如果大家知道了此中曲直，可以在文章裏面找到一些熏習浸染的踪迹。

至於我談一般佛像藝術的論文，其藝術觀頗得益於丹納《藝術哲學》的啓迪。從材料的組織和行文上看，則受勃蘭兑斯《十九世紀歐洲文學主潮》的影響較大，它那種清新灑脱、收縱自如的行文特點我很喜歡。李澤厚先生的有些作品，如《美學論集》《美的歷程》，在寫法上也對我有所啓發。

今天零零碎碎地向大家彙報這些，我感到非常高興，謝謝。

彭華：非常感謝陳允吉老師精彩的講話，他回顧了自己從事佛教文學的研究歷程，以及和上海古籍出版社的淵源，感恩了對他的研究有各種幫助和啓示的前輩，包括復旦的陳子展先生、朱東潤先生，包括從事佛教文學研究的陳寅恪先生，還有饒宗頤先生。接下來我們要進入提問的環節，先請張煜老師提個問題吧！

張煜：好的。陳老師您這本《佛教中國文學溯論稿》出版以後，很多讀者都十分感興趣，它和《唐音佛教辨思錄》之間有什麼聯繫與區别？

陳允吉：我在這本書後記裏面提到過和《唐音佛教辨思錄》的聯繫，説是姊妹篇。兩書總的研究目的、研究方法都是一致的。但是也有些不同。不同表現在什麼地方呢？《唐音佛教辨思錄》中在20世紀70年代末至80年代初寫的那些文章，其時作宗教文學研究的客觀條件很差，能够見到的材料甚少，社會上多數民衆也不太願意接受，在很大程度上要靠你發揮主觀努力去鑽研。點校二十四史結束後，我們借書不太方便，回到系裏以後讀佛經變得很難。當時《大正藏》我們學校有兩部，一部在哲學系資料室，一部在歷史系思想史教研室。因爲歷史系這個教研室裏，朱維錚老師是我的同鄉，姜義華、李華興兩位老師亦較熟悉，我閱讀《大正藏》都是去那兒看的，承蒙他們幾位爲我提供方便。寫《唐音佛教辨思錄》裏這些作品時，我不過三四十歲，闖勁十足，非常願意鑽研，而且能够堅持下來。比如韓愈寺廟壁畫那一篇，還包括《長恨歌》那一篇，儘管碰到的困難很大，最後都能撰寫完成。

《辨思錄》也有不足的地方，就是那時我在學術上不成熟，比如《論王維山水詩中的禪宗思想》，其撰作過程中所付出的精力至巨，於溝通佛教哲理與詩歌藝術形象之關係上頗有特色，但是現在我不大重視這篇文章。爲什麼呢？這裏面有一個問題。你講這個是王維的禪宗思想，確實是禪宗的思想，但又不止是禪宗，佛教的其他宗派都可以這樣講，實際上就是佛教的般若思想。那麼爲什麼當時會這樣寫呢？這跟當時整個學術界的認知情況有些關係。其實禪宗跟其他宗派的不同不在於哲學思想，而主要在於修持理念及其接引學人的方法。所以講禪宗的思想特點，講得最簡明扼要的，是黃懺華先生爲《世界佛教大辭典》所寫的"禪宗"那一條（《中國佛教》第一冊，第324～325頁，知識出版社，1980年）。

那麼後面一本書呢，就是現在出的這本《佛教中國文學溯論稿》，應該說思想比較成熟一點，梳理佛教傳播在中國的影響也比較全面一點，所走的彎路也比較少。但是這一段時間的科研也是有缺陷的，總的來說，鑽研精神遠不如前。在此期間，我寫過一篇東西，注意力集中在柳宗元《江雪》這首詩上。詩歌只有簡單的四句："千山鳥飛絕，萬徑人踪滅。孤舟蓑笠翁，獨釣寒江雪。"目的是探討它的佛經記載來源。爲此我認真讀了一遍《柳河東集》，並花了許多時間去爬梳《大正藏》，還對永州的南亞熱帶氣候作了仔細查考。按照提綱寫了三個部分，基本上都寫好了，到最後還是沒有堅持下來。可能是因爲進入垂老之年，鑽研的勁頭逐漸消退。另外還有一篇想探討柳宗元的《羆說》。《羆說》一眼看去我就覺得印度故事的味道很濃。爲了這件事，我曾專門向內蒙古大學的蒙古學專家請教，在蒙語中羆跟熊有什麼差別。他說羆爲體型很大的熊，還有一種說法就是"可怕的東西"，熊就是一般的熊。我寫了一封信向季羨林先生請教熊跟羆在梵文中有何區別。不到一個禮拜，季先生就寫了回信，他說最近家裏正好在裝修，書堆得很亂。但是根據記憶，我可以告訴你它們是有不同的，他分別給我寫了兩者的梵文。若此之研究條件足夠充分，但最後文章仍然沒有寫出來。這種情況跟從前明顯不同，從前哪怕寫得再苦，最後拼了命也要把文章出來。人到了五十多歲以後，精力不是很旺盛了，就容易放鬆對自己的要求。我們這一代知識分子大多年輕時放下了健康追求事業，中年一過要保重身體了，就放下了事業來追求健康。

彭華：好，各位同學來賓有什麼問題的話，請現在舉手，我們跟陳老師互動一下。

提問同學1：謝謝老師們的精彩講演。有一個問題想請教陳老師，我們都知道您的駢體文寫得非常得好，而且這本書裏面也收錄了您用駢體寫作的書序。想請問一下您是怎麼樣練習駢文寫作的？謝謝。

陳允吉：我童年時曾在一位老先生的指導下讀《千家詩》，於平仄屬對等事略有所知，並未花很多功夫去練習駢文寫作。後來又怎麼會喜歡去寫駢文的呢？應與參加二十四史的標點實踐有很大關係。當時參加二十四史點校工作的都是老先生，我能够參與其中，已經是非常幸福的了。在此期間我主要參加《舊唐書》的點校，並參與承擔通讀該書全部點校稿的任務，按點校體例反反復復地看稿子，等於將《舊唐書》前前後後看過多遍。《舊唐書》裏收錄詔制奏議，基本上都是駢文，有些甚至是最典範的駢文。那麼不斷地標點，你儘管不一定把它讀出來，實際上會受潛移默化的影響，已經印在我腦子裏面了。類似於此的感受不斷地積累，必然會對這種文體產生愛好。所以其後我和人家通信，常會夾帶一些駢對的句式，包括像《〈唐音佛教辨思錄〉後記》這類文章，也都帶有顯著的駢儷化傾向。20世紀末我開始專門寫作駢文，這同我的老鄉朱維錚先生還有點關係。我剛才講過潮州主辦的饒宗頤先生八十歲的學術研討會，維錚先生與我都應邀參加，會議期間又同去參觀當地的饒宗頤學術館。饒宗頤學術館是一幢五層樓建築，修得蠻漂亮，先生的部分藏書和書畫，以及其他的一些資料都放在裏面。此地原是饒家的榨油作坊，後來饒先生在海外很有名了，在他開始跟大陸有聯繫之後，當地區政府就把這塊地方闢出來並投入部分資金，港商陳偉南先生則出了大部分的錢，造起了這棟氣派頗大的建築。大門口右邊牆壁上鑲嵌着一塊長方形的石碑，上面刻了一篇《建饒宗頤學術館記》，作者就是我們的朱維錚老師。當時我同朱先生在學術館門口拍了一張照。朱先生長我三歲，在復旦學習時高我兩屆，我對他一直是很欽佩的。他給我的印象，總是那麼英氣逼人、才華橫溢。若論思維之敏捷，議論之深刻，氣度之瀟灑，講演之吸引人，我簡直望塵莫及。第論遣辭屬對等雕蟲小技，我自覺尚有一技之長。如同上面所提到的這篇文章，我還是寫得出來的，要是日後付以更多努力，可能會寫得更好一些。就在那年秋天，我同陳引馳先生主編的《佛教文學精編》即將出版，當時責任編輯要我寫一篇序，我想就寫一篇駢體文試試。一共兩千二百字，花費約一個月的時間，總算寫出個初稿。此後又從頭到尾改了好幾遍，還向上海文史館劉衍文先生、廈門大學周祖譔先生請教過。例如該文第六段"是故才士半成居士，文心屢雜禪心"兩句，就是采用了周祖譔先生的設計；同一段後面"或矜賈島瘦冷，刻削窮形，挾枯寂之氣，索漠冥之道。終墮末流，枉捐苦力"等句，則經過了劉衍老的措意修改。這裏面有些偶然的機緣。當然寫駢文也是很難的。我自己寫的水準很一般，若說個人喜好，我以爲清代的駢文寫得最好。清代的駢文變化多端，而且講究的套路愈多，要花的時間就更多啦。寫駢文殫思竭慮，非常辛苦，所以千萬不能長時間耽在裏面。

彭華：好，謝謝陳老師的耐心解答。還有哪位要提問？這位同學，請。

提問同學2：陳老師您好。我想問一下，您剛才提到的說我們在做新研究的時候，一定要有實證的基礎來支撐我們的想法。因爲我也看過這篇《論唐代寺廟壁畫對韓愈詩歌的影響》，我想您能不能以這篇文章爲例，說說有新想法的時候，我們要找怎樣的一些證據，或者說找到怎樣的程度才可以開始我們的研究？

陳允吉：這一篇是我耗時很長的作品。開始的時候有這個想法，是因爲韓愈的詩裏面，經常談到佛教的壁畫。"僧言古壁佛畫好，以火來照所見稀。"我想探討這佛教畫跟韓愈的詩歌有什麼關係。這篇文章引用的材料主要包括三個方面：一爲錢仲聯先生《韓昌黎詩繫年集釋》；二爲《大正藏》所輯佛經的有關記載；三爲叙述唐代寺廟壁畫的繪畫史著作。後來找到一個比較容易突破的地方，就是韓愈的《陸渾山火》詩。《陸渾山火》詩，沈曾植就講過，"作一幀西藏曼荼羅畫觀"。這篇文章我寫得比較滿意，是因爲發現了另外兩點：第一是《陸渾山火》和地獄變相比較像。地獄變相寫地獄的火，地獄這個大鐵城，東南西北都有很高的門，門都是關起來的。大火一起，周遭猛燒，那些在陽世做了惡事的人，墮入地獄以後，被大火趕得到處逃竄，最後燒得皮焦肉爛。《陸渾山火》不是講陽世犯罪的人，是講山間的動物。它們在大火中，一會逃到這兒，一會逃到那兒，最後都燒得皮焦肉爛。所以就證明他不僅受曼荼羅畫的影響，而且還受到地獄變相的影響。第二是《元和聖德詩》。因爲陳子展先生跟我談起過這首詩，使我聯想到佛教壁畫那些虐待囚人的場面：刀山、劍樹，把人綁起來支解摧殘，開膛破肚挖眼睛，跟《元和聖德詩》裏面寫處死劉闢的那些幫兇包括他的兒子很像。韓愈居然喜歡這種東西，其實都是有佛教來源的。而饒宗頤先生那篇發表在京都大學《中國文學報》上的文章，是同教研室一位老師見到後推介給我的，我一看來得正是時候，這是一個很好的證據。因爲陳寅恪先生講韓愈的"以議論爲詩"同佛經文體有關，他只是直接給出一個判斷，並沒有提供什麼證據。饒先生那篇文章一出來以後，就證明了陳寅恪先生的判斷是完全正確的。那麼陳先生的此項發現就更加立得住了。我就按這個思路寫下去。

彭華：好，我們的問答環節到此結束。感謝兩位老師的精彩講話！感謝各位來賓的光臨！

（錄音由四川大學中國俗文化研究所薄王逸整理，上海外國語大學張煜、上海古籍出版社彭華校訂，經陳允吉老師審定）

圖 1　活動現場

Book Reviews
新書評介

《中土早期觀音造像研究》書評

畢秀芹

　　謝志斌博士撰寫的《中土早期觀音造像研究》（中華書局，2019 年）是當前觀音信仰研究的重要著作。它的重要性主要體現在兩個方面：一是它幾乎涵蓋了當今考古發現的隋代以前的觀音造像，從而爲全面和真實地研究佛教提供了基礎；二是它力圖將觀音造像作爲一個基點，訴諸民俗學、藝術學、社會學等學科方法進行分析。立足這些資料，作者力圖解開觀音造像出現的諸多原因，還原歷史的真實。

　　觀音造像是佛教歷史研究中的基礎性學科之一，主要爲佛教歷史的書寫、佛教社會學、佛教心理學等諸多佛教分支學科的研究提供資料支撑。眾所周知，古印度沒有比較確切的歷史記載，資料缺失歷來是佛教研究舉步維艱的緣由之一。佛教傳入中國後，比較系統和完整的中國正史使得佛教史傳成爲記錄佛教的寶庫。但要對之進行完全的解讀，還需要借助考古學、社會學等進行多學科闡釋。與之相應，觀音信仰更需要正史以外的資料，這是由觀音信仰的民間化特徵所決定的。謝志斌博士在《中土早期觀音造像研究》中所關注的是隋代以前的觀音造像。簡言之，以往觀音造像的學術研究基本上呈現出兩種趨向：一是對觀音造像的簡單介紹。這類書目非常多，具體則往往以圖片、故事等方式向大眾進行推介。在中國歷史，特別是在古代小說中，這種現象極爲常見。二是一些嚴格的學術著作，對觀音信仰進行某些具體的和細緻的探討，學者李翎就是其中的佼佼者。這類書籍多爲學者而設，因其過於專業，在民間沒有太多反響。謝志斌博士的《中土早期觀音造像研究》另闢蹊徑，將觀音造像的圖片作爲引子，使人們產生一種了解的好奇和探索的勁頭。作者力圖解答讀者心中的疑惑，不失爲一本導讀讀物。

　　謝志斌博士早年從事中國畫研究，對於佛教和中國畫的交叉領域極爲敏銳，後來從事佛教歷史研究，實際上這本書也是他自己不斷鑽研的成果。

　　謝志斌在書的開頭就提出了佛教造像的緣起這一問題。這在學術界是一個老問題，但是囿於資料，這一問題還存在很多疑問。對此，謝志斌博士將造像起源的相關記載和造像的功用聯繫起來，進行實事求是的闡發。他還將古印度佛教造像和印度早期藝術進行了簡要分析，對兩者的親緣關係進行勾勒。造像是生產力發展到一定階段的產物，對於造像產生的社會條件，謝志斌博士進行了客觀的強調。觀音造像的發展離不開西域佛教的傳播。對此，作者没有花費太多筆墨，而只是將此作爲歷史綫索進行描述。畢竟其中牽扯到很多專業問題，任何一個小問題都可能需要耗費專家一輩子的精力。謝志斌博士自然而然描述造像事實，從而將讀者引入了一個獨特的世界。

歷史需要事實支撐，對於觀音造像歷史遺存的研究更是如此。事實尺度是判斷歷史的唯一標準。本書的第一章"觀音造像在印度的興起及其在西域的傳播"就是作者長期形成的專業素養的成果。雖説是第一章，但它並不是本書的主題，是對觀音造像興起以及在西域傳播歷史的描述。這種描述是造像歷史的書寫，其主旨則着眼於將來，即通過回顧歷史對中國的觀音造像進行反思。對於這個問題，作者只是進行陳述和鋪墊，其答案在後續章節才得到了真正的回應。嚴格地説，這一章所隱含的問題與本書的書名有些距離，但又是爲主題服務的。不過，這一章的内容過多，稍顯冗長。不管如何，問題已經開啓。作者對中土早期觀音造像的研究實則是通過横向分類進行的。這種分類按照作者所説，就是"多角度、多層次、多學科地對中土早期觀音造像的歷史演變脉絡作了全面梳理；並力求深刻、徹底、細微、準確地挖掘中土早期觀音造像所藴含的歷史背景、文化環境、宗教意義、信仰狀况以及中國人的内心世界和信仰選擇"。爲了解答這個問題，作者進行了如下設計和回答：

首先，佛教造像很早就是佛教的表徵之一。大量的考古資料中有很多關於造像的記載。這些記載或是墓志，或是碑刻，或是銘文，或是民俗，使得佛教造像迅速爲世人所關注。它們多被官方認可，成爲佛教的必備資料之一。既然如此，應該從哪個角度研究隋代以前的佛教造像呢？作者一再強調，從多學科角度解釋造像。既然如此，那麽本書實際上屬於歷史解釋學範疇，需要進行解釋學工作。衆所周知，歷史是已經發生的事實的再現，這種再現以事實爲基本標準，這也是歷史最基本的原則，這個原則在李利安教授爲本書所寫序言中已經談及。作者也正是基於同樣的思考，力圖將觀音造像作爲客觀對象去認知的，因此，才會出現作者所用的各種角度、方法和資料。這些都是了解事實的前提條件。

其次，當上述解釋的原則確立後，其物件和方法如何確定就成爲關鍵。研究對象取决於作者的研究興趣和研究能力。作者長期以來從事佛教造像研究，對觀音信仰較爲熟悉，並搜集和整理了大量隋代以前觀音造像的史料以及實物。因此，本書的研究對象被作者明確地界定爲隋代以前的觀音造像。問題是，如何對這些資料進行處理以便於學術研究呢？通讀本書，作者雖然明確了研究思路和方法，但實際上都是宏觀的和模糊的。而從目録來看，風格流變、類型劃分、傳統文化内涵、宗教內涵實際上是作者的總體框架。這個框架是基於何種意義的，爲什麼要進行這樣的分類，雖然作者沒有言明，但這並不妨礙讀者對此進行認知。

古往今來，觀音信仰就是佛教中國化的最重要的形態之一。說它最重要主要在於兩個層面：一是觀音信仰在佛教信仰中最爲普遍；二是觀音信仰從悲智雙運層次上展現了中國傳統文化不斷被接納和傳播的過程。這種過程直到今天仍然具有極大的影響力，並成爲容納傳統文化的媒介。信仰是無形的，但是信仰始終需要通過實體或者實物得以體現。從經書到圖像，從跪拜到習俗……一切都在歷史中得以印證，而造像則是保存比較完整的資料之一。因此，造像能夠表達觀音信仰中更加具體的信息。這些信息往往不同於"大傳統"，因爲它在具有典型的地域性、民族性、時間性等特徵的同時，也在很大程度上具有了普遍性。基於這些素材，作者展開了這些邏輯思考。

其一，需要對觀音造像的藝術進行思考。這種思考未必是總體上的，却是研究的基礎。觀音造像首先是一種藝術，這種藝術無論是官方的，還是民間的，都需要依據事實對待。因此，從藝術形式出發了解造像的藝術風格是第一步。造像是人類認知世界的一種表達方式，可以是人對客觀事物的認知，也可以是人內心世界的形象表達。這種表達本身具有創造性，因而始終具有文化意義。從藝術角度研究造像，其目的就在於揭示這些道理。然而由於藝術本身的局限，高度、寬度、深度等因素具有濃厚的工具性特點，因此能否立足於考古，並結合其他資料進行事實解說就成爲重點。不過造像多無鋪墊，因此對單具造像進行解說往往面臨資料缺失的問題，也就無法了解造像的具體背景。這就需要借助於其他方式進行解答。

延續類似的思考，作者在研究觀音造像的藝術風格之外，還力圖對觀音信仰進行更加深入的分析。這個過程實際上是對不同個體認知的總結和概括。本書的第三章"類型劃分"正是思考的具體呈現。觀音信仰來源於古印度。觀音信仰由信眾、佛經、廟宇等組成。同時，它又通過題記、筆記、小說、史料、壁畫、戲劇等層面鮮明地展現。對此，作者從兩個方面對觀音造像的類型進行了劃分：一是體現不同信仰類型的造像，二是不同組合形式的造像。根據觀音信仰的形成、傳播和發展，作者將觀音造像分爲净土型、救難型和混合型三種。實際上，這種類型的劃分主要是依據觀音信仰的功能而言的。觀音是佛教的主要神靈之一，它在《般若波羅蜜多心經》《千手千眼無礙大悲心陀羅尼經》《妙法蓮華經》《華嚴經》《大佛頂首楞嚴經》《佛說觀無量壽佛經》等經典中廣爲流傳。與之相關的民俗類經典和演義更是層出不窮。總結諸多歷史資料，並對觀音的起源、傳播和發展都有所了解，需要對已有的資料進行分析。特別是，這些資料基本上是具有認知意義的。面對這麼多觀音資料，如何進行認知上的分類可以說非常困難。作者采用的不同信仰類型的標準就非常恰當。信仰是一種說不清、道不明的東西，然而佛教信仰具有一脈相承的歷史傳統，因而形成了六大類型的觀音信仰。作者還將不同組合形式作爲觀音造像劃分的類型。分類要有一定的標準，在這方面信仰就可以成爲類型，然後還可以細化。至於組合形式能否和信仰作爲類型並列則有待思考。

其二，觀音造像畢竟是社會的產物，因此它具有非常豐富的內涵。在對這一內涵的解讀中，作者分別從宗教和文化兩個方面進行了說明。宗教和文化既有聯繫，又有區別。作者的區分主要是基於宗教意義上的。在此，作者又從佛教、造像人信仰、宗教功能、宗教特徵等方面進行細化。這就具有了一定的系統性特徵。對觀音造像進行宗教透視，有助於從多個層面了解佛教造像。置於文化層面，作者則從玄學、道教和孝道進行了橫向解析。這種分類是基於歷史事實的，因此具有極爲重要的價值。

當然，本書有些問題還有待解決。諸如，框架和書名之間似乎有些距離；很多分類也未必完全科學，特別是多學科之間的相互交叉，作者對此沒有很好地說明，這直接影響了作者的思路。原來作者所提出的理論假設，力圖揭示每一具觀音造像的原貌實際上幾乎沒有達到。如果只是針對少量觀音造像而更加詳細深刻地解釋的話，可能問題會迎刃而解。當然，這需要作者要花費更多的精力去搜集、整理和闡釋。

話雖如此，謝志斌博士的這本書仍然具有一定的社會貢獻和學術價值。它就像一本隋代以前觀音造像的資料集一樣，對讀者來說是全面了解觀音造像的典範。任何研究都基於以往的研究，這本書爲讀者提供了一些盡可能全面而詳盡的資料，打開了學術研究的視野。基於這種定位，這本書無疑是成功的。在學術道路上，這種方式值得肯定！

［畢秀芹，遵義醫科大學管理學院講師］

平淡底超越：讀陳允吉先生《佛教中國文學溯論稿》

馮國棟

二十年前，求學復旦園，陪對於雲在水流之室。每兩周師生討論，先生往往稱性而談，從議題抉擇、論文撰述到學苑新聞、書林掌故，言者娓娓，聽者亹亹，不覺窗移樹影，夕陽在山。其情其景，歷久彌新，恍然如昨。捧讀先生新出《佛教中國文學溯論稿》①，仿佛再一次聽法猊座下，暢遊義海中。

一、神與物遊

先生爲文高步固庵、寒柳，常煉一文以數年。"或耗費晷陰，逾月差盈兩紙；或漂淪楮墨，經冬才得一篇。"如寫《論唐代寺廟壁畫對韓愈詩歌的影響》，"兩年時間內竟四易其稿"，撰《從〈歡喜國王緣〉變文看〈長恨歌〉故事的構成》，"耗時接近兩年方告完成"。文章從選題、命意、布局、結構，乃至遣辭、用字，皆灌注了先生大量心血，追求毫髮無遺憾。劉勰《文心雕龍》稱："思理爲妙，神與物遊。"言創作者只有與研究、寫作對象朝夕相處、從容涵泳、澄懷體味、虛心以求，才能得人所不能知，言人所不能言。我想先生文章構思、寫作用時之久，非他，正在於與研究對象長時間反復對話。"率志委和，虛襟養氣"，先生在尋找，或更精確地說是在"靜候"情與境會、意與辭會的因緣契機。

正因爲與研究對象"遊處"日久，先生的文章常能洞燭幽微，又優遊不迫。對於李賀、王維，先生深有會心，對二人創作之分析也最見功力。如王維於輞川創作的詩作，歷來受到文學史家的重視，然而這些詩歌的妙處究竟在於何處？對《輞川集》中詩歌的喜好，爲何有古今之不同？這些問題仍懸而未決。先生認爲古今學人對《輞川集》中的詩歌有不同的認識，端在於古今觀念之差異。晚近論山水詩者，

---

① 陳允吉《佛教中國文學溯論稿》，上海：上海古籍出版社，2020年。

多追求畫面的美感,"而對隱括在這幅形象畫面裏的理念倒並不太在意"(第176頁)。而《輞川集》中的詩歌之所以不同於一般的山水詩,正在於其中的"理"。緣於此,先生在十餘年間,先後撰作了《王維〈輞川集〉之〈孟城坳〉佛理發微》(1995)、《王維輞川〈華子岡〉詩與佛家"飛鳥喻"》(1997)、《王維〈鹿柴〉詩與大乘中道觀》(2006),追尋《輞川集》中的大乘佛影。

先生對三詩的解讀極爲深細,不離詩歌形象而達致對佛教"真空"的闡釋。"凡有生者必然有滅,當生起的一瞬間就包含着對自身的否定,念頃地消失乃是存在與生俱來的性質,故一切諸法終歸於'寂滅'"(第192頁),這是王維在《輞川集》中時時表露的理念。然而此理念絕非空洞之説教,如在《華子岡》中,王維運用"飛鳥"這一形象,生動地表達了時間的流逝與空間的遼遠。而這一形象正源於大乘佛典中的"飛鳥喻",大乘佛典常用"飛鳥"這一形象來表達世間諸行無常的哲理。先生進一步論證,王維運用此喻並非簡單地貼合,而恰恰來自景與情會的感悟:"王右丞作詩擅長捕捉稍縱即逝的紛藉群動,奉佛則尤善於發慧觀想諸法畢竟空寂,是類假念頃消失之物象、明苦空寂滅之法理的短小譬喻,可謂適值投其所好。……故當詩人向晚偕裴迪登上華子岡、目送衆鳥相繼高飛遠去漸至影踪消匿之際,憑他平時研習佛典積累的體驗,能借用這些譬喻於介爾一念間契入悟境,由鳥飛空中之次第杳逝而了知世上所有事物的空虛無常。"(第193頁)

再如對《鹿柴》的分析:

> 該篇之發端即以"空山不見人"一句開局,表明"空山"確系作者規摹的客體對象,再經過其下之"不見人"從視覺上的托墊,顯已指出此間整個山林環境的幽静空寂,遽爲全詩著眼於勾畫空境定下主調,可以説是離開了"有"的一邊。復因作者所營求之空境,決非枯槁冥漠的虚無,以故詩的第二句"但聞人語響",需從聽覺上點綴些許人語的聲響來作調合。所謂"礙有固爲主,趣空寧舍賓",這轉移到賓位的輕輕一筆,倒反能造成皴染空山闃寂氣氛的效果,因而也就離開"空"的一邊……詩歌第三句所稱的"返景",當指落日的餘光,也就是夕陽西沉後的回光返照。殆暮間之殘照余光,原本已萎弱無力,加諸尚需穿過一道邃密的林子,能够掉落於這青苔上的這一地幽淡閃爍的光斑,真可謂是欲盡未盡、微乎其微的了。它猶在念頃相續地發生變異,必將隨着時間的流駛而疾速泯滅,無多片刻就全爲漆黑的暗夜所吞没。像這樣朦朧若幻而又稍縱遽逝的夕色,恰好處在"有"和"無"的臨界綫上,它的存在和滅没都是因果相待的。你若説它是"有",却非固定常住之"有"而是"假有";你若説它是"無",亦非空無所有之"無"而是言其"自性空"。(第209~210頁)

先生認爲王維之所以能寫出《輞川集》中的詩句，"主要獲益於他超強的藝術造詣和對外境事物的攝受能力"，也正是同樣對藝術的深心與外境的攝受，先生才能於王維詩中體察到詩人的詩情與哲理，對王維詩歌不著於相、不離於相，即相而見理，因理而明相的特點有"同情的理解"，"千載同心"正謂此也。在此基礎上，先生認爲王維"極善抓住對自然現象的刹那感受妙思精撰，令難以形求之佛學義理從中得到象徵性的顯現"（第194頁）。中國詩歌傳統長於抒情言志，而短於敘事說理。從魏晉開始，中國詩人不斷探索如何克服情、景、理之間的矛盾張力，而王維詩歌恰恰將景、理妙合無間，融爲一體。正是在這個意義上，先生認爲："按取有形之物態來隱寓無形之佛教哲理，是唐人在拓寬山水詩形象功能上的一項卓著成就。"

先生通過體察王維詩歌以形象的方式把握不可言詮的佛理，以現象界頃刻即逝的"有"了達佛教的真空，從而與詩佛王維實現了心靈上的共鳴。由此感性的閱讀經驗而達致對文學理論的"頓悟"，從而解決了文學史上自玄言詩以來如何將佛理與形象融合的困境。此中有感性閱讀經驗的溫度，有目擊道存的理論穿透力，還有對文學史規律宏觀含攝的力量。可以說正是先生優遊涵泳，用情體察，用心感知，最終超拔於現象之外，而達致於理論與規律的滿含情感形象的把握。

數字時代的人文研究，議題的獲得多由理論與同行的啓發，而材料的選擇則多來自精確的檢索，現代研究以議題的新巧、材料的豐贍取勝，卻缺乏老輩學者對研究對象深心體察、整體閱讀後所獲得的"心同理同"、印透紙背的渾然綿長的力量。

二、芥子納須

先生自言學術追求乃是"納須彌於塵毛芥子，寓義理於考據文章"。先生曾回憶王運熙先生治學是"通過對許多個別的具體的問題的研究，由此及彼地得到規律性的認識"，這也是先生一直追求的目標。先生常將個案之探求上升到文學發展史的高度，而對文學發展歷史的宏觀把握，也使得個案研究更加深入。

以韓愈、李賀等爲代表的中唐"險怪詩派"一直是先生着意的問題。在近二十年的時間中，他先後寫了《李賀詩中的"仙"與"鬼"》（1980）、《論唐代寺廟壁畫對韓愈詩歌的影響》（1983）、《說李賀〈秦王飲酒〉中的"獰"》（1984）、《韓愈的詩與佛教偈頌》（1985）、《"牛鬼蛇神"與中唐韓孟盧李詩的荒幻意象》（1996）、《韓愈〈南山詩〉與密宗"曼荼羅畫"》（1996）。這些文章看似是對具體個案的探討，但背後潛藏的問題意識其實是：中唐詩人何以發展出一種不同於中國《詩》《騷》傳統"圓轉流美"的"險怪獰力"的美學趣味？此美學趣味與彼時風行的佛教密宗有何關聯？而這種關聯實現的具體途徑是什麼？

先生指出中唐詩人"一般都不很樂意單純去寫人們日常生活中被認爲是賞心悅

目的東西，也經常有意識地去破壞作品藝術形象在感覺上的自然與和諧。他們最大的興趣，是在搜羅一些平常人看起來是屬於醜惡和可怕的東西，然後用很强的力量把它們納入詩的世界"。在評論李賀的《秦王飲酒》時言："詩人在這裏用粗獷的綫條與斑斕刺目的色彩，勾勒了一幀象徵着古代英雄蠻勇力量的險怪畫面。"（第295頁）中唐詩人在内容上追求險怪奇特，在語言風格上務去陳言、以文爲詩，追求艱澀奇奧。"背俗反常"，好用"牛鬼蛇神"等荒幻意象，崇尚力量、豔麗與獰厲，並以拗强古奥的語言加以表達，正是中唐詩歌的特色。

在此基本判斷基礎上，先生認爲，這種内容趣尚、語言特色、美學風味的形成當然有許多原因，而佛教，特别是密宗的流行以及佛教偈頌的侵入，無疑是中唐文學風格形成的重要推動力。《論唐代寺廟壁畫對韓愈詩歌的影響》一文指出，唐代寺廟壁畫所描繪的"奇踪异狀"的鬼神動物、慘酷怖厲的"地獄變相"、豔麗獰猛的"曼荼羅畫"，對於韓愈《南山詩》《陸渾山火》《元和聖德詩》等怪怪奇奇、逞才體物的詩歌産生了重要影響。《"牛鬼蛇神"與中唐韓孟盧李詩的荒幻意象》則揭露了中唐韓、孟、盧、李等詩人的藝術趣尚與唐代密宗、寺院壁畫的關係。而《韓愈的詩與佛教偈頌》則致力於探求韓愈"以文爲詩"的佛教淵源。通過對韓詩"連續使用'何'字反復提問的句式"、好用"悉"與"恒"、鋪陳動物名稱等創作現象的考察，指出這些散文化的句式多受到"似詩非詩"的佛教偈頌的影響。

這些文章或從一個字的校勘（《説李賀秦王飲酒中的"獰"》），或從數個詩歌意象（《李賀詩中的"仙"與"鬼"》《"牛鬼蛇神"與中唐韓孟盧李詩的荒幻意象》），或從一具體詩篇（《韓愈南山詩與密宗"曼荼羅畫"》）入手，而探討的則是一個時代的文學風貌與美學趣味的形成，以及此風貌、趣味與中國文學傳統的關係，可以説真正做到了"納須彌於塵毛芥子"。

從閱讀經驗出發，從具體的個案中抽繹文學發展的規律性認識，提升了個案研究的高度。而將個案放在文學史發展的長河中，則能更好地對其進行定位，更準確地判明其性質。比如對於敦煌P.4978《王道祭楊筠文》，前人的研究略可分爲二派：一派認爲此文是一寫實文章，可爲考訂王梵志其人提供史料；一派認爲此不過是一篇遊戲文字。先生同意遊觀文字之説，然認爲前人研究没能聯繫中國遊戲文字的傳統，未能將這篇文章放在中國文學傳統中加以考察。故而文章系統梳理了中國文學傳統中的遊戲文字，認爲其中有一種稱作擬體俳諧文的文體，即以一種文體格套述寫與其文體特點絶不相容的旨趣，如袁淑《雞九錫文》。其喜劇效果的造成乃在於文體與内容的不協調。再聯繫唐代俳諧文的寫作，先生認爲《王道祭楊筠文》顯然是一篇擬體俳諧文，"那些被治史者視爲緊要的部位，如對時間、地點、官職、人物之交代，則愈需依仗挖空心思的虚構創設以生發出滑稽的審美趣味。故該文絶不是一條史實材料，若拿來考訂王梵志的生平、時代，就難免會進入與探涉目標睽違的誤區。唯材料之真僞乃一相對性問題，《王道祭楊筠文》雖缺乏考證實際事件的史料價值，但它作爲在一定文化背景下萌生的遊戲文學作品，仍然具有文學研究和民俗學研究上的意義，殊不能嫌它包含了滑稽而付諸輕忽或委弃"（第 147 頁）。將《王道祭楊筠文》放在中國文學的遊戲俳諧傳統中，不僅辨明了此文的性質，推進了王梵志的研究，也爲中國遊戲俳諧傳統找到了一個民間的例證。芥子本是須彌中的芥子，須彌也不過是芥子的疊積組合，離開芥子無須彌，離開須彌也會失去芥子的本來面目，一體兩面，不一不異。分科治學，切割研究對象，雖然有其必要，然如執於芥子，力排須彌；崇尚須彌，輕於芥子，未爲通論自不待言。

可以説，先生無論是對玄言詩、七言體、王梵志詩歌，還是對韓愈、李賀的探討，都潛藏着一個中國詩歌史的背景：中國詩歌自《詩》《騷》以來確立的文學傳統，乃是功能上抒情言志、賦物寫形；風格上圓轉流美、含蓄蘊藉。佛教的傳入對中國詩歌發展產生的影響，就是在内容上賦予詩歌叙寫故事、言說義理的功能；而藝術上則追求一種拗強剛勁、顯豁曉俗的風格。可以説玄言詩、唐代白話詩、中唐韓愈、李賀的險怪一路，一定程度上都是對中國《詩》《騷》傳統的背離，而它們恰恰都與佛教有着深淺不同的關係。偈頌、佛畫作爲兩種主要的佛教藝術形式，充當了影響中國詩歌體制與風格演進的重要媒介。進而言之，佛教、印度文學對中國文學的影響正在於提供了與中國文化傳統異質的東西，華梵文明交涉的過程也是中國文學不斷以生間熟、以澀止滑，在自我革新中發生新變的過程。

三、潜氣内轉

先生爲文特重布局構思，潜氣内轉，似斷實連，常於山窮水復之處轉出花明柳暗。讀先生文，如涉險道，山環路轉，百折千回，造勝入微處，忽雲開雨霽，冰解的破。始知先生布局之巧妙、結撰之用心、針脚之細密、析辨之精微。

《説李賀〈秦王飲酒〉中的"獰"——兼談李賀的美感趣味和心理特徵》是一篇精心結撰的作品。李賀《秦王飲酒》詩中有一句"花樓玉鳳聲嬌獰"，嬌爲美好，獰爲粗惡，兩者組合在一起頗不和諧，故自宋代以來即有學者主張，此"獰"乃"嚀"之誤字。先生認爲此雖一字之差，却不僅影響對本詩的理解，還涉及李賀創作中的形象塑造、語言風格、審美趣味等重要問題，不可等閒視之。文章先從中國詩歌"圓轉流美"傳統入手，認爲學者們之所以認爲"獰"爲誤字，乃囿於傳統的框定。然而中唐以來，詩人們"致力於苦思冥索，務求在詩裏表現出一種不平凡的境界，以此來一震世人的耳目"。他們用生僻險怪的"硬語"和"險語"，"來爲自己的作品增加些'惡氣力'和'獰面目'"。有此時代背景與審美風尚，中唐詩人如韓愈、孟郊都喜用這個"獰"字，則長吉詩中用"獰"並不突兀。先生從時代風尚入手，解釋長吉詩中"獰"字的出現。問題至此，似得一解。

然而,"獰"字原義乃在表現一種視覺形象,而"花樓玉鳳聲嬌獰"中的"獰"却在表現一種聲音現象,此又作何解釋?文章通過大量舉證發現,善用通感是中唐詩歌特別是長吉詩歌的另一特點。如此看來,"獰"字不但没有問題,恰恰是長吉"'繪聲奇切'的一處神來之筆"。"如果按照某些注家的意見,硬要把這個'獰'當作錯字而把它改爲'儜',好像是讀起來比原來通順一點,實際上恰恰是抹煞了李賀在塑造形象手法上的一個重要特點。"(第 300 頁)文章從中唐與長吉的創作實踐與特點出發,爲"獰"的運用再加一解。

先生並未就此止步,而是翻進一層,再提一問:長吉將"嬌""獰"兩個意義相反的字組合在一起,形容的却是女子歌唱的聲音,似有悖於常情。文章繼續分析,認爲長吉"並不欣賞那些自然、本色的東西,他要在寫詩過程中有意識地撇開和改造它們,就必然導致他把自己的注意力轉移到它們兩個相反的極端,去尋找那種異乎尋常的'美'和十分怪誕的'醜'"(第 300 頁)。長吉之詩往往在極粗惡處用一個極妍麗的字,又常常在嬌奢眩目的景象中穿插一些獰厲怖畏的刻畫;而將兩種不和諧的東西組合在一起,正是長吉内心衝突的外在表現,故而"花樓玉鳳聲嬌獰"的出現,"就顯得絶對不是偶然的"。文章環環相扣,處處設問,於將絶未絶處轉出新境,從時代風尚的險怪,到創作實踐中通感的運用,再到詩人内心衝突與文章表現的不和諧,步步緊逼,層層剥削,最終證成定讞,再無疑義。至此,方才托出結論,"談到這裏,問題的結論就很明顯:李賀《秦王飲酒》中的這個'獰',非但不是什麽錯字,而恰巧是反映詩人創作個性的一處'精神心眼'所在"(第 302 頁)。

另一個例子是《東晉玄言詩與佛偈》。文章先從詩歌發展史的角度對玄言詩進行定位,認爲這一"中國詩歌長河中一段小小逆折,隱匿着水底不同方向潜流的冲碰撞擊,殊難單用詩人一時的愛好來解釋",必有"其賴以生起的各種現實依據的特定時代條件"(第 74 頁)。接着引用劉勰《文心雕龍》、鍾嶸《詩品》關於清談在玄言詩形成中的主導作用的論述,進一步指出雖然劉、鍾所論已成爲古今學者"一致共識",却無法解釋一個問題:"即在同樣盛行清談的條件之下,因何玄言詩未曾生成於曹魏、西晉,而偏要遲至東晉中期方才出現?"

爲解決這一問題,陳先生引劉孝標《世說新語》注中檀道鸞《續晉陽秋》的一段論述,認爲檀道鸞所論有兩點值得重視:一是指出玄言詩體制與我國詩歌《詩》《騷》以來詩歌傳統歧异;二是許詢、孫綽玄言詩"加以釋氏三世之辭",即受到佛教的直接影響。文章宕開一筆,對佛教傳入中國的發展進行宏觀回顧,並借用湯用彤先生"東晉之世,佛法遂深入中華文化"的論述,以及以南渡爲界,清談的内容也由玄理而轉向佛理,這樣就逼出"玄言詩的生起與興盛,確與佛教之深入本土文化結構這個大背景有關"的結論。

至此，此題似已無餘韻，然先生眼光之獨到，功力之深淳，正在於"山窮水復"之時，轉出"柳暗花明"。以上雖然已探明玄言詩興起的文化背景與意識形態，但無論如何，這也只是玄言詩興起的遠緣，而非直接的近因，先生敏銳地指出，"到了東晉時代，決定玄言詩能否生起的關鍵，事實上已不是思想意識形態而在於詩體問題"。中國詩歌的詩、騷體制，其功用端在於抒情言志與賦物造形，而演繹抽象之義理並不擅長，而要突破此文學體制上的慣性必須有新的文學形式的介入。先生認爲"佛偈"正承擔了這一功能，成爲玄言詩興起的真正近因。佛偈"似詩非詩"的體制與專於說佛理的内容特點，真正把體制與内容兩方面結合起來，促進了東晉玄言詩的興起。文章節節設問，步步爲營，山環路轉，潛氣内運，最終的破冰解，和盤托出。細細抽繹，足見先生布局之妙，用心之深。

四、平淡底超越

陳允吉先生在《王運熙教授和漢魏六朝唐代文學史研究》中説王運熙先生認爲："學術研究最主要的目標，應當是發前人之所未發，善於提出問題和解決問題。"（第393頁）我想這也是先生一直追求的目標。故而，先生的文章基本都是從學術史角度出發，在前人研究的基礎上進行"縱深開掘"，提出自己獨到的見解。

《關於王梵志傳説的探源與分析》對於《桂苑叢談》《太平廣記》中記錄王梵志由林檎樹樹瘿中出生這則故事進行了深細的探源工作，揭出這則故事來源於漢譯佛典。關於這則故事前輩學者或將之視爲史實加以考證，或雖將其視爲傳説，然在追溯故事源頭之時，僅將此故事歸於中國古代"伊尹生於空桑"的傳説。項楚先生則在元虞集《道園學古錄》和宋人馬純《陶朱新錄》中找到另外兩個樹瘿生人的故事，探明了此則故事的其他形態，證明樹瘿生人確爲一流傳頗爲廣泛的傳説。然而，對於這一故事的源頭的深切探討則付之闕如。先生則於漢譯佛典《佛説㮈女祇域因緣經》《佛説㮈女耆婆經》中找到㮈女由㮈樹節瘤而生的故事。先生又引《本草綱目》進一步解明"㮈與林檎，一類二種"，本易混淆；而"梵志"之名，也恰好是二經所説故事中的重要配角。這從側面進一步證明，王梵志林檎樹樹瘿所生的故事確實來自佛典。文章於此並未止步，而是翻進一層，指出"通過以上論述，《史遺》關於王梵志的這條材料不是史實記載已無疑問，但我們並不能因此而低估了它文化史料的認識意義。傳説材料的真僞問題有其相對性，關鍵是在研究實踐中要對材料的性質進行準確判別，並加以合理的應用"（第123頁）。對於如何利用材料，也指出向上的一路。至此，對王梵志樹瘿所生故事的探源已是"據款結案"，再無疑義。故饒宗頤先生盛稱此文"基本上是一錘定音的"，項楚先生也評論説："王梵志傳説從此找到了更爲貼切的源頭，吾兄突破一點，縱深開掘的治學特色又增添了一項極佳的範例。"

再如對於七言詩的淵源與發展，前輩學者多有論述，多導源於楚辭與秦漢民歌謠言，而論述的方式則多是羅列七言詩句的實例。先生撰《中古七言詩體的發展與佛偈翻譯》，則從七言詩體通體七言、隔句押韻兩個關鍵點展開論述，解明七言詩由"三句一解"到"隔句押韻"的轉變實受到佛偈的影響。從而將問題具體深化。而《韓愈〈南山詩〉與密宗"曼荼羅畫"》一文則是在沈曾植《海日樓劄叢》、陳寅恪《論韓愈》及饒宗頤《韓愈〈南山詩〉與曇無讖譯馬鳴〈佛所行讚〉》等前輩學人研究的基礎上深化而來。正如先生所說，前輩學者的研究"主要靠他們深湛的學養和敏銳的洞察力，而並沒有運用多少具體材料來說明問題"（第234頁），如何在前人研究基礎上將問題落到實處，引申一步，求得真解，才是最爲重要的。"通過對許多個別的具體的問題的研究，由此及彼地得到規律性的認識。只有這樣，才能使我們的學術水準在原有基礎上提高一步。"（第393頁）王運熙先生看似平實而實則超越的學術理想，也是先生一直追求的。

一種學術能有感發人心、予人標的的力量，必有一種擺脫俗諦的超越境界。超越有兩種：一種是蹈發揚厲的，一種是平淡沖和的。這種不疾不徐，得心應手，不舍己以從人，不牽人以就己，平淡中有超越，超越而不突兀，確是最值得追摹的境界。

［馮國棟，浙江大學古籍研究所教授，浙江大學人文學院副院長］